C. S. 루이스는 신학은 처음 가 보는 땅을 안내하는 지도와 같다고 했다. 그런데 지도라고 다 똑같은 지도가 아니고, 아무리 지도가 좋아도 독도법을 모르면 무용지물이다. 켄트 아일러스의 『슬기로운 신학 독서』는 책 자체로 뛰어난 지도이자 지도를 읽는 법까지 친절하고 자세히 가르쳐 주는 매력적이면서도 유용한 작품이다. 건축의 유비를 이용하는 방식은 경이롭고, 다양한 주제를 설명하는 데 사용한 자료는 익숙하면서도 참신하다. 신학과 해석학 이론을 기도와 건축, 이야기, 영화 등과 연결해 내는 상상력과 솜씨에 한마디로 질투가 난다. 교회의 위기 상황에서 무엇이 소중한지 되돌아보게 하고, 소위 책 안 읽는 시대에 독서의 유익함을 깨닫게 해 주며, 신학 무용론이 팽배한 현실 가운데서 신학을 한다는 것에 보람을 느끼게 해 줄, 멋진 저자의 멋진 작품이 우리말로 소개되어 참 기쁘다.

김진혁 횃불트리니티신학대학원대학교 조직신학 부교수

이 책에서 학생들은 신학 공부를 함께할 동반자를 만나게 되어서 지적 성장과 동시에 인격 형성도 이룰 수 있다. 신학생 때 헬무트 틸리케의 『신학을 공부하는 이들에게』가 내게 그러했듯, 지금 세대에게는 이 책이 그 역할을 해 줄 것이다.

스캇 맥나이트 노던 신학교 신약학 교수

실천적이면서도 깊이 있는 이 독서법은 창의적인 동시에 근거가 탄탄하여 살아 있는 신앙에 활기를 더해 준다. 예술적인 글에 아름다운 삽화가 더해져서 생각의 폭을 넓혀 주고, 상상력에 빛을 던지고, 마음을 뒤흔든다.

토드 윌슨 '목사 신학자 센터' 공동 설립자 겸 소장

켄트 아일러스는 부활하신 그리스도를, 자신의 학생을 진심으로 사랑하는 사람이다. 이와 같은 사랑이 이 매력적인 입문서에서 빛난다. 이 책에는 창의적 에너지, 교육 기법, 영적 지혜가 가득하다.
대니얼 J. 트라이어 휘튼 칼리지 신학 교수

이 책은 낯설고 거대하게 느껴질 수 있는 신학의 세계로 학생들을 친절하고 부드럽게, 그리고 애정을 담아 초대하는 신학적 과제를 감당하며 상당히 중요한 안내서다. 아일러스는 경험 많은 교육자 특유의 분별력과 통찰력으로 학생들에게 슬기로운 신학 독서법을 안내한다. 수십 년 동안 강단에서 경험을 쌓았기에 아일러스는 학생들이 신학책을 읽을 때 느끼는 어려움을 이해하고, 이러한 어려움을 잘 헤쳐 나가도록 돕는 일이 쉽지 않음을 안다. 예배와 기도와 통찰력으로 가득한 이 책은 상상력을 사로잡으면서 거룩하신 하나님과 살아 있는 진짜 만남을 갖는 것에 대한 통찰을 던져 줄 것이다.
카일 스트로블 바이올라 대학교 탈봇 신학교 조직신학 교수

우리에게는 신학에 대한 온갖 종류의 초대가 필요한데, 이 책에서 켄트 아일러스는 독특하게 우리를 환영한다. 이리 오라고 손짓하면서 짐을 풀고 주변을 둘러보고 신학 독서라는 '집'에서 당신의 집처럼 지내라고 한다.
프레드 샌더스 바이올라 대학교 토레이 아너스 칼리지 조직신학 교수

여기 신학책을 슬기롭게 읽을 수 있는 방법이 있다. 『슬기로운 신학 독서』는 그림과 기도가 많고, 흥미로운 질문과 신학 '실험실' 덕분에 생기가 넘치고, 독서를 단순히 읽기로 끝내지 않을 수 있는 신학 독서 방법을 통찰력 있게, 실천적으로 안내한다. 켄트 아일러스는 독자들이 생명력 있게 신학과 연결되도록 돕고, 그 결과 하나님과 다른 이들과 연결되도록 돕는다.

W. 데이비드 버스차트 덴버 신학교 신학 교수

멋진 책이다. 아일러스는 전체 성경과 시공간에서 신학으로 이어진 다양한 형제자매뿐 아니라, 예술, 이야기, 영화, 건축학 등을 활용하면서, 신학 독서를 잘할 수 있는 공간으로 우리를 초대하는데, 이 과정에서 우리에게 도움을 주는 기도문, 숙고를 위한 질문, 실천 방법도 제공한다.

수잰 맥도날드 웨스턴 신학교 조직신학 교수

슬기로운 신학 독서

IVP(InterVarsity Press)는
캠퍼스와 세상 속의 하나님 나라 운동을 지향하는
IVF(InterVarsity Christian Fellowship)의 출판부로
생각하는 그리스도인을 위한 문서 운동을 실천합니다.

ⓒ 2022 by Kent Eilers(Author); illustrations ⓒ 2022 Chris Koelle
Originally published in English as *Reading Theology Wisely*
by Wm. B. Eerdmans Publishing Co.
4035 Park East Court SE, Grand Rapids, Michigan 49546, USA.
All rights reserved.

This Korean translation edition ⓒ 2024 by Korea InterVarsity Press
156-10 Donggyo-ro, Mapo-gu, Seoul 04031, Republic of Korea.

This Korean edition is published
by arrangement of Wm. B. Eerdmans Publishing Co.
through rMaeng2, Seoul, Republic of Korea.

이 한국어판의 저작권은 알맹2를 통하여
Wm. B. Eerdmans Publishing Co.와 독점 계약한 IVP에 있습니다.
신 저작권법에 의하여 한국 내에서 보호받는 저작물이므로
무단 전재와 무단 복제를 금합니다.

신학책 제대로 읽는 법이 ──○ 궁금한
　　　　　　　　　　　　　당신에게

슬기로운 신학 독서

Reading Theology Wisely

켄트 아일러스
크러스 코엘 그림
정은찬 옮김

IVP

나의 학생들에게 이 책을 바칩니다.

차례

독자들에게 • 10

1장　　　독서를 위한 상상력　　　　　　　　14
2장　　　신학이란 무엇인가?　　　　　　　　46
3장　　　머물기 위한 독서　　　　　　　　　84
4장　　　신학의 배경: 책 뒤에 있는 세계　　122
5장　　　신학의 원천 자료: 책의 세계1　　 160
6장　　　신학 '건축학' 개론: 책의 세계2　　196
7장　　　신학의 초대: 책 앞에 있는 세계　　240

파송 • 286
감사의 글 • 287
부록 • 289
주 • 292

독자들에게

친애하는 독자 여러분,

여러분이 신학 독서가 그리스도인의 삶의 일부라는 사실을 알게 되기를 바라며 이 책을 썼습니다. 독서가 여러분이 그리스도인으로서 신경 쓰고 실천하는 어떤 것과도 분리되지 않았으면 합니다.

   어떤 사람들에게는 이것이 너무 당연한 이야기처럼 들릴지도 모르겠습니다. 그런데 독서와 신앙 생활이 함께 어우러져야 한다는 생각은 너무 자주 그리고 너무 쉽게 대학 교실에서 망각됩니다. 과제와 학점과 미래를 위한 준비가 가장 중요해져 버린 것처럼 보입니다(제가 가르치는 학생들 가운데서 이런 현상을 자주 목격합니다). 생동감 있는 신앙과 신학 독서 사이의 조화는 대부분의 교회에서도 망각됩니다. 신학이 건조한 지성주의로 오해받고, 그래서 그리스도인의 삶과 관련이 없거나 오히려 유해한 것으로 취급받습니다(목회자로 사역하면서 이러한 현상을 이따금 목격합니다). 물론 신학이 때때로 생명력이 없어 보이고 심지어 위험해 **보일 수** 있습니다. 그래서 이에 대해 경고하는 사람들에게 친절할 필요가 있습니다.

그러나 신학 독서가 학점을 위한 것만은 아니라면 어떻게 하시겠습니까? 하나님과 함께하고 이웃과 동행하는 우리 삶과 동떨어진 생각에 관한 것이 아니라면 어떨까요? 신학 독서가 하나님에 대한 우리의 시야를 **넓히고**, 그분과 교제 가운데서 기쁨을 **더 깊이** 누리게 하고, 그리스도 안에서 찾을 수 있는 우리의 참된 자아에 **더 가까이** 나아가게 하고, 조금 더 예수님처럼 이웃을 **바라보게** 하고, 정의와 자비를 위한 하나님의 사역으로 우리를 **이끌어 가는** 것이라면 어떨까요? 그리고 신학 독서가 우리를 다른 그리스도인들에게 **더 가까이 나아가게** 이끌 수 있고, 분열이 아니라 생명을 낳는 대화를 만들어 내는 것이라면 어떨까요? 저는 여러분이 이러한 방식으로 신학 독서를 하도록 이 책을 썼습니다.

여러분이 후회하고 슬퍼하지 않기를 바라며 이 글을 씁니다. 이 말이 이상하게 들릴지도 모르겠습니다. 그렇지요? 슬픔은 제가 가르쳤던 학생 중 한 명이 신학에 처음으로 깊게 몰두하게 되면서 이에 대한 자신의 반응을 묘사한 말이었습니다. 그 여학생이 이렇게 말했습니다. "최근에 일종의 이상한 슬픔을 느끼게 됐습니다. 저는 뭐랄까 일생 동안 그저 쉽고 단순한 기독교만 맛보면서 깊은 진리 가운데로 들어가지 못했다고 느낍니다. 저를 창조하신 하나님에 대해 너무 작은 경외나 호기심에 만족하며 보낸 모든 시간을 생각하니 슬픕니다." 그 학생은 하나님에 대한 자신의 시야가 너무 오랫동안 너무 좁았다는 사실에 슬퍼했습니다. 경이롭고 영감을 주는, 하나님의 아름다움을 볼 수 있는 창문을 닫고 살았던 것을 후회했습니다. 예수님의 급진적 부르심, 즉 자신을 내주는 사랑을 향한 부르심을 그저 희미하고 깨져 버린 형태로만 들었던 과거를 슬퍼했습니다.

그래서 저는 여러분이 슬기롭게 신학 독서를 하게 돕고 싶습니다. 글로 쓰인 신학을 실제 있는 그대로, 즉 일종의 초대장으로 이해하는 방법을 보여 주려고 합니다. 신학책 저자들은 부활하신 우리 주님에 대해 무언가를 목격한 사람들이고, 그분을 배경으로 하면 세상이 어떤 모습인지를 목격한 사람들입니다. 그들은 진리를 여러분에게 보여 주고 말하기 위해 자신들의 통찰을 글로 옮겨 놓았습니다. 그들의 이러한 글이 초대장처럼 여러분을 기다립니다. "와서 보십시오."

이 책을 읽는 학생에게는 지금 다음과 같은 의문이 생겼을 수도 있습니다. "오, 참 좋은 이야기네. 그런데 이 책이 내 학점을 올리는 데 도움이 될까?" 어쩌면 그럴지도 모릅니다. 이 책은 여러분이 신학적인 글을 읽거나 쓸 때 도대체 무슨 일이 벌어지고 있는지를 보여 줍니다. 그래서 여러분이 신학 독서가 그리스도인의 삶과 어떻게 **조화**를 이루는지를 알게 되면 좋겠습니다. 저는 제가 무엇을 하고 있는지 그리고 왜 그 일을 하고 있는지 이해할 때, 더 잘 배웁니다. 여러분도 마찬가지입니다. 여러분은 신학 독서가 당신이 이미 관심을 두고 있는 많은 것과 관련이 있음을 알게 될 것입니다. 하나님을 사랑하는 일, 예배, 기도, 자아 발견, 정의와 자비의 사역, 권력에 굴하지 않고 진리를 선포하는 일 같은 것들 말입니다. (감히 말하지만) 여러분의 학점이 오를 수도 있으나, 더 높은 학점보다 더 좋은 것이 있습니다. 여러분은 하나님에 대한 사랑이 더 깊어지기 위해서 그리고 이웃에 대한 사랑이 더 커지기 위해서 신학 독서를 열망하는 여러분 자신을 발견하게 될 수도 있습니다. 더 적은 것을 바라야 할 이유라도 있을까요?

어쩌면 이 책을 읽는 당신이 학생은 아니지만, 영혼이 없는 오만함 이상의 것이 틀림없이 신학에 있지 않은지 생각했을 것입니다. 이 책이 여러분이 신학 독서를 하면서 하나님에 대한 광대한 통찰을 향해 나아가고, 참된 자아에 대한 더 깊은 경험으로 나아가고, 이웃을 사랑하려는 더 불타는 열정으로 나아가도록 도울 수 있을까요? 그렇게 되기를 바랍니다. 더 적은 것을 바라야 할 이유가 무엇이겠습니까?

책에 뛰어들기 전에 마지막으로 몇 마디만 덧붙이고 싶습니다. 첫째, 각 장의 첫 부분에는 유명한 건축가의 말이 있고 그 인용과 짝을 이루는 성경 구절이 있습니다. 이 둘이 각 장의 방향성을 넌지시 알려 줄 것입니다. 그런데 어쩌면 여러분은 제가 건축가의 말을 인용한 이유를 궁금해할지도 모르겠습니다. 저는 글과 우리의 관계를 시각적으로 보여 주고자 건축 공간과 우리의 관계를 책 전체에서 은유로 사용했습니다. 건물과 비슷하게 책은 **머물기** 위한 장소입니다. 둘째, 각 장이 시작되는 부분에 그림이 있다는 사실도 발견할 수 있을 것입니다. 크리스 코엘의 작품인데, 크리스는 뛰어난 화가이자 정말 멋진 사람입니다. 크리스와 함께한 작업은 정말 멋진 협업이었고 저에게는 영광이었습니다. 이 그림이 당신의 이해와 상상력에 새로운 길을 열어 주기를 소망합니다.

그리스도의 평화가 여러분과 함께하기를 바라며,
켄트

1장

독서를 위한 상상력

> 그러나 너희는 택하신 족속이요 왕 같은 제사장들이요 거룩한 나라요 그의 소유가 된 백성이니.
>
> -베드로전서 2:9

> 건축은 공간을 사려 깊게 창조하는 것이다.
>
> -루이스 칸[1]

"왜 사람들은 나만큼 이 일에 흥미를 느끼지 못할까?" 나는 신학교 교수로 가르치기 시작한 첫 해에 자신에게 이러한 질문을 종종 던졌다. 학생들과 나는 강의실에서 글 몇 편을 앞에 두고 둘러앉아 있었다. 모든 교재가 그렇지는 않았지만, 때로 표지에 '신학'이라는 단어가 적힌 책이 있었다. 나는 다양한 글을 다루려고 노력했다. 어느 날은 설교문을 공부했고, 어느 날은 고대인들의 논고를 공부했고, 어느 날은 시와 성상과 성화를 공부했으며, 여러 날을 들여 성경 본문을 폭넓게 다루려고 애썼다. 학생들은 성경에는 큰 관심을 보였지만, '신학'이라 불리는 것에는 상당히 다르게 반응했다.

그들에게서 내 젊은 시절 모습을 보는 듯했다. 나는 대학생 때와 그

후에 목회자가 되려고 훈련받던 신학생 때는 신학에 관심이 거의 없었다. 성경 연구에는 열정적이었으나 신학에 대해서는 그렇지 않았다. 그런데 대학교와 신학교에서 공부하고 신학자로서 가르치기 시작한 시기 사이 어느 시점에 변화가 생겼다. 이제 나는 신학 독서에 완전히 몰입한다. 신학 독서는 하나님을 향한 사랑이 불붙게 한다. 하나님의 세계에 대한 시야를 넓힌다. 이웃을 향한 사랑이 더 깊어지게 한다. 성경을 만나는 일에 생기를 불어넣는다. 풍성한 대화를 조성한다. 내게 분명 변화가 찾아왔는데, 어떤 변화였는가?

언제 정확히 이런 전환이 일어났는지 꼭 집어 말할 수는 없지만, 신학 독서를 할 때 일어나는 일, 즉 실제로 **진행되는** 일에 대한 인식이 극적으로 달라졌다. 학생들과 나는 똑같은 페이지에 실린 똑같은 단어를 들여다보고 있었지만, 무슨 일이 일어나고 있는지에 대해서는 분명 완전히 다른 방식으로 생각했다. 학생들과 나는 신학 독서에 관한 한 '상상력'이 달랐다고 말할 수 있다.

상상력: 독서를 할 때 무슨 일이 일어나는가?

당신의 상상력과 내 상상력은 끊임없이 작동하여, 지금 우리가 보고 행동하는 것을 더 큰 전체 이야기, 통합하는 어떤 이야기에 들어맞게 한다. '상상력'이라는 단어를 이러한 방식으로 사용하는 것이 평소 이 단어를 사용하던 방식과는 아마 다를 것이다. 공상 세계에서 몇 시간씩 노는 아이들을 놓고서 우리는 '상상력이 대단하다'고 말한다. 상상력에는 일상 활동을 변화시키는 힘이 있다고도 믿는다. 환경미화원이 자기가 곡식이 물결치는 들판에서 추수 중이라고 상상하면서 지루하게 반복되는 작업을 해낼 때처럼 말이다. 상상력에는 그러한 의미가 있지만, 다른 의미도 있다. '상상력'이라는 단어는 **표면적인 것 너머의 실재를 인지하는 인간의 능력**을 가리키기도 한다. 이것은 인지하고 있음을 의식적으로 생각하지 않아도 발생하는 인지다(이와 같은 것들을 연구하는 사람들은 이 단어를 이렇게 사용한다).[2] 우리는 그냥 그렇게 인지할 뿐이다.

우리는 상상력을 통해 자신의 세계를 이해한다. 우리는 어느 순간에든 실제로 일어나는 일을 서로 조화시킨다. 지금 이 글을 쓰는 중에도 내 상상력은 작동한다. 상상력이 창의적인 생각을 떠올리게 한다는 말이 아니다. 나는 상상력을 통해 내 인생이라는 더 큰 전체를 인지하는데, 이 글도 그것과 **조화된다**. 내 신앙은 더 큰 전체에 대한 나의 인지를 필연적으로 형성한다. 나는 하나님의 양자로서 글을 쓰면서, 성령의 능력 아래 그리스도의 왕국의 일원으로서 내가 받은 부르심을 성취하고자 한다. 상상력은 관점의 문제다. 분명하고도 당연히 기독교적인 내 상상력 안에는 이 글을 쓸 때 일어나는 일을 순간순간 인식하는 관점이 있다. 상상력을 이러한 면에서 발휘하면, "올바른 각도에서 그 세계를 바라봄으로써 우리가 실제로 어떠한 세계에 머물고 있는지, 또 그 세계 안에서 어떻게 행동해야 하는지 알게 된다."[3]

베드로전서는 이렇게 작동하는 상상력의 좋은 예다. 베드로전서의 원래 독자들은 신앙 때문에 박해를 겪고 있었고, 그 후에도 그리스도인 독자들은 줄곧 별의별 박해를 다 겪었다.[4] 생소한 박해를 경험할 때마다, '고난을 어떻게 이해할 수 있을까?'라고 질문을 던지게 된다. 베드로는 이 질문의 답을 자신의 기독교적 상상력이라는 깊은 우물에서 길어

올린다. 하나님의 더 큰 이야기이자 우리가 그 일부인 이야기를 통해 바라볼 때만 고난을 납득할 수 있다. 다시 말하면, 자기가 **누구인지**를 알게 될 때 비로소 고난에 의미가 생긴다. 그리스도인으로서 당신과 관련하여 가장 본질적인 것은, 예수님을 통해 하나님이 하시는 일에 대한 이야기이자 때로는 고난을 수반하는 이야기에 당신이 연루되었다는 사실이다. 베드로는 1장을 시작하면서 가장 먼저 편지의 독자를 밝힌다. "곧 하나님 아버지의 미리 아심을 따라 성령이 거룩하게 하심으로 순종함과 예수 그리스도의 피 뿌림을 얻기 위하여 택하심을 받은 자들에게 편지하노니"(벧전 1:2).⁵ 베드로전서 2장에서는 다시 "너희는 택하신 족속이요 왕 같은 제사장들이요 거룩한 나라요 그의 소유가 된 백성"이라고 쓴다(벧전 2:9). 바로 이것이 당신의 정체성이다. 베드로는 우리가 고난을 올바르게 이해하려면, 그리스도 안에서 자신의 정체성을 올바르게 인지(상상)해야 한다고 말하는 것으로 보인다. 베드로는 당신이 더 큰 이야기의 일부라는 사실을 이해시키고자 한다.

프랑스 문화 이론가 에티엔 벵거(Étienne Wenger)가 들려준 다음 이야기를 숙고해 보자. 당신이 석공 두 명에게 다가가고 있다고 상상해 보라. "무엇을 하고 계십니까?"라고 물으니, 그 둘은 사뭇 다르게 답한다. "한 명은 '저는 이 돌을 다듬어서 완벽한 정사각형을 만들고 있습니다'라고 대답한다. 다른 한 명은 '저는 대성당을 짓고 있습니다'라고 대답한다."⁶ 두 대답은 어떤 면에서 보면 모두 옳다. 일단 두 석공이 모두 끌 사용에 관한 한 숙련도가 비슷하다고 생각해 보자. 그렇다면 차이가 무엇이라고 설명할 수 있을까? 왜 한 석공은 막일만 하는데 다른 석공은 아직 세워지지 않은 대성당을 '볼' 수 있는가? 그 답은 당연히 상상력이다.

두 번째 석공은 자기가 더 위대한 이야기, 더 웅장한 기획의 한 부분임을 인지했고, 그래서 망치질을 할 때마다 자기 앞에 놓인 돌덩어리를 초월하여 보았다.

뱅거의 이야기에 등장하는 두 석공은 신학 독서를 하는 독자와 전혀 다르지 않다. 이번에는 신학책을 펼쳐 들고 있는 사람들에게 다가가는 것을 상상해 보라. 그들에게 "무엇을 하고 계십니까?"라고 물어본다고 하자.

한 명은 "이 책에 통달해서 다음 시험에 무조건 합격하려고 합니다"라고 대답한다. 다음 사람은 "교수님을 기쁘게 하려고 노력 중입니다"라고 대답한다. 다음 사람은 "부모님에게 실망을 안겨 드리지 않으려고 노력 중입니다"라고, 그 다음 사람은 "사역을 준비하는 중입니다"라고 말한다. 마지막 사람은 "성령을 통해 그리스도를 본받으려고 노력하는 중입니다"라고 말한다.

"신학 독서를 할 때 당신은 무엇을 하는 중입니까?"라는 질문을 받는다면, 당신은 어떻게 대답하겠는가? 당신이 독서를 할 때 무슨 일이 일어나는가? 당신은 어느 '대성당' 건축에 힘을 보태고 있는가?

상상력 훈련

이 작은 책에서 나는 신학 독서에 필요한 상상력을 훈련시키고자 한다. 그러나 문제가 있으니, 고작 몇 쪽으로는 그 훈련을 할 수가 없다는 것이다! 상상력은 상당히 오랜 시간에 걸쳐 형성되며, 생각뿐 아니라 구체화된 행동을 통해서도 형성되기 때문이다. 일상에서 남는 시간에 하는 행동이 마음으로 하는 일만큼이나 상상력에 중요하다.

다만 내가 동료 그리스도인으로서 할 수 있는 일은 이 상상력을 당신에게 매력적으로 묘사해 보는 것이다. 그리고 (바라건대) 그러한 상상력이 지면마다 콸콸 샘솟게 하는 그러한 방식으로 글을 썼다. 또 이와 같은 상상력이 생기게 하려고 강의 시간에 실제로 써 봤던 실천 방식을 제안할 것이다. 나는 그러한 방식을 '신학 실험실'이라고 부른다. 각 장 끝부분에 이러한 실험실이 있을 것이다.

나는 실용서를 집필하고자 하지는 않았다. 실천적 제안은 종종 하겠지만, 실용적 조언을 위해 이 책을 쓴 것은 아니다. 그보다는 이 책이 신학 독서를 위한 **렌즈**, 즉 그리스도인으로서 신학을 공부할 때 일어나는 일을 **보는** 보조 도구로 읽히기를 바란다. 아마 당신은 그리스도인일 테니, 당신의 독서와 조화를 이루는 더 크고 웅장한 이야기는 교실이 아니라 예수님을 따라가는 여정에 있다.

그러므로 내가 제안하려는 관점은 철저히 기독교적이며, 처음부터 마지막까지 신학적이다. 간단히 말하자면, 나는 신학 독서가 기독교 **안에서** 어떻게 조화를 이루는지 보여 줄 것이며, 과감하게 기독교 이야기를 **토대로** 그 작업을 하려고 한다.[7] 이런 면에서 보면, 신학 독서는 단순히 학문 활동이 아니다. 수업에서 하는 이야기는 더 큰 이야기가 아니다! 그리스도인은 스스로 의식하지 못할 때조차도 그리스도인의 삶이라는 자신의 이야기 안에서 신학 독서를 한다. 나는 상상력에 대한 이러한 설명을 제공하여, 당신이 신학 독서를 할 때 그러한 더 큰 이야기를 **마음에 간직하고** 그 이야기가 자신에게 어떠한 의미가 있을지에 대해 열린 자세를 갖도록 돕겠다.

신학 독서가 놀라운 예배 안에서 하나님을 향해 돌아서게 도울 수 있을까? 신학 독서가 성경 읽기에 생기를 불어넣을 수 있을까? 그리스도 안에 있는 진정한 자아를 향해 움직이게 할 수 있을까? 자신을 내주는 사랑의 마음으로 이웃을 바라보게 할 수 있을까? 자신의 편견을 드러내게 할 수 있을까? 자신의 우상을 권좌에서 내려오게 할 수 있을까? 이런 것들을 바라지 말아야 할 이유가 있는가?

신학 독서는…이다

신학 독서는…무엇인가? 우리에게는 간결한 명제가 필요하다. 이 설명이 거추장스러워지지 않으려면, 모든 것을 한꺼번에 말해서는 안 된다. 그래도 이와 관련된 생각과 실천을 아우르는 공통 요점 같은 것이 필요하다. 다음 문장으로 시작해 보자.

신학 독서는 그리스도의 형상을 닮아 가는 중인 교회의 동료 지체로서 저자의 의미 세계와 살아 있는 만남을 갖는 것이다.

1. "살아 있는 만남"

독서는 몸으로 하는 활동이므로, 신학 독서는 살아 있는 만남이다. 몸이 있다는 사실이 독서에 어떤 의미가 있는가? 첫째, 독서는 우리 마음을 사로잡는 것 이상이다. 우리는 실체가 없는 데이터 처리 장치가 아니다. 우리는 걸어 다니는 뇌도 아니고 생각하는 한낱 사물도 아니다. 하나님은 사람을 시간과 공간과 공동체 안에서 살아가는 육체로 창조하셨다. 그러므로 우리는 존재 **전체**를 '독서'에 가지고 가며, 다른 선택지는 없다. 이것이 육체의 삶이다.

둘째, 독서는 관점을 반영한다. 우리는 살아 숨 쉬는 독자이기 때문에 특정한 육체적 관점에서 분명하게 보이는 통찰도 있지만 보이지 않는 통찰도 있다. 우리는 자기가 머무는 시공간이나 가족력, 신앙 일대기, 감정적 기질, 성별을 벗어나서 행동할 수 없다. 다른 이들의 관점으로 바라보는 법을 배울 수는 있지만 자신의 관점을 결코 떨쳐 버릴 수는 없다. 이것이 슬퍼할 이유가 되는가? 아니다. 나는 그렇게 생각하지 않는다. 우리 삶이 축복과 비극, 기쁨과 슬픔, 희망과 절망이 뒤섞인 이야기이기는 하지만, 육체 안에서 살아가는 삶은 하나님이 우리에게 주신 삶이고 하나님이 구속을 약속하신 삶이다.

독자로서 우리는 육체의 삶을 슬퍼할 필요가 없다. 그러나 이와 같은 삶이 어떻게 우리를 돕기도 하고 방해하기도 하는지 이해할 필요는 있다. 육체의 삶은 우리가 읽는 내용에서 선과 진리와 아름다움의 요소들을 인지할 준비를 시킴으로써 도움을 준다. 이런 면에서 우리의 관점은 활짝 열린 문과 같다. 그러나 이는 우리를 방해하기도 하는데, 선과 진리와 아름다움의 다른 요소들을 인지하는 것을 막기 때문이다. 훨씬 더 위험하게는 자신의 사각지대와 마음속에 품은 거짓과 우상을 인지하지 못하게 한다. 예를 들면, 우리는 특권과 권력을 누리는 위치에서 독서를 할 수도 있고 가난하고 취약한 위치에서 독서를 할 수도 있다. 이와 같은 관점이 독서에 영향을 미친다는 사실을 우리가 알아차리지 못할 수 있지만 실제로 영향을 미친다.

잊으면 안 되는 일은 신학 **저술** 작업 또한 육체의 활동이라는 것이다. 기록된 글이 하늘에서 떨어진 것이 아니라는 것은 두말할 필요 없이 너무나 분명해 보이지만 우리는 가끔 망각한다. 독자가 육체를 가진 사람이듯이 저자도 육체를 가진 사람이다. 책에 쓰인 말은 저자가 시작하고서 끝내지 않은 대화이기 때문에 나는 신학 독서에 독자가 필요하다는 것을 상기시키겠다. 독서는 만남이다. 저자는 자기가 창조해 놓은 공간에 머물면서 자신의 의미 세계와 만나라고 독자를 초대한다.[8] 당신은 이 초대에 응하고 싶은가?

2. "저자의 의미 세계와"

모든 글에는 우리를 기다리는 초대장이 있다. 이 초대장은 저자의 의미 세계와의 만남을 주선한다. 문학이론가 폴 리쾨르(Paul Ricoeur)의 설명에 따르면, 모든 텍스트는 "하나의 세계를 투사하고 있고 그 안에서 자신의 위치를 파악할 수 있는 방식"에 대해 이야기한다.[9] 첫째, 텍스트는 독자에게 명시적으로는 아니더라도 특정한 방식으로 하나의 세계를 투사한다. 둘째, 텍스트는 명시적으로는 아니더라도 그러한 투사된 세계 안에서 살아가는 방식을 제안한다.

소설과 뉴스에 나오는 이야기는 여러 세계를 투사한다. 독재 정권은 이 사실을 알기에 대중매체를 통제하고 정권이 바라는 미래상과 다르게 세상을 묘사하는 책들을 금지하거나 심지어는 불태워 버리기까지 한다.

영화도 여러 세계를 투사한다. 로이 앵커(Roy Anker)는 영화가 세계를 투사하는 힘을 다음과 같이 묘사한다.

> 로맨스물에서 공상과학 공포물에 이르기까지 장르를 불문하고 영화는 이야기가 전개되면서 세계가 어떤 모습으로 보이고 느껴지는지를 떠올리게 하는 방대한 영상과 음향을 나열한다는 점에서 모두 같다. 대체로 영화 제작자는 자기가 영상으로 각인하려는 이야기, 즉 세계가 어떤 모습인지, 어떤 모습이었을 수 있는지, 어떤 모습이어야 하는지를 '보여 주면서' 관객을 설득하고자 한다….
>
> 베리만(Bergman)식 영화든 동화 같은 영화든, 모든 영화는 정원이나 숲, 환대나 적대, 축제나 경야(wake), 충만한 기쁨이나 충만한 슬픔 등 나름의 방식으로 그 세계의 모습을 보여 준다.[10]

표지에 '신학'이라는 단어가 있는 교재나 그리스도의 인성에 대한 고대인들의 논고는 소설이나 대작 영화와 상당히 동떨어져 보인다. 그래도 모두 세계를 바라보고 그 세계 안에서 살아가는 방식을 투사한다.

    신학책은 거기에 투사된 세계의 본질 때문에 독특해진다. 신학책은 세계에 대한 통찰을 **하나님의 관점에서** 과감하게 보여 주고, 이렇게 투사된 세계에서 살아가도록 독자들을 초대한다. 이러한 체제에는 위험 부담이 있다. 신학과 더불어 저자의 의미 세계는 하나님과 세상에 대한 우리의 생각을 확고하게 하는 만큼이나 와해시킬 수도 있다. 이러한 와해가 은혜의 선물일 수 있다. 우리의 숨겨진 편견을 드러내거나 하나님에 대한 우리의 좁은 시야를 보여 주기도 하고, 예배를 개혁하게 하거나 타자에 대한 우리의 관대함을 증폭시키기도 하는 것이다. 이와 같은 와해 때문에 불안을 느끼게 된다고 말해도 전혀 과장이 아니지만, 나쁘거나 해로운 방식의 와해는 아니다. 신학은 하나님과 그 외에 모든 것을 하나님의 관점에서 다루기 때문에, 우리는 저자가 투사한 세계와 아주 인격적으로 만난다. 신학은 우리가 가장 소중하게 여기는 모든 것을 다룬다. 퓰리처상 수상 작가 메릴린 로빈슨(Marilynne Robinson)은 "책을 펴고 목소리를 들으라"고 말한다. 그러면 "어느 정도 낯설거나 익숙한 **세계** 하나가 서서히 **드러나서**, 삶을 어떻게 이해해야 하는지에 관해 독자가 쌓아온 가설을 풍성하게 한다."[11] 우리는 세계 하나를 그려 주는 소설의 힘, 즉 실제로 벌어질 수도 있는 일을 보여 주는 소설의 힘을 안다. 신학에도 똑같은 힘이 있는가? 그렇다.

신학 저술은 저자의 세계를 특정 통찰에 따라서 보라고 독자를 초대한다. 이스라엘 이야기의 성취이자 세상의 소망인 메시아 예수님을 통해 드러난 하나님의 자기 계시가 이 통찰을 형성한다. 신학 저술에서 저자의 의미 세계는 **하나님이 밝히 드러내신** 세상에 대한 통찰이다. 이것은 하나님에 대한 통찰임과 동시에 당신에 대한 통찰이고 당신이 사는 세계에 대한 통찰이고 그 세계 속 당신의 자리에 대한 통찰이기도 하다. 심지어 이들 일부가 언급되지 않은 채로 있을 때도, 여전히 이 통찰의 한 부분이다. 이것은 기독교의 통찰이므로, 독자가 저자의 세계를 이해하는 방법을 특정한 방식으로 혹은 아름다울 수 있는 방식으로 (다채롭게) 투과시킨다. 독자인 우리에게는 독서를 하는 동안 무슨 일이 벌어지고 있는지를 이해할 수 있고 저자의 초대에 응답할 수 있을 상상력이 필요하다.

그런데 이 목표에 어떻게 도달하는가? 즉, 구속적 화해를 일으키는 살아 있는 만남을 위해서는 신학 독서를 어떻게 해야 하는가? 놀라울지도 모르지만, 대답은 우리가 독해를 **넘어서** 독서를 해야 한다는 것이다. 5, 6, 7장에서 이것을 더 자세히 다룰 터이니, 여기서는 내 입장을 간략하게만 말하겠다.

독해를 목표로 삼으면, 저자가 투사하는 의미 세계와 만나지 못한다. 내 말을 오해하지 말라. 독해는 모든 종류의 독서에 가장 기초적이고 필수적인 요구 사항이지만 시작에 불과하다. 저자의 의미 세계와 만나는 독서는 독해(comprehension), 이해(understanding), 전유(appropriation)라는 세 가지 활동을 통해 깊어진다. 우선 우리는 핵심 단어의 의미를 파악하고, 문장과 단락의 흐름을 추적하고, 저자가 사용한 자료를 파악하는 등의 작업을 통해 글이 **무엇을** 말하는지 독해한다. 이 과정은 엄청나게 중요하다! 글로 적은 신학의 기본적인 내용을 독해하지 못하면 둘째 단계인 이해로 나아갈 수 없다. 이해 단계에서는 신학 저술이 무엇에 **관한** 것인지를 분별한다.[12] 신학 저술을 이해하려면 그 글이 각 부분에서 무엇을 말하는지뿐 아니라 전체적으로 무엇을 뜻하는지도 파악해야 한다. 우리가 책의 각 부분을 부지런히 독해할 수 있고 가장 성실한 학생이 될 수 있지만, 그 신학 저술이 무엇에 관한 것인지는 이해하지 못할 수 있다. 신학 저술은 저자가 투사한 세계에 관한 것이다. 말하자면 하나님의 관점에서 하나님과 모든 것을 보는 통찰이다. 셋째 활동은 전유(appropriation)다.

우리는 책이 보여 주는 통찰을 자기 것으로 만들 것인가? 하나님에 대한 저자의 지식에 비추어서 일단 저자가 보듯이 보고 저자의 통찰에서 영향을 받으며 거친 목재의 결을 따라 사포질하듯이 그 통찰의 '결을 따라' 살아갈 것인가? 그 세계의 양식을 따를 것인가? 저자의 가락에 맞춰 행진할 것인가? 그곳을 우리의 집으로 삼을 것인가?

독해 ──→ 이해 ──→ 전유

이러한 활동을 묘사하기에 가장 좋은 방법이 머묾(inhabitation)이라는 공간 이미지를 사용하는 것이다. 머물기 위한 독서는 공간적이다. 책의 각 지면(혹은 영상)은 이차원적 특성 때문에 '살펴' 보는 평면적 실재라는 인상을 받는다. 그러나 책의 앞표지와 뒤표지 사이에 있는 공간은 물리적인 문과 벽으로 만들어진 것이 아닐지라도 입체적이다. 글로 적힌 작품 안에 있는 공간을 우리가 머무는 다른 공간의 관점에서 생각해 보면, 우리는 일요일 오후 누군가의 초대를 받아서 그 사람 집에서 대화를 즐길 수 있으며, 대성당은 천국으로 우리의 시선을 끌어당겨 경이로운 침묵에 빠지게 할 수 있다. 또 우리는 안전하다고 생각했던 공간에서 폭행을 당할 수도 있다. 신학 독서를 할 때 우리는 단순히 평면적인 지면을 마주하고 있는 것이 아니다. 저자는 자기가 만들어 낸 공간에 **머물라**고 우리를 초대하므로, 우리는 저자가 보는 것처럼 볼 수 있다.

저자의 의미 세계에 대해 마지막으로 두 가지만 더 이야기해 보자. 첫째, 우리는 저자의 목소리만 귀담아듣지는 않는다. 내 친구 젠은 신학 독서를 자신에게 친숙한 설교자의 설교를 듣는 것에 비유한다. 우리는 설교자의 말에 성경과 같은 권위가 담기기를 기대하지 않는다. 그런데도 상태가 가장 좋을 때는 완전히 매료되어 설교를 경청한다. 왜 그런가? 간단히 말해, 우리는 교회라는 공간에 설교자의 목소리만 존재하기를 바라지는 않는다. 우리는 성령께서도 설교자의 말을 사용하여 말씀하셔서 우리가 조금 더 예수님을 닮고 조금 더 참된 자아를 찾고 조금 더 그 모든 말씀을 생명력 있게 살아 내게('성화'의 과정) 하시기를 바란다. 우리가 성령께서 설교자를 통해 역사하시기를 소망한다면, 똑같은 일이 신학 독서에서 일어나기를 소망하지 않을 이유가 있는가?¹³

둘째, 신학 독서에는 지혜가 있어야 한다. 앞에서 언급한 설교에 대한 유비는 그릇 투사된 세계를 조심하라고 일깨워 준다. 예를 들면, 성경을 해설하면서 여성혐오나 인종차별을 조장하는 설교가 있다. 19세기 미국에는 성경으로 노예제를 정당화하던 설교자들이 있었던 반면, 성경을 노예제 폐지에 대한 지지를 끌어내는 데 활용한 설교자들도 있었다. 지난 세기에 인종차별주의자 목사들의 설교는 오늘날의 백인 민족주의 운동을 부채질했다.¹⁴ 이와 같은 잘못 투사된 세계를 분별하려면 지혜가 필요하다(7장의 주제). 올바른 이해에 기반을 둔 세계가 우리를 하나님에 대한 지식으로 이끌어서 참된 자아를 볼 수 있게 하고 자기를 내주는 사랑으로 이웃을 대하게 하는 것과 꼭 마찬가지로, 잘못 투사된 세계는 결국 파멸을 거둔다.

3. "교회의 동료 지체로서"

그리스도인이 어떠한 신학 독서를 하든지, 그 저자도 그리스도인이라는 것이 중요하다. 만약 저자가 그리스도인이라면(당신이 읽는 신학 저작 대부분은 저자가 그리스도인일 것이다), 당신은 그리스도 안에서 **형제자매**인 사람들이 만든 공간을 만나는 것이다.

　익숙하지 않은 신학 저술을 읽을 때 이러한 관계에 어떠한 의미가 있는지 생각해 보자. 저자의 언어가 만들어 낸 공간이 처음에는 낯설어 보일 수 있고, 그 공간의 크기를 곧바로 인지하거나 그 공간의 구조를 이해하지 못할 수도 있다. 어쩌면 "이 방은 왜 이렇게 생겼지?"라거나 "어떤 자재로 벽을 세웠지?"라고 물을지도 모르겠다. 그렇지만 그리스도 안에서 형제자매인 이가 당신을 위해 이 공간을 만들었다면, 당신은 감사가 담긴 눈으로 그 공간을 볼 가능성이 크며 그 공간을 만든 사람을 조롱하거나 문 앞에서 도망칠 가능성은 적다. 저자가 만든 공간에 더 오래 머물러 저자의 의미 세계와 더 깊이 만날수록, 당신은 자신의 기독교 신앙이 더 생명력 있게, 더 아름답게 자라난다는 사실을 깨닫게 될 것이다. 물론 더 머무를수록 더 불편할 수도 있고, 심지어 그 만남에서 물러나 "이곳을 내 집으로 삼을 수는 없을 것 같아"라고 말할 수도 있다. 어떤 선택을 하든 길거리에서 결론을 내릴 수는 없는 노릇이다. 얼마간이라도 그 공간에 살아 보지 않으면, 우리의 형제나 자매가 투사한 세계가 무엇이며 그 세계가 자기 자신에게 어떤 의미인지 잘못 판단할 위험이 있다.

　독자들을 설득하는 데 시간이 걸릴 수도 있다는 것은 나도 알지만, 저자의 공간에 들어가서 그곳에 머무르는 것은 필수적이다. 우리가 저자의 초대에 어떠한 식으로 응하든지, 저자와 독자의 상호 관계는 하나님의 가족 안에서 양자가 된 형제자매라는 관계를 기반으로 세워진다. 저자가 우리에게 낯설게 느껴질 수 있고 저자의 언어로 만든 공간이 친숙하지 않을 수도 있지만, 본질적으로 저자는 **낯선 사람이 아니다**.

저자가 심지어 친구가 될 수도 있는가? 앞에서 설교자의 설교와 신학 저서를 비교하면서 말한 것처럼, 설교와 비슷하게 성령의 역사를 조우하기를 기대하며 신학 독서를 하기를 바란다. 사실 더 친밀한 관계를 제안하고 싶다. 12세기의 영국 수도사 리보의 아일레드(Aelred of Rievaulx)에 따르면 영적 우정은 "그리스도로부터 시작하고, 그리스도를 통해 발전하고, 그리스도 안에서 완성된다."[15] 이와 같은 우정은 하나님이 우리를 그분 쪽으로 끌어당기는 수단이다. 우리가 그리스도의 몸 안에서 친구를 만나듯이 저자의 의미 세계와 만나는 것을 상상해 볼 수 있을까?

4. "그리스도의 형상을 닮아 가는 중인"

신학 독서는 그리스도의 형상을 닮아 가는 중인 교회의 동료 지체로서 저자의 의미 세계와 살아 있는 만남을 갖는 것이다. 다시 말하면, 우리는 예수님과 조금 더 닮아 가는 여정에서 신학 독서를 한다. 성령은 우리가 하나님과 동행하는 긴 인생에서 내내 우리와 협력하시며 이 일을 하신다. 우리는 이 과정을 ('거룩하게 된다'는 의미인) '성화'라고 부른다. 그리스도인이라면 다들 성경 연구가 성화의 특징적 요소라고 인정하지만, 많은 이가 신학 독서에 대해서는 그와 똑같은 기대가 없다. 왜 그럴까?

성령은 (신학의 형태를 띠기도 하고 다른 형태를 띠기도 하는) 다른 그리스도인의 말을 취하고 사용하셔서, 우리가 예수님과 닮아가도록 도우실 수 있다. 이 모든 일을 하나님이 성경을 통해서 하시고, 그분의 목적을 이루시는 데 여러 사람의 말과 글을 사용하신다. 하나님은 나귀의 입을 통해서도 우리에게 말씀하신다(민 22:28-30). 그렇다면 성령께서 그리스도 안에서 형제자매인 이들의 말과 글을 사용하실 때, 이보다 훨씬 더 많은 것을 기대해도 괜찮지 않을까?

그러므로 그리스도인들은 기독교 역사 내내, 그리고 신앙의 각 전통 안에서 신학을 기록하여 다른 이들이 하나님을 알아가고 모든 것을 하나님의 관점에서 이해하도록 돕고자 했다. 신학 독서에서만 그리스도인이 이와 같은 지식을 얻을 수 있는 것은 아니다. 당연히 아니다! 신학 독서가 성경을 읽고 기도하고 성찬을 받고 자선과 봉사에 참여하고 증언을 듣고 그리스도의 몸과 교제하는 일을 대체하지는 못한다. 그러나 만약 어느 신학 저작이 그리스도 안에서 형제자매인 사람의 글이라면(내 생각에는 그렇지 않다고 입증되기 전까지는 신학 저술에 그렇게 접근해야 한다), 그 저작을 통해 성령은 우리가 성자의 형상과 자신을 내주는 그분의 사랑을 닮아가게 하실 수 있다.

내가 하려는 말을 아마 이미 짐작할 것이다. 신학 독서는 그리스도인다운 삶의 여느 실천과 크게 다르지 않다. 모두 그리스도 안에서 하나님과 우리의 관계에 기반을 두고 이해돼야 하며, 모두 그리스도 안에서 성육신하신 하나님의 본성을 통해 모양과 특징이 형성된다. 다르게 말하면, 신학 독서에 필요한 상상력은 단순하게 그리스도를 신실하게 따르는 사람이 되는 데 필요한 상상력의 부분 집합, 즉 더 작은 부분이다. 이웃을 사랑하는 것이 신학 독서에 속하는가? 그렇다.[16] 성령의 역사를 기대하는 것이 신학 독서에 속하는가? 그렇다. 친구를 따스한 공간에서 환대하는 것이 신학 독서에 속하는가? 그렇다. 이러한 이야기는 계속 이어질 수 있다.

우리가 돌을 다듬고 있지는 않을지 몰라도 더 웅장한 믿음의 대성당을 상상한다면, 이는 독서를 할 때 무슨 일이 벌어지고 있는지를 인지하는 방식에 영향에 줄 것이다.

이 책의 구상

내 확신에 따르면 신앙과 실천, 생각과 습관, 인식과 성격적 특징이 신학적 상상력을 형성하고 이 모든 것을 통해 우리는 더 큰 전체 세계 안에서 자신의 삶을 이해할 수 있다. 이 책은 그러한 확신에 따라 구성했다. 우리의 교육 관습 대부분은 정신을 가장 중요하게 여기도록 교육하지만, 우리가 평소 몸을 사용하고 공동체에 참여하는 방식도 마찬가지로 상상력에 상당히 영향을 미친다. 상상력은 몸으로 하는 실천(우리가 하는 일)을 통해 형성되고, 우리는 그러한 실천 자체가 합리적이며 우리가 믿는 바(우리가 진리라고 여기는 것)와 조화를 이룬다고 인지한다. 이 둘은 서로 영향을 미친다. 우리는 둘 다 가치 있게 여길 필요가 있다. 이러한 이유로 각 장 마지막에서 기도를 통해 숙고하고, 논의할 질문을 던지고, 실천을 지향하는 신학 실험실에서 실험하게 했다. 그리고 이 책 후반부에서는 성격적 특징도 생각해 볼 것이다.

  이 책의 방법론을 하나의 이미지를 중심으로 세웠다. 이미 다음과 같이 사용된 이미지가 몇 가지 있다. 책을 '먹는 것'이나 책과 '대화하는 것'으로 독서를 효과적으로 묘사하는 작가들도 있지만, 내가 사용하려는 이미지는 책에 '머무는 것'이다. 이러한 은유 아래서 저자가 의미 세계를 투사한다고 볼 수 있다. 우리 발이 물리적 경계를 실제로 넘어서지는 않더라도 우리는 독서를 통해 이 공간에 들어간다. 우리는 신학 저술이라는 건축 공간을 멀리 길거리에서 바라보기를 선택할 수도 있고, 아니면 친밀하게 만나기 위해 문을 통과해서 그 공간으로 들어가기를 선택할 수도 있다. 우리는 이 공간을 잠시 우리 집으로 삼을 수 있다. 바로 이때 신학 독서가 흥미로워지고 복잡해지고 위험해진다. 관찰을 그만두고 머물려고 할 때 우리는 저자가 보는 것처럼 보기 시작하게 된다.

과연 누가 이와 같은 방식으로 독서할 '시간'이 있을까?

학기 중간이 되면, 과부하에 걸린 학생을 종종 만난다. 이는 학생들이 대학 교육이 요구하는 학업 분량과 자신의 삶에서 흥미롭고 중요한 다른 일 사이에서 균형을 찾으려 노력하기 때문인 경우가 있다. 어쩌면 당신도 이런 상황일 수도 있고, 수많은 책임과 맡은 일에 시간을 배분하면서 무리하거나 좌절하고 있는지도 모르겠다. 관심 있는 일에 **온전히** 몰두할 수 없다. 한 학생이 나에게 "제가 좋아하는 수업을 듣고 있지만, 저는 온전히 수업에 집중할 수가 없습니다. 제 일정이 이미 꽉 차 있거든요!"라고 말한 적이 있다.

나 또한 그러한 적이 있기 때문에 당신이 다음과 같이 생각한다고 해도 놀라지 않을 것이다. "미치겠습니다. 이러한 방식으로 독서를 하려면, 그러니까 머무는 것으로서 독서를 하려면 제가 바쁜 학기 중에 할애할 수 있는 시간보다 훨씬 더 많은 시간이 필요합니다. 이러한 방식으로 독서를 할 시간도 에너지도 없습니다. 저는 이미 과부하에 걸려 있거든요. 이건 현실적이지 않습니다!" (그리고 나서 어깨를 축 늘어뜨린다.) 이 말에 동의하는가? 나는 동의한다.

신학교 교수이지만 나도 신학 독서를 할 때 시간과 에너지의 한계를 자주 마주한다. 나는 모든 책을 기독교적 상상력에 따라서 읽고 싶으나 (정말로 그렇게 하고 싶다!), 가족과 친구와 교회를 위해 기쁘게 시간을 내는 것은 말할 것도 없고, 가르쳐야 할 흥미로운 수업, (그다지 흥미롭지 않은) 교수 회의, 지금처럼 책을 쓰는 일 등 많은 일과 책임에 시간을 들여야 한다. 나는 무엇이든 내가 묘사하는 상상력을 통해서 읽고 싶지만, 한계가 있어서 힘겹다.

자신의 한계를 인정하자. 심호흡하자. 잠시 멈춰 보자. 자신을 너무 몰아세우지 말자. 당신의 경험이 특이한 것은 아니며, 당신이 무언가를 잘못하고 있기 때문에 실패하는 것도 아니다. 하나님이 우리를 유한하고 한계가 있는 피조물로 만드셨기에 우리는 한계를 경험할 때 매사에 하나님을 의지해야 함을 기억한다. 우리는 하나님이 아니며, 우리가 하나님이 아니라는 것은 **아주 좋은 일이다!** 물론 우리는 전적으로 더 부지런히, 더 생산적으로 시간을 맞출 수도 있을 것이다. 우리는 주의를 산만하게 하는 별 볼 일 없는 일들 때문에 삶이 어수선하고, 남은 에너지가 너무 적어서 모든 일에 완전히 몰두할 수 없다. 학생도 바쁘고 교수도 바빠서 다들 원하는 만큼 의지와 시간과 마음을 들여서 신학 저작을 읽지는 못한다.

그래도 우리는 독서가 살아 있는 만남이 되도록 자신을 **준비시킬** 수 있으며, 정말로 그렇게 됐을 때, 아마 놀라운 일까지 경험할 것이다! 여기 준비 방법이 두 가지 있다.

1. 기꺼이 기도하기

읽기 전에 기도하라. 당신은 예배 가운데 하나님을 향해 있도록, 이웃을 사랑으로 대하도록 기도할 수 있다. 의에 주리기를, 그래서 의를 구하려는 의지가 동일하게 커지기를 기도할 수 있다. 그리스도 안에서 형제와 자매를 만나도록 준비시켜 주시기를 하나님에게 기도할 수 있다. 진리와 거짓을 분별할 예리한 정신을 주시기를 하나님에게 기도할 수 있다. 기도 방식은 다양할 수 있지만, 당신의 삶에서 하나님이 활동하시기를, 진리를 분별할 수 있는 정신을 주시기를, 환대하는 마음을 주시기를 기도하는 것으로 시작하는 것이 좋다. '**하나님 아버지, 하나님을 향하여, 진리를 향하여, 이웃을 향하여 독서하게 해 주십시오.**'

신학은 기도가 있어야 살아남을 수 있다. 기도가 없으면, 신학은 2인칭 대화('당신'인 하나님)가 아니라 3인칭 서술('그'인 하나님)이 된다. 20세기 신학자 헬무트 틸리케(Helmut Thielicke)는 다음과 같이 썼다. "누군가 처음으로 하나님을 3인칭으로, 즉 더는 하나님**과 함께** 이야기하지 않고 하나님**에 대해** 이야기한 때가 바로 '하나님이 정말로 그렇게 말씀하시더냐?'라는 질문이 울려 퍼진 순간이었음을 생각하라(참조. 창 3:1). 이 사실을 통해 우리는 생각해 보아야 한다."[17] 틸리케는 하나님에 대한 3인칭 표현이 하나님의 말씀을 왜곡한 뱀에게서 기원한다는 사실을 상기시키면서, 우리를 조금은 놀라게 하고 심지어 불편하게 하고자 했다. 그러고서 내린 결론에 따르면 "신학적 사고는 오직 하나님과 대화하는 곳에서만 살아 숨 쉴 수 있다."[18] 틸리케의 말은 우리의 지적 능력을 모조리 쏟는다는 의미에서 신학이 엄격하거나 비평적이어서는 안 된다는 뜻이 아니다. 기도로 충만한 신학에는 하나님에 대한 서술이 포함되지 않는다는 말도 아니다. 예수님은 항상 이 둘을 모두 붙잡으셨다. 틸리케는 우리가 다음 장에서 더 깊게 살펴볼 내용, 즉 신학 연구의 대상이 **하나님**이라는 사실을 강조하고 싶었을 뿐이다. 우리는 항상 이미 세워진 관계 안에서 하나님을 연구한다. 기도는 신학 독서에 필요한 궁극적 대화, 즉 하나님과 우리의 대화의 장이다.

수년 전에 내가 신학 박사 공부를 시작했을 때, 스승 한 분이 "자주 기도하고 진심으로 기도하라"고 유익한 조언을 해 주셨다. 훌륭한 조언이다. 지금껏 이 조언을 따르려고 노력했다. 신학책을 집어 들기 전에 기도하되 진심으로 기도하라.

2. 놀라움(때로는 불편함)에 열려 있기

성령이 우리가 그리스도의 형상을 닮게 하심으로써 성부와 성자와 이전보다 훨씬 깊은 관계에 들어가게 하신다고 우리가 믿는다면, 성령이 신학 독서를 통해서도 그렇게 역사하신다고 해도 놀랄 필요가 없다. 성령은 "임의로 불매"(요 3:8) 성령의 활동은 예측 불가능하고 분별하기 어렵다. 성령은 아무 경고 없이 우리를 붙잡아 우리 자력으로는 될 수 없는 그런 사람이 되게 하신다.

우리가 신학 독서를 할 때, 성령은 우리의 이웃 사랑이 보잘것없고 얄팍하다는 것을 드러내실 수도 있다. 그분은 하나님의 세계와 우리 인류가 일찍이 우리가 알던 것보다 더 중요함을 우리에게 보이실 수도 있다. 하나님은 완전히 새로운 지평을 여셔서 자신이 우리가 생각하던 것보다 더 크시고 더 흥미로우시고 우리의 예배를 받기에 더 합당하시고 훨씬 더 놀라운 분임을 계시하실 것이다. 우리가 준비가 되어 있지 않은 경우에도, 신학은 최선의 방식으로 우리를 **불편하게** 한다.

신학은 죄를 깨닫게 하고 우리를 들춰내고 우리가 구속적으로 사고하고 느끼고 행동하게 한다. 이러한 사실에 놀라면 안 된다. 그렇지 않은가? 우리는 성경을 읽을 때, 성령이 때로는 우리의 밑바닥을 드러내시기를 기대한다. 목회자가 설교를 하거나 스승이 불편한 진리를 말해서 우리 죄를 깨닫게 할 때 우리는 칭송한다(그래야 한다). 그래서 하나님이 좋은 신학책을 사용해서 우리를 구속적으로 불편하게 하실 때 우리는 놀라서는 안 된다.

예를 들어, 나는 흑인 신학자 제임스 콘(James Cone)이 쓴 『십자가와 린치용 나무』(*The Cross and the Lynching Tree*)가 불편한데, 이 책이 나로서는 생각하고 싶지 않은 미국 역사의 한 부분, 즉 아프리카계 미국인이 당한 린치를 예수 그리스도의 십자가와 겹쳐서 보여 주기 때문이다(과거 미국에서 흑인에 대한 백인의 집단 린치는 흔히 해당 흑인을 나무에 매달아 살해하는 식이었다―편집자). 제임스 콘은 다음과 같이 쓴다.

> 린치용 나무는 미국 백인이 흑인에게 가한 십자가 처형을 상징한다. 이는 십자가의 종교적 의미를 이 나라에서 가장 잘 보여주는 창이다. 이런 면에서 흑인들은 그리스도와 닮았는데, 그들이 원해서 고난을 당한 것이 아니라 달리 선택권이 없었기 때문이다. 갈보리를 향한 여정에서 예수님에게 선택권이 없었듯이, 흑인들도 린치를 당하는 것에 대해서 선택권이 없었다.…그럼에도 하나님은 십자가와 린치용 나무라는 죄악을 취하셔서

서 이 둘을 아름다운 신적 승리로 변모시키셨다. 만약 미국이 회개하고 이에 대해 배상하면서 이러한 큰 죄와 마주하고 현재까지 이어지는 백인 우월주의의 유산을 고백할 용기가 있다면, "비극을 넘어서" 희망이 있을 것이다.¹⁹

정말 읽기 불편하다! 나는 백인 미국인으로서 미국 역사의 그 지점이 부끄럽다. 나는 그 부분을 살펴보고 싶지 않지만, 콘은 내가 눈을 돌리지 못하게 한다. 콘은 내가 아프리카계 미국인들이 겪은 린치와 예수님의 십자가의 관계를 보지 않을 수 없게 해서, 십자가에 대한 나의 신학과 자아 인식을 넓혀 준다. 린치를 자행하던 시대에 살던 그리스도인들이 이 어두운 면을 보지 못했다면, 지금 내가 보지 못하는 것은 무엇인가?

신학자이자 사회운동가인 미구엘 A. 델 라 토레(Miguel A. De La Torre)도 자신의 책 『백인의 특권 묻어 버리기』(*Burying White Privilege*)에서 미국 그리스도인들에게 문제를 제기하면서, 큰 희생이 필요한 복음의 요구와 **거리를 적당히 유지하지** 말라고, 즉 이 요구를 머리와 생각 속에 감춘 채로 손과 발로만 공적 행동을 조금 하면 될 정도로 멀리 떨어져 있지는 말라고 도전한다. 그는 이렇게 썼다.

미국 기독교에 관해 말하자면 도덕적 노력은 우리가 팔을 걷어붙이고 정의를 지향하는 도덕적 세계를 만드는 것이라기보다는 무엇이 윤리적인지를 추론하는 문제가 되었다. 현재 우리의 국가주의 기독교는 전반적으로 공인된 기준이지만, 이것은 한낱 개인 영역의 문제가 되었다. 예수님이 개개인의 구원자로만 있는 한 기독교는 무기력해져서, 정의롭게 사는 방법에

대한 예수님의 공적 가르침을 실천하라고 전혀 요구하지 못할 것이다.[20]

다른 방식으로 말하고 싶지만, 델 라 토레가 경고하는 것처럼 나는 예수님의 급진적 가르침을 순화시키려는 경향이 있다. 그러면 희생을 덜 해도 된다. 그리고 나서 이와 같은 신학책을 읽으면, 이는 나를 구속적으로 불편하게 하려고 기록된 아모스서를 읽는 것과 같다. 신학 독서는 내 우상을 파괴하고서는 내가 성령의 내주하심 가운데 살아가면서 하나님 나라가 확장되는 공간으로 들어가게 한다. (다만 거짓이 담긴 신학 독서를 할 때는 이와는 완전히 다른 종류의 불편함이 발생한다. '이단'이라는 단어가 이를 묘사하는 데 쓰이는데, 이에 대해서는 추후에 논의하겠다.[21])

이런 모든 성장이 성경 읽기를 통해, 기도를 통해, 스승이나 목사와의 친밀한 관계를 통해, 예배 중에 일어날 수 있으며, 신학 독서를 할 때도 분명히 이와 같은 일들이 일어날 수 있음을 분명히 하고 싶다! 20세기에 아주 영향력 있었던 신학자 중 하나인 칼 바르트(Karl Barth)는 이를 다음과 같이 말했다.

> 꽤 구체적인 **놀라움**이 모든 신학적 인지와 연구와 생각의 시작 시점에 있다. 놀라움은 사실 모든 신학 용어의 뿌리다.…만약 이와 같은 놀라움이 없다면, 최고 신학자가 만들어 낸 전체 결과물이라도 뿌리부터 병든 것이다. 반면에 놀라워할 수 있다면 아무리 능력이 부족한 신학자라도 자신의 임무를 성취할 희망이 있다. 무장한 사람처럼 그 놀라움이 그를 붙잡을 가능성이 계속 열려 있다면 이런 사람은 계속 쓸 만한 신학자로 남아 있을 것이다.[22]

무장한 사람에게 붙잡힌 것처럼! 신학 독서를 할 때 놀라움이나 때로는 불편함을 각오하라. 하나님의 영이 우리를 변화시키실 것이다.

이와 같은 것을 바라지 말아야 할 이유가 있는가?

기도

거룩하게 하시는 하나님,
주는 항상 우리 안에서 일하시면서,
    우리 눈을 여셔서
    우리를 생명의 주께 인도하시고
    예수님에게 이끄시고,
    우리 시야를 넓히시고
    우리를 참된 자신이 되게 하시고,
    우리가 이웃을 향하여 눈을 돌리게 하십니다.
저희를 거룩하게 하시고 놀라게 하시는 하나님, 저희가 예비 제자로서 신학 독서를 하고, 그리스도 안에서 형제자매를 만날 준비를 하고, 그들을 통해 하나님을 만나게 하소서. 아멘.

요약

독서에 필요한 상상력은 신학 독서와 조화를 이루는 더 큰 이야기에 대한 우리의 통찰을 형성한다. 이 책에서 서술하는 상상력에 따르면, 신학 독서는 그리스도의 형상을 닮아 가는 중인 교회의 동료 지체로서 저자의 의미 세계와 살아 있는 만남을 갖는 것이다. 우리는 육체를 가진 사람으로서 독서를 한다(살아 있는 만남). 독서를 할 때 우리와 마찬가지로 육체를 가진 사람인 저자가 만들어 낸 담론 공간에 머무른다(저자의 의미 세계). 저자는 그리스도 안에서 우리의 형제자매다(그리스도의 몸인 교회의 동료 지체). 하나님의 영은 우리가 독서를 하면서 예수님과 같은 모습이, 또 자기를 내주는 그분의 사랑과 같은 모습이 되게 하심으로써 우리를 놀라게 하실 수 있다(그리스도의 형상을 닮아 가는). 우리는 기꺼이 기도하고 놀라움 또는 때로는 불편함에 마음을 열어 두는 두 가지 방식으로 신학 독서를 준비해야 한다.

숙고와 논의를 위한 질문

1. 만일 당신이 신학 독서를 하는 동안 누군가 어깨너머로 보며 "무엇을 하고 계십니까?"라고 묻는다면, 어떻게 대답할 것인가?
2. 당신의 신앙에 매우 큰 영향을 미치는 사람은 누구인가? 신학 저술을 하는 이들이 그중 한 명이 되려면 무엇이 필요할까?
3. 신학 독서를 할 때 무엇 때문에 놀라움을 경험하지 못하는가?

신학 실험실: 하나님의 현존을 발견하려는 노력

> 너희가 오늘 그의 음성을 듣거든…너희 마음을 완악하게 하지 말지어다.
>
> -시편 95:7-8

> 연구를 하면서 규칙에 포함된 대로 "기도와 헌신의 영을 소멸하지 않는다"면, 그대가 형제들에게 신성한 신학을 가르치는 것이 나는 기쁩니다.
>
> -성 프란체스코[23]

하나님의 현존을 발견하려는 노력(Rummaging for God)은 '성찰 기도'(the prayer of examen)라 불리는 고대의 기도 방식에 영감을 받은 것이다. 팀 갤러거(Tim Gallagher)는 자신의 통찰력 있는 안내서인 『성찰 기도』(The Examen Prayer)에서 그 핵심을 다음과 같이 정확히 포착한다.

> 우리를 사랑하시는 하나님과 교통하는 삶에 대한 애정 어린 열망은 [우리의] 핵심 열망이다. 성경으로 하는 기도, 예전 기도, 영적 독서, 그 외 다른 형태의 기도로 이러한 열망이 자란다. 다만 성찰 기도는 하루하루를 구체적으로 성찰하여 하나님의 사랑이 오늘 어디서 나타났으며 하나님이 오늘 어디로 이끄시는지를 발견하고, 내 안에서 무엇이 하나님의 인도하심을 거스르는지 분별하고, 미래에 나를 위해 준비하신 성장을 발견하여 가장 근본적인 이 열망을 차근차근 성취할 수 있게 한다. 영적 생활에서 그 무엇도 우리를 매일 이끄시는 하나님에 대한 이러한 인식을 추구하는 기도를 대체할 수 없다.[24]

성찰 기도는 하나님에 대한 우리의 열망을 우리가 일상에서 발견할 수 있는 하나님의 활동하심과 연결한다. 하나님의 현존을 발견하려는 노력은 하나님에 대한 우리의 열망을 우리의 신학 연구 가운데 일하시는 하나님과 연결한다.

우리는 너무 자주 신학 연구의 기쁨과 곤경을 하나님과 우리의 대화와 어느 정도 거리를 둔다. 그러나 우리가 신학 독서를 하고 실천할 때, 하나님은 활동하시면서 **항상** 우리를 그리스도에게 더 가까이 이끄신다. 신학 독서를 할 때 그분의 음성을 듣고서, 우리의 기쁨과 곤경을 끌어안고 하나님을 향해 나아갈 것인가? 아니면 신학 독서를 학문 활동으로만 여기고 제한하여, 우리가 예수님과 조금 더 닮아가기를 바라시고 그분의 사역을 향해 더 깊이 이끄시는 하나님의 방식을 못 보고 지나칠 것인가? 하나님의 현존을 발견하려는 노력은 신학 독서 체험으로 시작하는 기도의 방식이며, 이러한 체험을 사용하여 기도 중에 하나님 앞으로 나아가는 기도의 방식이다.

하나님의 현존을 발견하려는 노력은 하나님에게 말을 거는, **그리고** 하나님의 말씀을 듣는 대화다.

첫째, 말을 걸려면 신학을 공부하는 동안 경험한 것을 하나님에게 아뢰야 한다. 무엇을 배우는지, 이런 배움이 자신에게 어떤 의미인지, 무엇 때문에 어려운지, 왜 그렇게 느끼는지를 아뢰는 것이다. 당신이 어떻게 느끼고 있는지를 하나님에게 아뢰는 일이 처음에는 어색할 수도 있다. 어쩌면 '내 느낌을 왜 하나님에게 말씀드려야 하지? 하나님은 이미 다 아시지 않나?'라고 생각할지도 모르겠다. 당연히 하나님이 다 아시지만, 이 방법으로 하면 기도가 인격적인 것이 된다. 이렇게 하면 하나님이 듣기를 원하신다고 우리가 생각하는 내용 말하기였던 기도가 진실하고 솔직하고 다소 두서없는 대화로 바뀐다. 우리 대부분에게는 이러한 기도가 너무나도 필요하다!

둘째, 하나님의 현존을 발견하려는 노력은 말을 거는 것일 뿐 아니라 듣는 **것**이기도 하다. 대화는 항상 쌍방향이다. 우리가 하나님을 더 깊이 알게 하시는 것이 우리에게 얼마나 큰 의미인지, 우리가 온전히 이해할 수 없는 진리와 씨름하는 기분이 어떤지 하나님에게 아뢰고 나서, 우리는 들어야 한다.

우리 대부분은 하나님에게 귀를 기울이기가 쉽지 않다. 여기에는 많은 이유가 있지만, 그중 우리가 말하고 싶지 않은 한 가지 이유가 있다. 귀 기울여 듣다 보면 하나님이 존재하지 않을 수도 있다는 두려움에 직면하게 되기 때문이다. 이런 두려움을 하나님에게 아뢰라. 하나님은 이러한 두려움을 잘 아신다. 하나님의 아들이신 예수님은 가능한 모든 면에서 사람이셨고, 바로 그 예수님이 지금 아버지 하나님 우편에서 우리를 위해 간구하시는 중이다(롬 8:34). 당신의 두려움을 극복하는 방법을 완벽하게 알려면 예수님을 신뢰하라. 그분은 두려움을 비롯하여 모든 인간다움을 지니셨고 구속하셨다.

성찰 기도: 성 이그나티우스(St. Ignatius)가 제안한 영적 훈련

전환: 하나님의 사랑을 깨달으라.

감사: 받은 선물에 대해 하나님에게 감사하라.

청원: 기도할 때 하나님의 통찰과 능력을 주시기를 간구하라.

성찰: 하나님과 함께 자신의 하루를 돌아보라. 하나님이 자신의 일하심을 당신에게 보여 주시게 하라. **영적 위로**(사랑으로 하나님에게 귀를 기울임)나 **영적 낙담**(극심한 절망)을 언제 경험했는가?

용서: 언제 하나님의 일하심을 거슬렀는가? 용서를 구하라.

회복: 내일의 걸음걸음에 복을 주시기를 하나님에게 요청하라.

전환: 하나님의 사랑을 인정하고, 성찰 기도를 마치라.

하나님의 현존을 발견하기 위한 노력

- 초대: 제 가장 깊은 갈망이신 하나님, 제가 신학을 공부할 때 주의 일하심을 보이시고 저를 주께 이끄소서.

- 통찰에 관해 하나님과 대화하기
  - 어떤 통찰을 받았는가? 아무 통찰도 떠오르지 않는다면, 이를 인식하게 해 주시기를 하나님에게 간구하라.
  - 이러한 통찰이 자신에게 어떤 의미인지 하나님에게 아뢰라.
  - 통찰을 주신 하나님에게 감사하라.
  - 듣기: 하나님은 당신이 이러한 통찰을 받은 결과 삶이 어떻게 바뀌기를 원하시는가?

자신의 의문에 관해 하나님과 대화하기

당신의 의문은 무엇인가? 아무 의문도 떠오르지 않는다면, 이를 인식하게 해 주시기를 하나님에게 간구하라. 때로 우리는 불안한 의문을 억누르지만, 하나님은 그 의문도 사용하고자 하신다.

이런 의문이 있으면 기분이 어떤지 하나님에게 아뢰라. 우리에게 의문이 있어도 우리와 함께하시는 하나님에게 감사하라.

당신이 이해할 수 있게 도와 달라고 하나님에게 간구하라.

듣기: 여전히 의문이 있을 때 하나님은 당신에게 무엇을 원하시는가?

2장

신학이란 무엇인가?

도마가 대답하여 이르되 "나의 주님이시요 나의 하나님이시니이다!"

-요한복음 20:28

건축은 이상적 삶에 대한 생각과 이미지를 반영하고 구현하고 영원하게 한다.

-유하니 팔라스마[1]

자기가 **무엇**을 읽고 있는지 모른다면, 별다른 진전을 이루기가 정말로 어렵다. 이것은 블로그, 트위터, 인터넷 팝업 광고, 만화책, 빌보드 차트, 사설, 법정 문서 등 무엇을 읽을 때든지 다 적용된다. 신학 독서라고 예외는 아니다. 신학 독서를 할 때 우리는 정확하게 무엇을 다루는 것인가?

신학 독서를 하는 이들이 다른 학문 분야의 비슷해 보이는 책에 익숙하기 때문에 신학 독서를 힘겹게 해 나가는 경우가 있다. 표지에 있는 '심리학'이나 '생물학' 같은 단어가 '신학'이라는 단어와 유사해 보이지만, 실제로는 얼마나 비슷한가? 당신은 생물학 책에는 생명체 관련 사실과 생명체를 연구하는 방법에 대한 지침이 있으리라고 예상한다. 신학책도 같은 규칙을 따를까? 신학 독서를 할 때 당신이 배우리라고 기대하는 것은 무엇인가? 신학 독서는 당신에게 무엇을 기대할 것인가?

이번 장에서는 신학의 본질적 특징 네 가지를 생각해 봄으로써 신학에 대한 우리의 통찰을 확장해 보려고 한다. 여기에 이름을 붙여야 한다면 신학에 대한 '정의'라고 부르겠지만, 나는 '정의'라는 단어를 피하고 싶다. 신학이 수반하는 내용을 숙고하고 나면, 당신도 이 단어가 적합하지 않다고 느껴질 것이다.

신학: 본질적 특징 네 가지

'신학'(theology)이라는 단어를 분해하면 두 부분으로 나뉜다. 첫 부분인 'theo-'는 신을 의미하는 헬라어 단어 '테오스'(theos)에서 왔다. 둘째 부분인 '-logy'는 헬라어 단어 로고스(logos)의 축약형으로 이러한 의미에서 '무엇에 관한 말'이나 '무엇에 대한 연구'를 의미한다. 그래서 가장 기본적이고 문자적인 의미에서 신학은 하나님에 대한 연구다.[2] 무엇을 연구하든 시간이 걸리고 신학도 예외가 아니다. 신학에 발을 들여놓는 과정이 있고 이 과정에는 일련의 기술이 필요하다.

신학은 최소한 이런 점에서 다른 형태의 연구와 닮았다(신학은 기술이 필요한 과정이다). 그러나 더 자세히 살펴보면 이 유사성이 무너지기 시작한다. 물리적 질서에 속하지 **않으시는** 하나님을 연구하는 것은 참나무나 개똥지빠귀나 심지어 인간을 연구하는 일과도 종류가 다른 활동이다. 생물학은 우리가 잘 아는 생명체를 다루고, 심리학은 인간의 정신과 정신의 기능을 다룬다. 생물학과 심리학은 물리적 세계에 존재하는 대상을 다루지만, 신학은 창조되지 않은 존재인 하나님을 연구하고자 한다.

당연히 우리에게는 신학이 무엇이며 무엇을 하는지에 대한 더 자세하고 포괄적인 관점이 필요하다. 내가 제시하려는 관점은 신학을 실천하고 신학 독서를 하는 사람들, 즉 그리스도인들의 기본적인 신앙 열심에 토대를 둔다.³ 그리스도인으로서 순례의 삶을 살아가는 사람들, 그리스도 안에서 하나님의 양자가 된 사람들, 성령의 역사를 통해 그리스도의 형상을 본받는 중인 사람들이 신학을 연구한다. 4세기에 수도사 폰투스의 에바그리우스(Evagrius Ponticus)가 말했듯이, 신학자라면 진정으로 기도할 것이고 진정으로 기도한다면 신학자다. 그러므로 그리스도인에게는 신학 연구와 신학 독서가 성화에 도움이 된다. 신학은 그리스도인다운 삶의 영광스러운 실천이다. 따라서 이와 같은 관점의 특징 네 가지는 '연구'나 '학문'와 같은 일반적 개념보다는 기독교적 상상력에서 흘러 나온다. 하나님에 대한 지식을 이해하려면 하나님에 대한 기독교의 신앙 고백을 보아야 한다.

기독교의 신앙 고백에 영향을 받은 신학의 네 가지 특징은 신학 고유의 특징은 아니다. 그런데 이러한 특징을 초보 신학생은 과소평가하고 더 잘 알고 있을 노련한 신학자들은 흔히 간과한다. 때로 우리는 신학이 지적 활동만은 아니라는 것을 잊어버린다. 어렵고 논쟁적 질문을 다루는 논증에 무기를 제공하기 위해서만 신학을 하는 것은 아님을 잊어버리는 경우도 있다. 이와 같은 흔한 오해를 지닌 채 공부하던 어느 학생이 수업 첫 시간에 해맑게도 "교수님이 가장 좋아하는 신학 논쟁은 무엇이십니까?"라고 질문한 적이 있다. 우리가 신학의 범위를 너무 좁게 인식하여 신학은 오로지 하나님과 예수님과 교회에만 초점을 맞춘다고 생각하는지도 모르겠다. 어느 경우든지 우리는 신학이 무엇이며 무엇을 하는지를 너무나 좁게 보고 있다고 말할 수 있다. 그중에 어느 경우에라도 신학에 대한 충만하고 빛나고 자세한 통찰이 생기지 않는다. 신학에는 상당히 복잡한 사고가 반드시 필요하지만, 이성뿐 아니라 우리의 **더 많은 것**도 필요하다. 신학은 진리 문제를 다루는 논쟁에 참여하지만, **우리 자신**에 대한 진실도 다룬다. 신학은 하나님과 예수님과 교회에 초점을 뚜렷하게 맞추지만, 나머지 **모든 것**도 다룬다. 그렇다, 모든 것을 다룬다.

첫째 특징: 신학은 그 대상이 완전히 다르다

신학의 첫째 특징은 하나님이 완전히 다르시다는 것을 염두에 둔다는 것이다. 이것이 아마 신학의 특징 중에 가장 과소평가되면서도 절대로 잊지 말아야 할 특징이기도 하다. 우리의 관심이 세상에 존재하는 많은 대상을 향할 수는 있지만, 복음이 제시하는 삼위일체 하나님은 연구 대상으로서 나머지 것들과 근본적으로 다르시다(이것을 하나님의 '존재론적' 다름이라고 부른다).[4] 이것이 어쩌면 당연해 보이지만, 몇 가지 이유로 쉽게 간과된다. 교실 형광등 불빛 아래나 가장 좋아하는 커피숍에 앉아 있으면, 우리는 하나님이 참나무나 개똥지빠귀나 인간과 같은 분이 아니라는 것을 잊어버린다.

시편 시인은 "누가 주님 같겠습니까? 주님은 강하십니다"라고 묻는다(시 89:8, 새한글성경). 예레미야는 "여호와여 주와 같은 이 없나이다 주는 크시니 주의 이름이 그 권능으로 말미암아 크시니이다"라고 대답한다(렘 10:6). 그리스도인이 신학 연구에 매진할 때, 존재하는 모든 것을 창조하시고 다스리시고 세상의 죄를 치유하시는, 창조되지 않은 존재에 온 관심을 쏟는 것이다. 우리는 모든 것과 모든 사람이 창조되었고, 존재하고 구속을 얻기 위해 하나님에게 의존하고 있음을 인정하는 것으로 신학 연구를 시작한다.

 기독교 성경에서 하나님의 철저한 다름을 나타내는 방법 중 하나가 '거룩함'이라는 단어다. 예를 들면, 예언자 이사야는 환상 가운데 하나님을 잠시 보면서 천상의 존재들에게 둘러싸였다(사 6:1-5). 그 천상의 존재들이 "거룩하다 거룩하다 거룩하다 만군의 여호와여 그의 영광이 온 땅에 충만하도다"라고 찬양한다(사 6:3). 하나님의 거룩하심이 부분적으로는 하나님의 완전한 순결하심이다. 이사야는 절망하여 마음이 무너졌는데, 자신의 죄와 이스라엘 백성의 죄를 모두 알고 있었기 때문이다. 이와 비슷한 장면을 요한의 환상에서도 찾을 수 있다. 요한의 환상에서는 위와 똑같은 찬양이 "거룩하다 거룩하다 거룩하다 주 하나님 곧 전능하신 이여 전에도 계셨고 이제도 계시고 장차 오실 이시라…주께서 만물을 지으신지라 만물이 주의 뜻대로 있었고 또 지으심을 받았나이다"(계 4:8, 11)라고 하나님의 보좌 앞에서 울려 퍼진다. 거룩함은 하나님의 유일성, 다름, 그리고 신학자들이 자주 이야기하듯이 '초월성'을 일컫는다. 분명히 신학은 맹그로브나무나 코끼리와 근본적으로 다른 대상을 연구하는 학문이다. 이것을 상기하기 위해서 우리는 '창조되지 않은', '무한한', '영원한'과 같은 단어들도 하나님의 **신성**을 말하는 데 추가한다. 이와 같은 용어들 덕분에 우리는 다른 모든 연구 대상과 하나님 사이의 철저하고도 환원할 수 없는 다름을 계속 조심스럽게 염두에 두고 있을 수 있다.

 그렇다면 이러한 하나님의 근본적 다름이 신학 연구와 무슨 상관이 있는가? 하나님의 거룩하심이 신학에 어떻게 영향을 미치는가?

칼 바르트는 하나님과 나머지 모든 것의 이러한 차이를 자주 생각했다. 바르트의 서술에 따르면 신학은 "새장 안에 있는 새와 대조되는 하늘을 날고 있는 새"를 그리는 것과 같다.[5] 하늘을 나는 새를 그린다고 생각해 보라. 그리려고 하기에 앞서 새를 새장에 가둔다면 그리기가 얼마나 더 쉽겠는가? 새장에 갇힌 새를 이렇게 말해 보고 싶다. 내가 새의 움직임을 제한하고 새가 날 수 있는 공간을 규제하면, 새는 마음대로 날 수 없지만 나는 마음대로 할 수 있다.

죽은 새를 그리기는 훨씬 더 쉽다. 19세기 동물학자이자 화가인 존 오듀본(John Audubon)은 캔버스마다 북아메리카의 새들을 아름답게 그려 넣었다. 오듀본의 말에 따르면, 가장 잘 통제된 환경에서 그림을 그리려고 새를 쏴 죽였다고 한다! 작업실로 돌아와서는 **자기에게 필요한 대로** 새들을 놓았다. 그러고 나서 그 죽은 새가 살아 있다면 어떤 모습일지를 그렸다.

어느 시나리오가 신학에 대한 당신의 생각을 가장 잘 묘사하는가? 당신 생각에 신학은 살아서 계속 움직이는 새를 그리는 것과 같은가? 그 새가 새장에 갇히고 움직임이 통제된 듯이 보이는가? 아니면 아름답지만 죽은 새인가? 내가 신학을 처음 공부할 때, 신학의 대상이 살아서 움직이며 경이롭고도 놀랍게 **살아 있다**는 인상을 조금도 받지 못했다. 신학의 대상이 유리장 안에 핀으로 고정해

놓은 나비 같다고 느꼈다. 그 결과 오듀본이 그린 새들처럼 사랑스러웠지만 하나같이 생명력이 없는 느낌이었다.

신학의 영역을 교회의 종교적 언어로 제한하는 편이 결국은 더 낫고 안전하다고 말하는 신학자들도 있다. 우리의 시선을 살아 계신 하나님에게 고정하지 말고, 그분을 인정하는 사람들의 사회적 실천과 믿음에 고정해야 한다고 말하는 사람들도 있다. 확실히 이것이 더 안전할 수도 있다. 그러나 우리는 정말로 "자신 안에 생명"(요 5:26)이 있는 분을 외면할 수 있는가? 도마가 무릎을 꿇고 "나의 주님이시요 나의 하나님이시니이다!"(요 20:28)라고 외친 분에게서 우리가 시선을 돌릴 수 있을까? 신학의 렌즈는 하나님을 인정하는 사람들의 말과 실천을 충분히 설명하거나 포괄할 정도로 넓지만, 경이롭고도 놀랍게 살아 계신 복음의 하나님이 친히 화면을 꽉 채우고 계신다. 우리의 시선을 여기서 돌리면 안 된다. 집중해서 봐야 한다!

C. S. 루이스는 『나니아 연대기』(Chronicles of Narnia) 시리즈에 있는 이야기인 『캐스피언 왕자』(Prince Caspian)에서 신학의 이러한 특징을 아름답게 재현한다. 어느 한 장면을 보면, 어린 소녀 루시가 밤에 잠에서 깨었지만 계속 꿈을 꾸는 듯한 경험을 한다. 루시는 숲으로 발걸음을 옮기다가 춤추는 나무로 둘러싸인 넓은 빈터를 발견한다. 루시는 숲의 소용돌이와 움직임으로 들어가, 이 나무에서 저 나무로 춤 상대를 바꾸면서 숲 가운데 탁 트인 공간으로 들어간다. 거기서 『캐스피언 왕자』에서는 처음 등장하는 위대한 사자, 아슬란을 목격한다. 루시는 아슬란에게 달려가 아슬란의 갈기에 얼굴을 파묻는다. 그러고 나서 아슬란을 더 가까이 바라보다가 놀란다. 그리고 "아슬란, 더 커졌네요"라고 말한다. 아

슬란은 "아이야, 그건 네가 나이를 더 먹었기 때문이란다"라고 대답한다. 이어서 아슬란은 살아 계신 하나님을 연구할 때 핵심이 되는 말을 한다. 아슬란은 루시를 보면서 "매년 네가 자랄 때마다, 너는 더 커진 나를 발견할 거야"라고 말한다.[6]

신학에서 우리는 살아 계신 하나님에게 시선을 두는데, 우리가 하나님을 바라볼수록 우리 눈에 하나님이 더 커 보여야 한다. 비극적인 것은 이와 반대되는 상황이 훨씬 더 자주 목격된다는 것이다. 왜 그런지 모르겠지만, 해가 지남에 따라 하나님은 더 작아지시고 우리와 더 비슷해지신다. 이것이 진정 마음이 아픈 이유는 해가 갈수록 **이 분**이 더 크게, 더 놀랍게, 더 경이롭게 보여야만 하고, 스랍이 "거룩하다 거룩하다 거룩하다 만군의 여호와여 그의 영광이 온 땅에 충만하도다"(사 6:3)라고 찬양하던 바로 그분으로 보여야 하기 때문이다.

신학을 실천할 때, 우리가 독특한 자리에 있음을 깨닫지 않는가? 한편으로, 우리는 하나님을 완전히 이해할 수 없는데, 이것은 기독교의 오래되고 본질적인 가르침이다. 하나님은 우리를 초월해서 존재하신다. 당연히 우리를 **위해** 존재하시지만 언제나 우리를 초월해 존재하신다는 말이다. 다른 한편으로, 우리는 하나님에 관해 말해야 하고 하나님에게 말을 건네야 한다. 기도하고 예배하고 선포하면서, 권력자들에게 진리를 말하면서 우리는 하나님에 관해 말하고 하나님에게 말을 건넨다. 이 '둘 모두' 기독교 신학의 아주 기본적이고 지속적인 긴장을 야기하는 문제 중에 하나다. 20세기의 저술가이자 목사 A. W. 토저(Tozer)는 기도문에서 이를 완벽하게 표현한다.

주님, 저희의 딜레마가 너무 큽니다! 주님 앞에서는 침묵이 우리에게 가장 잘 어울리나, 사랑이 저희 마음에 불을 지피고 억지로 말을 하게 합니다. 저희가 침묵하면 돌들이 소리치겠지만, 저희가 말을 한다면 무엇을 말해야 할까요? 하나님의 일은 아무도 모르고 오직 하나님의 성령만 아시니, 저희는 알지 못한다는 것을 저희가 알도록 가르치소서. 이성이 설명하지 못하는 것을 믿음으로 설명하게 하시고, 믿기 위해서가 아니라 믿기 때문에 사고하게 하소서. 예수님의 이름으로 기도합니다. 아멘.[7]

둘째 특징: 신학의 객체가 신학의 주체다

우리는 신학 연구를 시작할 때 우리 자신만 능동적인 주체라고 여긴다.

당신(주체) ⟶ 하나님(객체)

그러나 신학을 공부하면서, 우리는 놀라운 반전을 발견한다. 여느 연구 분야와 달리 신학의 객체가 신학을 연구하는 주체와 자리를 바꾸고 역할을 바꾸어 연구자 **자신이** 연구되고 드러나고 미완으로 있고 새로워진다. 하나님이 신학의 객체이시기 때문에, 우리는 안전거리에서 신학을 연구할 수 있으리라고 기대할 수가 없다.

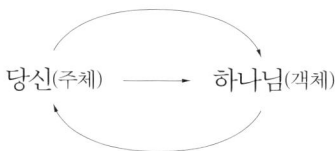

최소한 세 가지 이유로 신학에서 주체와 객체가 바뀐다. 첫째, 창조에 대한 기독교적 가르침은 우리를 다른 누군가가 창조했다는 사실을 다른 무엇보다도 중요하게 상기시켜 준다. 우리는 가장 먼저 '은혜'로 창조되었기 때문에, 신학 연구의 순전한 가능성이 우리에게 열려 있는 것이다. 둘째, 신학 연구를 하면서 우리는 무언가를 얻을 수 있는데, 오로지 **하나님이 하나님 자신을 계시하시기** 때문이지 다른 이유는 없다. 셋째, 하나님은 우리를 구원하시고 새롭게 하시려고 자신을 계시하신다. 이것이 하나님의 본성이다. 하나님은 심판하시거나 교정하시거나 훈계하실지도 모르지만, 새롭게 하기 위해 항상 그렇게 하신다.

하나님이 연구자와 자리를 바꾸시고 신학의 능동적 주체가 되신다! 우리는 신학 공부를 하며 절망하지 않는다. 하나님은 그분을 추구하는 사람들을 영화롭게 하신다. 그러나 우리는 하나님이 항상 우리를 추구하고 계신다는 사실을 발견하고서 놀란다. 당신은 자기가 이 연구를 시작했다고 생각할 수도 있고, 아니면 교수가 시켜서 시작했다고 생각할 수도 있지만, 하나님이 그 연구 뒤에 계시면서 그 안에서 활동하신다. 이러한 발견에 **은혜**라고 이름을 붙일 수 있을 것이다. 은혜는 완전히 과분한 것이며 우리의 반응을 불러일으킨다.[8] 그래서 마크 매킨토시(Mark McIntosh)는 신학 공부를 넘실거리는 파도 사이로 과감히 들어가는 것에 비유한다. "아마도 [신학자들을] 바다에 뛰어드는 아이들과 비교해 볼 수 있다. 아이들은 물에 젖지 않으려고 아주 조심하지만, 거대하고 신나는 파도가 몰아치면 멋지게 뒤집힌다. 신학자들을 끌어당기는 파도는 하나님이고, 하나님은 우리가 물에 뜨거나 헤엄치게 하려고 하시고, 아니면 최소한 그와 같은 파도에서 두 발로 허우적거릴 필요가 없게 하려고 하신다."⁹ 파도에 '뒤집히는' 것은 신학에서 하나님의 활동을 생생하게 떠올리게 하는 이미지다. 신학 공부는 예상할 수 없고 걷잡을 수 없고 기쁨이 가득한 일들을 한꺼번에 일으킨다.

17세기 화가 미켈란젤로 메리시 다 카라바조(Michelangelo Merisi da Caravaggio)는 이런 이야기를 자신의 그림 "도마의 의심"(The Incredulity of St. Thomas)을 통해 다른 방식으로 보여 준다. 이 그림은 예수님의 부활 이후에 도마가 예수님을 만나는 장면을 담고 있다(289쪽 그림을 보라). 요한복음의 기록에 따르면, 도마는 자신이 직접 예수님의 상처를 보고 만지기 전까지는 예수님의 부활을 믿지 않으려 했다. 예수님은 도마에게 두 가지를 다 하라고 하셨다. "네 손가락을 이리 내밀어 내 손을 보고 네 손을 내밀어 내 옆구리에 넣어 보라"(요 20:27). 카라바조가 바로 이 장면을 그렸지만 우리는 차이를 알아챌 것이다. 요한은 도마가 예수님을 만졌는지 여부는 언급하지 않고, 도마가 보았고 "나의 주님이시요 나의 하나님이시니이다!"라고 소리쳤다고 말할 뿐이다(요 20:28). 카라바조는 도마가 예수님의 권유를 듣고 **난 후** 몇 초 동안 일어난 일을 상상했고, 그 상상을 통해 우리를 그 장면으로 초대한다.

부활한 예수님을 만난다는 것은 어떤 것일까? 카라바조의 그림에서는 예수님이 도마의 손을 잡고서 도마의 손가락을 자신의 상처에 집어넣으신다. 예수님에게 붙잡힌 도마의 소맷부리에 생긴 주름을 눈여겨보라. 그 주름 때문에 도마가 마음의 준비는 했지만 '**너무 심하잖아**'라며 망설이는 듯이 보인다. 예수님은 그를 잡아당겨야만 하셨다. 카라바조가 도마의 반응을 어떻게 묘사하는지도 보라. 파도에 의해 뒤집힌 모습과 크게 다르지 않게, 도마는 몸을 가누려고 옆구리를 붙잡고 있고 눈은 튀어나오고 이마에 주름이 깊게 생겼다. 도마 어깨 너머에서 다른 두 제자가 충격을 받은 표정으로 바라본다.

우리가 바다에 걸어 들어가지만 파도에 발이 끌려갈 뿐이며, 그리스도를 추구하고 보니 헤어나올 수 없는 경험으로 끌려가고 있다. 곧 신학의 객체인 살아 계신 하나님이 알고 보니 언제나 우리 연구의 진짜 주체이심을 경험한다. 그분은 **살아 계신** 하나님이다. 하나님은 우리가 만들어 낸 생명 없는 우상이 아니고(이사야 40장을 보라), 신전에 모셔 두고 빈약한 제물을 바치는 행운의 여신도 아니며(사도행전 17장을 보라), 우리와 같은 사람도 아니셔서 우리가 자주 신의를 저버리는데도 약속을 쉽게 파기하지 않으신다(호세아 11장을 보라).

하나님은 우리가 신학 공부를 통해 진보하게 하시기에, 하나님을 마주하는 사람은 **결코** 전과 같지 않을 것이다. 정말 감사하게도 우리는 자신의 우선순위와 능력에 아주 만족하는 상태로 신학을 시작한다. 내 우선순위, 내 능력, 내 계획, 내 예산, 내 자아. 모두 잘 정돈되어 있다. 모두 내 것이다. 그러나 곧 하나님이 완전히 뒤집으신다. 연구의 객체가 행동 주체가 되고, 항상 그러했음을 우리는 발견하게 된다. 하나님이 조용히, 끈질기게, 애정을 담아 우리를 그분 앞으로, 사리사욕의 껍데기 밖으로 이끄시는 중임을 우리가 알기 한참 전부터 하나님은 일하고 계셨다. 우리는 이를 은혜라고도 부른다. 은혜롭게도 하나님은 우리의 '자아에 갇힌 세계'[10]를 격파하셔서, 우리가 생명을 향해, 참된 자아를 향해, 이웃을 향해 돌아서게 하신다. 학생 중 하나가 수업 시간에 대표 기도를 하면서 이 은혜로운 격파를 포용하는 태도를 다음과 같이 모형화했다.

제가 고아와 과부와 동성애자와 트랜스젠더와 여성과 나와 피부색이 다른 사람과 외국인을 보도록 도와주소서. 하나님의 아들이요 우리의 구원자의 눈으로, 저와는 달라 보이는 모든 사람을 보도록 도와주소서. 그리고 그러한 시각에 따라 행하게 도와주소서.

거룩한 삼위일체이신 하나님, 하나님은 한 분입니다. 성자의 희생으로 하나님을 향해 돌아선 모든 이들과 화해하셨습니다. 우리의 자랑을 십자가에 못 박으시고, 하나님이 우리를 사랑하신 것처럼 우리도 서로 사랑하게 하소서. 십자가에서 죽으시고 부활하신 구원자, 예수 그리스도의 이름으로 기도합니다. 아멘.

셋째 특징: 신학 지식은 우리를 변화시킨다

신학은 하나님과 우리에 관한 지식을 다룬다. 하나님이 신학의 대상이기 때문에, 그리고 한결같이 유일무이하신 하나님이, 신학을 연구하는 사람들을 끌어들이시기 때문에 신학 지식에는 우리의 자아 전체가 휘말린다. 다른 식으로 말하면, 하나님을 아는 것은 우리 자신을 더 충만하고 더 진실하게 알아 가는 것과 얽히고설킨다.

16세기의 신학자이자 목회자인 장 칼뱅에 따르면, 하나님과 우리 자신을 아는 것은 서로에게 흘러가는 두 물줄기와 같다.[11] 물줄기 하나는 다른 쪽으로 흘러가고, 다른 쪽 물줄기도 마찬가지다. 우리는 하나님에 대한 지식이 깊어질수록 자기 자신을 다르게 보게 되며, 하나님에 대한 지식에 비추어 자신을 알아갈수록 하나님을 향한 자신의 절실한 필요를 깨닫게 된다. 이사야 6장의 말씀처럼 들리지 않는가? 14세기에 살았던 기독교 신비주의자 시에나의 카타리나(Catherine of Siena)는 칼뱅이 말한 두 물줄기와 놀랍도록 비슷한 이미지를 제시한다. 카타리나는 신학을 거울에 비유했다.

> 그녀는 하나님의 부드러운 거울에서 자신의 존엄성을 본다. 곧 자기가 하나님의 형상인 것은 자신의 공로 때문이 아니라 하나님의 창조 때문이라는 것이다. 하나님의 선하심이라는 거울에서는 자신의 무가치함과 자신의 죄의 행위가 보인다. 자신을 거울로 보면 얼굴에 있는 티를 더 잘 볼 수 있듯이, 자신에 대한 참된 지식 안에서 자기 자신을 하나님의 부드러운 거울을 통해 이해의 눈으로 바라보려는 열망으로 부푼 영혼은 하나님 안에서 순결함을 보기 때문에 자신의 흠도 더 분명히 보인다.[12]

카타리나와 칼뱅과 그 외 수많은 사람이 알았듯이 신학 지식은 우리를 변하지 않은 채로 내버려두지 않는다. 살아 계신 복음의 하나님은 무력하거나 수동적인 분이 아니라 연구하는 사람을 적극적으로 찾아가는 분이다. 하나님은 연구자를 그분 앞으로, 또 연구자의 참된 자아 쪽으로 끌고 가신다.

하나님은 연구하는 사람에게 **관심이 있으시다고** 말할 수도 있을 것이다. 바로 여기가 날고 있는 새 비유가 틀어지기 시작하는 지점이다. 날고 있는 새는 움직이고 있기 때문에 그리기가 어렵지만, 새는 개똥지빠귀 연구자를 그다지 생각하지 않는다. 반대로 살아 계신 하나님과 성경은 이와 반대 모습을 보인다. 신학으로 글을 쓰는 사람이든, 신학 독서를 하는 사람이든 하나같이 하나님이 사랑하시는 사람이다. 그들은 그분의 작품이고 성자와 성령 안에서 그리고 성자와 성령으로 말미암아 구원하시는 하나님의 은혜의 대상이다. "하나님이 세상을 이처럼 사랑하사 독생자를 주셨다"(요 3:16). 신학 독서를 시작할 때부터 이미 우리는 하나님과 연결된다. "우리가 아직 죄인 되었을 때에 그리스도께서 우리를 위하여 죽으[셨다]"(롬 5:8). 하나님은 우리를 즐거워하시고, 그래서 우리를 지금 모습 그대로 두지 않으신다. "우리가 다 수건을 벗은 얼굴로 거울을 보는 것같이 주의 영광을 보매 그와 같은 형상으로 변화하여 영광에서 영광에 이르니 곧 주의 영으로 말미암음이니라"(고후 3:18).

복음의 하나님은 그분에 대한 우리의 잘못된 관념을 뒤집어, 우리의 거짓된 자아를 뒤집고 우리의 우상을 파괴하고 전인격을 새롭게 하고자 하신다. 이같이 새로워지면 꽉 잡고 통제하는 손을 놓고 더 깊은 신앙으로 나아가게 된다. 나는 이러한 일을 개인적으로 잘 안다.

나처럼 학문 활동을 하는 신학자들이 신학을 통제한다고 생각하는 사람도 있다. 우리가 단정하고 정돈된 하나님의 공간을 차지하고 있다고, 그 깊이를 측량했고 질문에 대한 답을 갖고 있다고, 어떤 모순도 없애 버렸다고 생각하는 것이다. 나는 그렇지 않다. 나는 신학에 관여할 때, 신비와 일상적으로 마주한다.[13] 내가 완벽하게 통제하지 못하는 것이 여전히 많으며, 이는 내 신학이 (내가 무척이나 마무리 짓고 싶어 하는데도) 아직 끝나지 않았다는 의미다. 예를 들어, 최근에 나는 원수의 진멸을 찬양하는 시편을 놓고서 하나님과 씨름했다. 나는 이러한 성경 본문을 상당히 많이 알지만, 이런 말씀에 들어서는 법을 찾을 수 없었고 그 말씀을 읽으며 기도할 수 없었다. 하나님과 씨름하다 보니 나는 신학적 종결을 원하고 있었다. 긴장이 해결되어 잘 짜인 틀에서 설명하기를 원했다.

나는 그중에 아무것도 받지 못했다. 그 대신 그렇게 씨름하는 중에 기도가 저절로 튀어나왔다. "주님, 제가 이렇게 모든 것을 맞아떨어지게 설명하려고 허우적거리고 노력하고 있지만, 믿음, 하나님, 세상, 이론이 제게 너무 버거우니 그냥 저를 안아 주시고 결국 제가 주님 것이며 주님은 모든 것을 아시며 저를 여전히 사랑하심을 알게 하소서. 예수 그리스도의 이름으로 기도합니다. 아멘."

이러한 경험 때문에 나는 신학의 대상인 살아 계신 하나님이 신학 연구자들에게 큰 관심이 있으시다는 것을 다시 상기했다. 하나님은 우리의 생각뿐 아니라 우리의 **전인격**에 관심이 있으시다. 우리는 너무나 자주 신학을 지적인 것과 관련해서만 이해하고자, 몸을 입은 인간의 다른 차원을 배제한다. 내 생각에 이는 11세기의 위대한 신학자 성 안셀무스(St. Anselm)가 신학을 '이해를 추구하는 신앙'이라고 전형적으로 서술한 말을 오해했기 때문이기도 하다.[14]

안셀무스가 말한 이해는 지적인 이해만은 아니다. 그 시대에는 신학적 이해에 정신 활동뿐 아니라 마음 상태도 포함됐다. 우리가 이를 아는 근거는 안셀무스에게 신학을 연구하는 목적은 지적인 통달이 아니라 진리이신 주님을 개인적으로 만날 때 따라오는 기쁨이기 때문이다.[15] 신학에 대한 이러한 자기 이해는 무척이나 **인간적인** 자기 이해다. 우리 모두는 생각하는 존재가 맞지만, 느끼고 감지하고 행동하고 욕망하는 피조물이기도 하다. 신학은 자신, 즉 **인간** 연구자인 자신을 모든 인간적 차원에서 진정으로 알게 되는 것을 포함한다. 우리는 그렇지 않기를 바랄지도 모르겠다. 지적인 일로 정의된 신학을 좀 더 안전하다고 느끼기 때문이다.

신학은 전혀 '안전하지' 않다. 우리는 거룩한 분의 자기 계시라는 파도 사이로 걸어간다. 그분의 은혜로운 임재는 결코 우리를 이전 모습 그대로 내버려두지 않는다. 성령은 항상 우리를 생명을 향해, 참된 자아를 향해, 이웃을 향해 끌어당기신다. 월터 브루그만(Walter Brueggemann)은 "그때 당신은"이라는 기도에서 이를 놀라운 방식으로 일깨운다.

> 최선을 다해 우리는
> > 당신의 거룩함을 멀찌감치 놔두고,
> > > 우리의 경건으로,
> > > 우리의 교리로,
> > > 우리의 예전으로,
> > > 우리의 도덕으로,
> > > 우리의 은밀한 이념으로,
> > 삶을 안전하고 고결하고 안정적으로 정돈합니다.
> 그때 당신은-
> > 당신과 당신의 꿈이,
> > 당신과 당신의 관점이,
> > 당신과 당신의 목적이,
> > 당신과 당신의 명령이,
> > 당신과 우리 이웃이.
> 우리는 당신의 거룩함이 멀리 있지 않고,
> > 탐색하고 스며들고,
> > > 주장하고 요구하고 있음을 발견합니다.

그러면 우리는 때로 기뻐하며,

　　때로 억울해하며,

　　때로 늦게…혹은 즉각 항복합니다.

우리는 항복합니다, 초월해 계신 당신이 하나님이기 때문에.

　우리는 당신의 거룩하심이 찾아낸 당신의 피조물이고,

　　당신의 거룩하심이 우리의 참된 자아를 만듭니다.

　그래서 우리는 항복합니다. 아멘.[16]

때로 나는 전체 그림을 안다고 생각하며, 혹은 이해하기 어려운 주제를 똑똑한 방식으로 생각하며 거기에서 통제한다는 느낌을 얻고자 한다. 그러나 하나님은 통제하기를 원하는 나의 욕망을 채워 주는 데 관심이 없으시다. 살아 계신 하나님은 나에게 관심이 있으시고, 나에게 **신경을 쓰신다**.

나도 다른 수많은 사람처럼, (그리고 아마도 이 글의 독자처럼) 이를테면 냉난방기가 잘 작동하고 시작과 끝이 잘 정돈된 수업 현장같이 내가 통제하고 있다고 생각하는 상황에서 신학을 연구한다. 내가 불편을 처리할 수 있고 연구 대상을 어느 정도 거리를 두고 관찰할 수 있는 것처럼 보인다. 그때 하나님은….

넷째 특징: 신학 지식은 모든 것과 관련 있다

"잠깐만요. 방금 신학은 하나님에 관한 것이고 자신을 진정으로 알게 되는 것이라고 말했잖아요. 어떻게 여기서 신학이 **모든 것**과 관련있다는 말이 나오죠?"라고 말할지도 모른다.

이렇게 생각해 보자. 하나님은 창조주시고, 만물을 지탱하시는 분이므로, 세상에 하나님과 관련 없는 것이 없다. 어딘가에 숨어서 스스로 창조되고 스스로 지탱하는 것은 없다. 그러므로 신학 연구 중에 우리 관심을 하나님을 향하게 한다면, 이는 우리 관심을 하나님**의 관점에서** 모든 다른 것들을 향하게 하는 것과 같다. 윌로우 트리(작은 조각상—편집자), 애완견, 결혼, 교육, 미술, 정치, 경제 등 어느 것 하나 예외가 없다.

더 정확히 말해 보자. 신학은 하나님**과의 관계 속에서** 모든 것에 관심을 둔다. 그런 까닭에 13세기의 신학자이자 도미니크회 수도사 토마스 아퀴나스(Thomas Aquinas)는 신학을 '신성한 학문'이라고 불렀다. "이 신성한 학문에서는 모든 것이 하나님 자체이기 때문에, 혹은 시작부터 끝까지 일제히 하나님을 가리키기 때문에 모든 것을 하나님의 관점에서 다룬다."[17] 신학의 범위에는 하나님, 가축, 열대 우림, 영화, 경력, 우정, 성, 인종, 기후 변화, 이민 등이 들어간다. 모든 것이 하나님 안에서 시작되고 끝나므로, 신학은 **모든 것을 하나님과 관계있는 그대로** 다룬다.

모든 기독교 전통에서 예배를 보면, 세상을 향한 하나님의 사랑이 추상적이거나 멀리 떨어져 있지 않으며 현재, 인격적으로, 모든 것을 아우른다는 것을 하나님의 사람들이 기억하는 순간이 있다. 그러한 순간 중 하나가 회중 기도다.[18] 사람들은 회중 기도를 여러 방식으로 하지만 공통 분모가 하나 있으니, 모든 것에 관하여 하나님에게 기도함으로써 하나님이 모든 것에 관심을 두신다는 사실을 온 교회가 인정한다는 것이다. 이와 같은 기도에 흔히 포함되는 기도가 하나님의 창조 세계인 환경, 불평등, 국제 위기, 국가 지도자와 선거, 지역 학교와 가난, 선교사와 교회 지도자, 전 세계 교회와 지역 목회자, (육체적·심리적·정신적·관계적·경제적으로) 다양한 필요 때문에 고생하는 사람들을 위한 기도다. 우리가 이처럼 포괄적이고 광범위하게 기도하는 이유는, 늘 의식하지는 못하더라도 모든 것이 하나님과 관계있음을 알기 때문이다. 오래전에 조시아 콘더(Josiah Conder)가 작곡한 "주님은 왕!"(The Lord Is King!)이라는 찬양에는 다음과 같은 가사가 있다.

> 그분의 시선이 온 천지에 머물러 있는 것처럼,
> 그분의 통치가 모든 곳에 선포된다,
> 우리가 사는 세상과 보이지 않는 세상에,
> 이 둘 사이의 실낱같은 경계에도!

모든 것이 하나님 안에서 시작하고 끝나므로, 신학은 모든 것을 하나님과 관계 있는 그대로 다룬다.

더 자세하고 더 분명하고 더 충분한 통찰

우리는 일반적이고 다소 가벼운 관점인 '하나님에 대한 연구'로 시작해 보았다. 이같이 일반적인 관점은 단순하고 명료하다는 장점이 있다. 이는 연구의 대상이신 하나님을 직접적으로 분명히 하기도 한다. 신학의 출발점 역시 중요한데, 아우구스티누스와 성 안셀무스는 이를 '이해를 추구하는 신앙'이라는 유명한 말로 간단하게 정의하여 강조했다.[19] 그렇지만 우리가 지금 막 다룬 신학의 네 가지 특징은 신학이 무엇이며 무엇을 하는지를 더 자세히, 분명히, 충분히 설명해 주었을 것이다.

신학에 대한 우리의 관점은 신학 특유의 성격을 상기시키기에 충분해야 하지만 간결성과 명료성도 포기해서는 안 된다. 이제부터 몇 장에 걸쳐, 안셀무스와 다른 여러 인물의 견해를 기반으로 해서 이와 같은 관점을 제시하겠다. **신학은 하나님을 알고자 추구하는 신앙이며, 하나님의 관점에서 모든 것을 알고자 추구하는 신앙**이다. 이 문장을 한 절씩 살펴보자.

1. "하나님을 알고자 추구하는 신앙"

'추구하는 신앙'이라는 표현에서는 신학이 아직 완료되지 않은 일이고 반응하는 과정임이 연상된다. 그리고 '하나님을 알고자'에서는 신학의 주된 대상이 생각난다. 성공회 신학자 존 웹스터(John Webster)는 이러한 우선순위를 유려한 산문으로 표현하는데 그 글은 천천히 곱씹어 볼 만하다.

> 기독교 신학은 변화를 일으키는 지적 작업인데, 이는 대상을 이중으로 고려하는 신적 가르침에 의하여 깨어나고 조명을 받는다. 첫째 대상은 하나님 자신이다. 그분은 성부와 성자와 성령 하나님으로서 내적으로는 더할 수 없이 완전한 존재이시고 외적으로는 역사 가운데 활동하시며 모습을 드러내신다. 둘째 대상은 첫째에서 파생된 것으로 그분과 관련이 있는 모든 것이다.[20]

다시 말하면, 하나님은 신학에서 첫째가는 대상이고, 나머지 모든 것이 하나님과 관련성 안에서 둘째가는 대상이다. 하나님과 이 세상의 관계(그분의 외적인 활동)에 대해 무슨 말을 하든, 그리고 하나님과 관계있다는 전제 아래서 우리가 관심을 갖는 나머지 모든 것(많이 있다)에 대해 무슨 말을 하든, 신학자는 우선 하나님 안에 존재하는 그분의 생명에 (부지런히, 의식적으로) 관심을 기울여야 한다.

신학에 관한 서술의 첫 부분인 '하나님을 알고자 추구하는 신앙'이라는 표현은 하나님을 알고자 하는 추구에 하나님의 본성이 영향을 미친다는 것을 기억하도록 우리를 훈련시킨다. 이 일이 일어나는 방식 네 가지를 앞에서 고찰했다. 다만 하나님이 신학의 객체이심을 인정하는 데는 중요한 의미가 하나 더 있다. 앞에서는 지나가는 말로 다루었지만, 이제는 좀 더 자세히 들여다보아야 한다. 피조물인 인간은 하나님을 결코 **철저**하고 **완전**하게 알 수 없으며, 그렇게 알 수 있다면 우리는 더는 살아계신 하나님에 대해서 말하고 있는 것이 아니다.

하나님을 완전하게 이해하기는 불가능하다. 이는 기독교의 오랜 신념이지만, 우리는 이것이 사실인 척하며 살아가는 끔찍한 실수를 종종 저지른다.[21] 예전에는 신학을 흔히 두 가지 유형으로 구분했다. 하나는 '원형' 신학(archetypal theology)이다. 이것은 하나님이 하나님 자신에 대해 갖고 계시는 지식으로 완벽하고 완전한데, 이는 하나님에게 **적합한** 지식이기 때문이다. 하나님에 대한 하나님 자신의 지식이라 할 수 있겠다. 다음 유형은 '모형' 신학(ectypal theology)으로 인간에게 적합한 신학이다. 이는 한계가 있고 불완전한 피조물에게 어울리는 지식이므로, 모형 신학 역시 한계가 있고 불완전하다.

우리는 피조물이기에 하나님에게만 적합한 원형 지식은 절대로 공유하지 못한다. 아무리 발버둥을 쳐도 우리는 여전히 피조물이다. 그렇더라도 우리가 창조되고 유한한 인간에게 적합한, 즉 '어울리는' 방식을 따라 하나님을 알고자 추구한다면 신학 연구는 계속된다. 그러므로 우리의 신학은 여전히 진행 중이고 반응하는 과정이며 상당한 **겸손**이 특징이다. 동시에 참이 되는 신학 지식의 두 차원의 관점에서 이것을 생각해 보자. 한 편으로 하나님은 경이롭고 은혜롭게 자기 자신을 계시하시므로 신학 연구가 가능하다. 다른 한 편으로 신학 연구를 진행하면서 우리는 자신의 지성과 감각과 감정이 충분하지 못하다는 사실을 발견한다. 왜 그런가? 우리가 전나무나 당근이나 책상 조명을 다루는 것이 아니라 살아 계신 하나님을 다루기 때문이다! 하나님은 하나님이시고, 이 진리에 대한 끊임없는 인정은 우리의 겸손을 **촉구한다**.[22] 4세기에 찬양 시를 짓던 ('성령의 하프'로 이름난) 성 에프렘(St. Ephrem)은 이 생각을 아름답게 표현했다.

> 그분은 우리의 언어로 옷 입으셔서, 우리를 그분의 생활 방식으로 옷 입히려고 하셨다네.
> 그분은 우리의 형체를 요구하시어 걸치셨고,
> 그러고 나서, 마치 자녀와 함께 있는 아버지처럼
> 우리의 철없는 모양으로 말하셨다네.[23]

나는 신학 공부라는 물에 걸어 들어가는 학생들에게 한 걸음 한 걸음 내디딜 때마다 물이 더 깊어질 것이라고 이야기한다. 6세기의 신학자이자 교회 지도자인 성 그레고리우스 1세(St. Gregory the Great)는 성경 읽기를 강에서 수영하기에 비유했다. 강 한가운데는 너무 깊어서 코끼리만 수영할 수 있지만, 강기슭은 얕아서 새끼 양도 발을 담글 수 있다.[24] 신학도 비슷하다. 우리 같은 어린아이는 하나님에 대한 하나님 지식의 주변부에는 발걸음을 내디딜 수 있지만, 깊은 한가운데에는 전혀 들어갈 수 없다.

신학 독서를 할 때 우리는 지금 읽는 그 책의 저자인 믿음의 형제자매와 함께 기슭에 발을 담근다. 우리 중 아무도 가장 깊은 물에는 들어가지 못할 것이다. 거기에는 하나님에 대한 하나님 자신의 지식(원형 신학)이 있다. 그렇더라도 우리는 조금 더 깊은 곳에 발을 내디딜 **수** 있고, 심지어 우리보다 잘 아는 사람들의 도움을 받아서 수영하는 법을 배울 **수도 있다**. 하나님을 찬양하라! 분명 부분적이고 불완전하지만 하나님을 알고자 추구하는 믿음은 남아 있다.

2. "하나님의 관점에서 모든 것을"

신학이 모든 것에 관심을 두는 이유는 모든 것이 하나님과 관련되어 (또는 어떤 이들의 말처럼 하나님에게 '참여'하고) 있기 때문이다.[25]

이 문장의 의미를 자세히 알아보자. 모든 것이 하나님과 관련되어 있기 때문에, 신학은 모든 것에 관심을 둔다. (1) 하나님은 모든 것의 창조자이시고 모든 것을 지탱하신다. 모든 것은 하나님에게 기원을 두고 하나님에 의해 지탱된다. (2) 우리가 하나님을 탐구할 때, 나머지 모든 것과 하나님의 **관계**를 연관지어 탐구하는 중이다. 이러한 맥락에서, 하나님 외에 무언가(튤립, 블랙홀, 신경 과학 등)를 탐구할 때, 우리는 그것과 하나님의 관계성에 관심이 생긴다. 이 둘이 쌍방향에서 일어난다. 그래서 무엇이든 우리가 관심을 기울이는 '그것'은 사물이든 사람이든 무엇이든 근본적으로 그리고 원초적으로 하나님과 관련된다. '그것'이 무엇이든지 '그것'을 참되게 알려면 하나님과 그것의 관계에 따라 이해해야 한다.

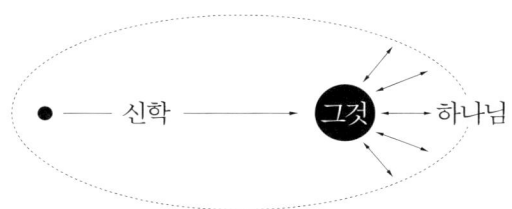

신학은 기독교 신앙에 관심을 두는가? 당연히 관심을 두지만 신학은 예배, 기도, 수감 제도, 기술, 오락물 등 하나님과 관계있는 모든 것에도 기꺼이 관심을 둔다.

그렇다면 모든 것과 하나님은 어떤 관계인가? 조금 전에 나는 하나님이 모든 것을 창조하셨고 지탱하신다(이것은 기독교의 기본적이고 아름다운 신념이다)고 썼다. 말해야 하는 것이 더 있는가? 있다. 하나님과 관련된 모든 것을 아는 일에는 구속적 차원도 있다. 하나님은 모든 것을 회복하시고 구원하시고 치유하시며 그것들과 화해하신다. 바울의 말처럼 하나님은 그리스도 안에서 "만물"과 화해하신다(골 1:20). 하나님은 (니케아 신조의 표현으로는 "보이는 것과 보이지 않는 모든 것"인) 우리의 시공간 영역을 회복하고 치유하고 새롭게 하신다. 그래서 요한계시록에서 하나님의 성이 우리와 함께 거할 때, 그리스도가 "내가 만물을 새롭게 하노라!"고 하시는 말씀을 읽고 놀랄 필요가 없다(계 21:5). 그리스도가 무엇을 말씀하지

않으시는지 눈여겨보라. 그리스도는 "내가 모든 새로운 것을 만드노라"고 말씀하지 않으신다. 도리어 "내가 **만물**을 새롭게 하노라"고 말씀하신다. 지금 이 순간 하나님의 구속 사역에 내 지체 전부와 내가 속한 우주 전체가 휩싸여 있는데, 이 사역은 그리스도의 재림 때 마침내 완성될 것이다!

신학은 일상의 일과 분리되어야 하거나, 하나님에 대한 찬양과 단절되어야 하거나, 잘 정돈된 추상적 개념 주장에만 전념해야 하는 활동인가? 아니다! 신학은 일상생활과 속속들이 관련이 있다. 일상에 있는 모든 것이 하나님과 관련 있고, 그리스도 안에서 만물을 새롭게 하고 회복시키는 하나님의 목적과 관련 있기 때문이다.

바르멘 선언(Barmen Declaration, 1934)을 생각해 보자. 이 선언에서 독일 그리스도인들은 그리스도가 주님이라는 자신들의 신앙에 **비추어** 나치 정권에 대한 저항을 선언했다. 바르멘 선언은 당연히 신학 작품이다! 이와 비슷하게 남아프리카공화국 그리스도인들이 벨하 신앙고백서(Belhar Confession, 1986)를 사용하여 아파르트헤이트(Apartheid, 한때 남아프리카공화국에서 실시한 인종차별정책—옮긴이)에 반대를 선언했다. 그들은 교회의 화해하려는 성격에 대한 자신들의 믿음에 **비추어** 이렇게 했다. 이 같은 공공 신학은 오늘날에도 이어진다. 그리스도인들은 2016년에 퍼거슨 선언(Ferguson Declaration)을 작성하여 하나님의 형상, 그리스도, 교회, 공정 사회에 관한 기독교의 가르침에 **비추어** 인종 평등에 강력한 지지를 표명했다. 이들 선언문 각각은 하나님의 **관점에서** 모든 것에 관심을 두는 신학을 반영한다. 17세기의 청교도 신학자 윌리엄 에임스(William Ames)가 신학을 "하나님의 현존 안에서 살아가는 방식에 대한 지식"라

고 정의할 때 이와 비슷한 것을 염두에 두었다.[26]

내 인생의 모든 순간(모든 관계, 모든 일, 모든 관심과 걱정, 모든 성공과 실패)이 하나님 앞에서 전개되며, 하나님에 대한 지식이 모든 순간에 빠짐없이 영향을 미친다.

그러니 한때는 신학을 '학문의 여왕'(대학교가 설립되는 중이던 중세 시대에 쓰인 문구)으로 여긴 것도 당연하다.[27] 이러한 식의 생각은 다른 학문(또는 학문 분과)이 하나님의 아름다운 세계에 관여하는 방식 면에서 신학보다 중요성이나 의미가 덜하다는 뜻이 아니다. 오히려 그리스도인들은 하나님에 대한 지식의 **관점으로** (또는 하나님에 대한 지식의 렌즈를 통해서) 다른 형태의 연구를 통해 세상에 관여한다. 생물학이 좋은 예다. 생물학을 연구하는 그리스도인들은 결국 하나님을 경배하게 되는데, 하나님이 생명체의 창조주라는 지식(창조 신학)이 생명체에 대한 연구의 **틀을 잡기** 때문이다. 생물학 연구자가 결국은 생명체의 번성과 건강을 추구할 수도 있다. 하나님이 그분의 선한 세상 관리를 위해 그 연구자를 창조하셨다는 지식(하나님의 형상 신학)이 생물학 연구의 **틀을 잡기** 때문이다. 생태계에 문제가 생기면 생물학을 연구하는 그리스도인들은 생태계 회복에 계속 헌신한다. 하나님이 창조 질서를 회복하시고 완전하게 하실 것이라는 지식(마지막 일들에 대한 신학, 즉 종말론)이 그 연구의 **틀을 잡기** 때문이다. 모든 분야의 연구에 이러한 예를 풍성하게 들 수 있다. 어느 분야도 예외가 아니다. 신학은 살아 계신 하나님의 관점에서 모든 것에 관심을 둔다.

•••••••••

이와 같이 깔끔하게 포장된 신학에 대한 관점만 말하고 이야기를 끝내고 싶지는 않다. 길들일 수 없고 예측 불가능하고 영광스럽게 살아 계신 분에게 참여하는 과정을 하나의 '정의'가 길들이게 놓아둔다면, 끔찍한 실수일 것이다. 만약 신학이 **살아 계신** 하나님에 관한 것이 맞다면, 하나의 관점이 어떻게 다른 관점들이 더 잘 강조할지도 모르는 특징과 영역을 모호하게 하지 않으면서 그분을 보여 줄 수 있을까? 우리가 한 걸음 더 나아가려면 공통의 관점이 필요하지만, 나는 그러한 관점을 당신에게 제시하면서도 더듬거리고 머뭇거렸다. 이 관점은 기독교적 상상력의 깊은 질감과 공명하지만, 내가 당신이 바라봤으면 하는 모든 것을 설명하지는 않는다. 그렇다, 이와 비슷하게 이 관점은 우리 앞에 있는 많은 그리스도인의 관점과 조화되지만, 신학 연구를 너무 뻔한 하나의 과정, 깔끔하게 정돈된 하나의 방법으로 환원시킬 위험이 여전히 있다.

그렇다 하더라도, 아마도 나의 이러한 불편한 느낌은 내가 올바른 방향으로 걸어가고 있다는 뜻일 것이다. 만약 우리의 연구의 객체가 살아 계신 하나님이라면(사실 하나님은 항상 연구의 주체이셨다), 이와 같은 머뭇거림은 당연하지 않을까?

그리스도인만 신학을 연구할 수 있는가?

내가 이 책을 그리스도인 독자를 염두에 두고 썼고, 교회 공동체와 함께 예수님을 닮아 가는 여정 안에서 독서를 묘사했지만 신학 독서는 그리스도인들 전용이 **아니다**.

그리스도인이 아닌 사람들도 예수님의 길을 따르는 사람들이 세상을 어떻게 이해하는지 배운다. 이것은 마치 어느 종교의 연구자든지 궁극적 믿음이 어떻게 해서 세상에 대한 궁극적 관점을 형성하는지 알게 되는 것과 같다. 어떤 사람은 단순히 그리스도인들이 실존과 궁극적 실재를 어떻게 바라보는지를 보고 싶어서 신학 독서를 할 수 있다.[28] 독자는 "그렇군요. 이제 저는 기독교적 상상력이 어떻게 세상에 대한 그들의 관점을 형성하는지 이해합니다. 이 상상력이 어떻게 모든 것에 대한 특정한 관점을 형성할지도 이해합니다"라고 말할지도 모르겠다. 사람은 다른 공동체의 세계관을 받아들이지 않고서도 그 세계관을 고찰할 수 있다.

이것이 모두 사실이라고 생각하지만 반드시 더 이야기해야 하는 것이 있다. 신학을 연구하는 사람이 신학 연구의 **유일한** 주체가 아니라는 것이다. 하나님은 우리가 믿기도 전에 모든 것 안에서 은혜롭게 활동하시고, 여기에는 신앙 공동체 밖에서 ('대성당의 그늘에서' 또는 우리 식으로 말하자면 '교회의 현관 지붕 밑에서') 하는 신학 연구도 이 활동에 포함된다. 우리가 왕이신 예수님을 향해 믿음으로 돌아서기 전에, 하나님은 이미 우리를 위해서, 우리 안에서 활동하고 계셨으며, 우리는 그 활동을 **은혜**라고 부른다. 만약 하나님의 은혜가 없었다면 우리는 하나님이 필요하다는 것을 인지하기는커녕 하나님 앞에 서지도 못했을 것이다. 우리는 자기 죄 안에서 죽었고 우리 마음은 돌과 같다(엡 2장; 겔 36장). 우리가 믿기 전에 먼저 하나님의 영이 신비하고 조용하게 우리 삶의 가장 깊은 기본 영역에서 역사하신다. 그래서 우리가 삶의 필요를 깨닫고 우리 안에 어두움을 보게 되었으니, 이것이 우리가 **은혜**라고 부르는 하나님의 역사다.[29]

신학 독서가 하나님의 영이 독자들의 지성, 의식, 감정 안에서 은혜롭게 활동하시는 통로가 될 수 있을까? 그럴 수 있다! 하나님은 루디아의 마음을 깨우셔서 바울의 말을 믿게 하셨다(행 16:14). 하나님은 베드로가 예수님의 신적 사명을 인지하게 하셨다(마 16:16). 하나님은 발람이 듣도록 나귀를 통해서도 말씀하셨다(민 22:28-30). 우리가 은혜로우신 하나님이 믿기 전에 먼저 신학 독서를 하는 사람들을 위해서 일하시기를 덜 바라고 기도해야 하겠는가?

하나님의 은혜 때문에, 우리는 믿지 않는 친구들에게 우리와 함께 신학 독서를 하자고 권유해야 한다. "우리가 하나님의 지식이라는 강변을 따라 기쁘고 겸손하게 물놀이를 할 때 같이 할래?" 친구들이 안전거리를 유지하려고 할 수도 있고, 하나님의 거룩함을 멀찌감치 놔두려고 할 수도 있지만, 아마 발목께에서 물살이 끌어당기는 것을 느끼면서 은혜로우신 하나님이 끈질기게 일하심을 깨달을 것이다. 주여, 그렇게 되게 하소서.

이러한 것을 바라는 것이 당연하지 않은가?

기도

살아 계신 하나님,
당신은 죽어 있는 사물이 아니고
　　생명력이 없는 물체가 아니고
　　안전하고 갖춰지고 통제된 상황에서
　　우리가 냉정하게 관찰해야 하는 대상이 아닙니다.
당신은 살아 계신 하나님이고
　　우리 가운데 계시는 거룩한 분이고

    상황을 뒤바꾸는 분이고

    우상을 파괴하는 분이고

    "나의 주님이요, 나의 하나님!"입니다.

  우리가 당신과 모든 것을 당신의 관점으로 알고자 할 때,

    당신이 자신을 감추고 계시는 바로 그 순간에

    우리를 깨우치소서.

    당신이 우리의 잘못된 확신을 뒤흔드시는 바로 그 순간에

    우리를 가까이 이끄소서.

    당신이 우리의 우상을 파괴하시는 바로 그 순간에

    우리를 세우소서.

  언제나 놀랍게, 전과 다르게 신학 독서를 하도록 도우소서.

    아멘.

요약

신학은 하나님을 알고자 추구하는 신앙이며, 하나님의 관점에서 모든 것을 알고자 추구하는 신앙이다. 신학의 대상은 하나님이다. 그래서 신학 연구에는 광범위한 함의가 있다. 네 가지 특징이 근본 원칙이다. (1) 신학은 그 대상이 다른 모든 것과 완전히 **다르다**. (2) 신학의 객체가 알고 보니 신학의 **능동적 주체다**. (3) 신학 지식은 **우리 자신**을 참여시킨다. (4) 신학은 **모든 것**을 포함한다. 하나님에게 관심이 없는 사람이라도 신학 독서를 할 수 있고, 이미 그들을 찾고 계시는 살아 계신 하나님을 만날 수도 있다.

숙고와 논의를 위한 질문

1. 이 책을 읽고 나서 신학에 대한 당신의 생각은 어떻게 달라졌는가? 이전의 생각과 지금의 생각을 비교해 보라.
2. 앞에서 제시한 신학의 네 가지 특징 중에 무엇이 가장 중요해 보이는가? 당신의 신학 혹은 당신이 출석하는 교회의 신학에서 이러한 것을 잘 받아들인다면 무슨 일이 벌어지겠는가?
3. 믿음 없는 친구 중에 누구와 함께 신학 독서를 해 보고 싶은가? 어떠할 것 같은가? 이를 위해 당신에게 무엇이 필요하겠는가?

신학 실험실: 삼위일체 하나님에게 기도하기

> 그[그리스도]로 말미암아 우리 둘이 한 성령 안에서 아버지께 나아감을 얻게 하려 하심이라.
>
> -에베소서 2:18

> 기독교적 묵상은 전적으로 삼위일체 교리 덕분에 가능하다.
>
> -한스 우르스 폰 발타자르[30]

신학은 하나님을 알고자 추구하는 신앙이며, 하나님의 관점에서 모든 것을 알고자 추구하는 신앙이다. 다만 우리가 추구하는 하나님이 신에 대한 추상적 개념이 아니라 **삼위일체 하나님, 복음의 하나님**이라는 사실을 절대 잊어서는 안 된다. 우리는 쉽게 이러한 사실을 잊어버리는데, 그 결과는 상당히 해롭다! 이번 실험의 목적은 우리가 예수 그리스도를 통해서 이해하는 삼위일체 하나님을 추구하는 기도를 통해 우리를 훈련하는 것이다. 예수님은 성령의 능력을 통해 우리를 그분의 생명으로 이끄신다.

삼위일체이신 하나님에게 분명하게 기도함으로써, 우리는 하나님을 **삼위일체로** 이해하는 상상을 만들어 낸다. 신학적 상상을 키워서, 그 결과 (다양한 형태의) 신학을 통해 하나님을 이해하고자 추구할 때 우리는 하나님이 성부와 성자와 성령이시라는 기독교적 가르침의 기본적이고 근본적이고 타협할 수 없는 확신에 따라 하나님을 알아가고자 추구한다. 영광스럽게 살아계신 하나님, 유일무이하신 하나님은 삼위일체 하나님이다.

실험은 두 부분으로 구성된다. 첫째, 당신의 평소 기도와 예배[시간을 정해 놓고 하는 기도, 숨 기도(breath preayer), 식사 전 기도, 묵상 기도, 취침 전 기도 등]를 기본으로 두고 아래에서 제시할 두 가지 형식의 기도를 일주일 동안 따라 하면 된다. 만약 이러한 규칙적 기도 습관이 없더라도, 내가 제시하는 두 가지 형식을 따라 시간을 따로 떼어 기도하면 된다. 물론 모두 혼자서, 또는 공동으로 할 수 있을 것이다.

이 실험의 둘째 요소는 기도 일기 작성이다. 한 주 동안 내내 분명하게 삼위일체의 틀을 따라 기도하고, 기도 경험을 기록하라. 이러한 기도가 어떻게 느껴지는가? 마음에 드는가? 그렇다면 왜 마음에 드는가? 마음에 들지 않는가? 왜 마음에 들지 않는가?

첫째 형식

삼위일체의 각 위격(성부, 성자, 성령)에게 직접적으로 기도하라. 세상에서 활동하시는 각 위격의 일하심에 상응하는 기도를 하라. 이러한 형식의 기도는 하나님이 한 분으로서 일하심을 부정하는 것이 아니다. 즉 삼위일체의 각 위격은 모든 신적 활동 안에서 함께 일하신다. 교부들은 이를 상호내주(*perichoresis*) 또는 상호침투(interpenetration)라고 불렀다. 이 기도는 각 위격의 드러난 활동에 집중하여 말을 건네는 일이다. 우리를 위한 하나님의 섭리에 대해서는 성부를 향해, 우리의 구원에 대해서는 성자를 향해, 성화에 대해서는 성령을 향해 기도한다. 이와 관련된 기독교의 오랜 전통이 있다.

몇 가지 예가 있다. 당신은 이러한 형식을 기도에 활용하거나 이를 기반으로 기도문을 작성할 수 있을 것이다.

성부께 영광, 성자께 영광, 성령께 영광을 돌립니다.
　이전에도 계셨고, 지금도 계시며, 앞으로도 영원무궁토록 계실 것입니다. 아멘.

천지를 만드신 전능하신 성부 하나님,
저희 가운데 당신의 나라를 세우소서.
살아 계신 하나님의 아들이신 주 예수 그리스도시여,
죄인인 저에게 자비를 베푸소서.
살아 계신 하나님의 숨결이신 성령이시여,
저를 새롭게 하시고 만물을 새롭게 하소서.[31]

성부 하나님, 우리가 하나님에게 돌아가려고 할 때 우리를 먼저 만나러 오셨습니다. 주는 자비로우십니다. 예수님, 우리의 죄를 위해 십자가에 못 박혀 죽으셨습니다. 그리스도는 자비로우십니다. 성령이시여, 우리에게 생명과 평화를 주셨습니다. 주는 자비로우십니다. 아멘.[32]

둘째 형식

성자와 성령의 이중적 중보를 분명하게 인정하시는(롬 8:15, 34; 히 7:25) 성부 하나님을 향해 기도하라(마 6:8-9).

대부분의 공동 기도문은 다음과 같은 형식을 따른다. 성부 하나님을 '언급'하면서 시작하고, 그리스도에게 '청원'하면서 마친다. 그리스도는 유일한 중보자시고, 성령과의 연합 안에서 성부 하나님과 함께 살아 계신다. 이러한 형식을 따라 기도문을 작성할 수 있을 것이고, 어디서든 찾을 수 있게 해 놓고 이를 사용할 수 있을 것이다. 다음과 같은 기도를 사용해도 좋다.

성부 하나님, (이 부분에 찬양, 탄원 등을 넣는다) 성령과의 연합 안에서 성부 하나님과 함께 살아 계시고 영원토록 통치하시는 예수 그리스도 우리/나의 주님을 통해 기도합니다. 아멘.

성부 하나님, (이 부분에 찬양, 탄원 등을 넣는다) 성령의 사역을 따라서, 영원하신 한 분 하나님이신 예수 그리스도 우리/나의 주님을 통해 기도합니다. 아멘.

자신만의 삼위일체 기도문을 작성하고 기도하라

일주일 동안 여러 가지 삼위일체 기도문 형식에 따라 기도했다면, 이제 자신만의 기도문을 써 보라. 자신의 신앙 전통의 느낌을 가득 넣어서 기도문을 작성해 보라. **당신의** 느낌이 나는 기도문을 써 보라. 기도할 때마다 삼위일체 하나님(성부, 성자, 성령)을 향해 기도하고 있음을 기억하게 하고, 이와 같은 방식으로 신앙을 훈련하고 성장시키는 기도문을 작성해 보라. 그 하나님이 당신이 신학을 공부할 때 당신의 신앙이 추구하는 하나님이다.

3장

머물기 위한 독서

> 감추어진 일은 우리 하나님 여호와께 속하였거니와 나타난 일은 영원히 우리와 우리 자손에게 속하였나니 이는 우리에게 이 율법의 모든 말씀을 행하게 하심이니라.
>
> -신명기 29:29

> 건축물을 보는 것으로는 충분하지 않으니 건축물을 체험해 보아야 한다.…여러 방에 머물러 보고, 방이 어떻게 당신을 감싸는지 느끼고, 당신이 어떻게 한 방에서 다른 방으로 자연스레 가게 되는지 관찰해야 한다.
>
> -스틴 라스무센[1]

지금까지 다룬 내용을 정리해 보자. 신학 독서에 대한 우리의 관점은, 그리스도의 형상을 본받는 중인 교회의 동료 지체로서 저자의 의미 세계와 살아 있는 만남을 갖는 것이다. 신학을 위한 관점은, 신학이 하나님의 관점에서 하나님과 모든 것을 알고자 추구하는 신앙이라는 것이다. 다음과 같은 하나의 사실만은 분명히 했으면 좋겠다. 신학은 냉난방기를 완비한 교실이라는 좁은 공간을 초월하며, 우리에 대한 모든 것과 우리가 관심을 갖고 있는 모든 것이 신학에 포함된다는 것이다.

다음 질문은 이것이다. 우리를 기다리는 신학 독서와 살아 있는 만남을 갖기 **위해서** 어떻게 해야 하는가? 살아 있는 만남을 원함이 좋은 출발이기는 하지만, 그러한 마음만으로는 충분하지 않다. 저자가 보는 것처럼 우리가 볼 정도로 우리를 저자 가까이 이끌어 줄 독서 행위를 상상할 방법이 필요하다. 하나님에 대한 저자들의 통찰이, 글로 적힌 신학 안에서 우리를 기다리지만, **우리**는 이와 너무 멀리 떨어져 있는지도 모른다. 어쩌면 우리는 우리의 변화 가능성을 염두에 두는 독서를 원하지 않을지도 모른다. 의도적으로 저자와 거리를 두고 싶어 할지도 모른다. 아니면 단순히 우리를 저자 가까이 데려갈, 독서에 필요한 이미지가 없는지도 모른다. 나는 독서를 묘사하기 위해 공간 이미지를 제시하겠다. 바로 '머물기'라는 이미지인데, 이는 여러 공간에 들락날락하는 일상 경험에서 나온다.

우리는 집에 산다. 교회에서 예배한다. 사무실에서 일하고, 마트에서 장을 보고, 경기장에서 응원한다. 학교에서 공부하고, 뒷짐을 지고 미술관을 거닐며 미술작품을 감상한다. 어느 공간이든 각 공간이 준비한 만남으로 우리를 초대한다. 독서도 다르지 않다. 저자는 단어와 문법과 수사법을 통해 공간을 만들고 우리를 초대한다. 이 공간**은** 저자가 소통하는 창구이기에, 책을 읽는 행위는 실제로 그 공간에 머무는 것과 같다. 우리는 독자로서 '안으로' 들어가 저자가 우리에게 보라고 권하는 대로 볼 것이다.

이번 장은 세 부분으로 구성된다. 첫째 부분에서는 신학 독서의 실천을 왜곡하는 (인기는 있지만 도움이 안 되는) 은유를 머물기와 대조하겠다. 어떤 면에서 인기 있는 이들 은유는 기독교의 깊은 확신과 결이 다르다.

둘째 부분에서는 머물기 은유가 어떻게 우리를 준비시켜서 신학책 **뒤에 있는** 세계, 신학책의 세계, 신학책 **앞에 있는** 세계에 접근하게 하는지 생각하겠다. 셋째 부분에서는 대중문화, 교실, 고대 교회, 누가복음에서 도출한 사례를 들어 추상적 논의에서 더 구체적 논의로 옮겨 가겠다.

지배도 정복도 통달도 아니다

얼마 전에 한 학생과 식사를 하며 신학 수업에 대한 이야기를 나눴다. 그 학생은 수업은 꽤 잘 따라오고 있었지만, 독서를 힘들어했다. 독서가 그에게는 낯설고 어려운 일이었다. 학생은 이 문제에 관해 다른 교수에게 받은 조언을 나에게 전달해 줬다. "신학 독서를 정복하고 전리품을 취하라." 너무 놀라 말이 나오지 않았다. 나는 (먹던 음식을 잠시 내려놓고) "'정복하고 전리품을 취하는 것'(ransacking)이라는 이미지가 어떻게 도움이 되는가?"라고 물었다. 그 학생은 긍정적으로 이야기했다. 이러한 은유는 그가 주도적으로 신학 독서를 하고, 이러한 독서를 통해 가치 있는 무언가를 얻게 했다. 당연히 좋다. 그러나 하나의 본문을 정복하고 전리품을 취한다는 이미지는 상당히 문제가 있다. 지식을 권력과 통제 면에서 생각하는 상상력이 독자에게 형성되기 때문이다. 내 경험상, 기독교의 상상력은 이러한 마음가짐과 완전히 정반대의 길로 간다.

"정복하고 전리품을 취하는" 독서는 통달이라는 개념을 떠올리게 할 수 있다. 이는 내가 수년 동안 가르쳐 온 개념이다. 모티머 애들러(Mortimer Adler)는 굉장히 유익한 책 『독서의 기술』(*How to Read a Book*, 범우사)에서 두 종류의 독서 방식이 있다고 말한다. 이해를 위한 독서와 통달을 위한 독서다. 이해를 위한 독서는 수업에 필요한 것이다. 논의에 참여하거나 지적인 질문을 던질 수 있으려면 충분히 읽고 이해해야 한다. 통달은 이와 조금 달라서, 주요 용어와 개념을 확인하고 맥락을 통해 문장을 이해하고 저자의 논증을 하나하나 추적하고 그것의 함의를 생각하는 능력을 획득하는 것이다.

학문 세계에서 통달하려고 모든 것을 읽을 수는 없다. 습관적으로 책을 읽다가 말고서는 실패감을 느낄지도 모르고, 지치고 절망해서 아무것도 읽지 않을지도 모른다. 이러한 현상을 항상 목격한다. 통달하려면 모든 것을 읽어 내야 한다는 압박감을 덜어 주기 위해 학생들에게 애들러가 구분한 두 방법을 이야기했지만, 통달과 정복을 쉽게 헷갈린다는 것을 깨달았다. 통달은 단순히 독해를 넘어 이해하는 단계를 말하지만, 정복하고 전리품을 취하는 독서는 하나님에 대한 내 기독교적 확신과 결이 다른 독서 방식이다. 기독교의 상상력은 도끼를 휘두르는 바이킹처럼 정복하고 전리품을 취하는 독서 대신 **손님으로서** 머물라고 한다. 우리는 약탈하기 위해서라기보다는 **받아들이기 위해** 읽는다.

기독교적 상상력을 발휘하여 하나님의 관점에서 독서를 이해할 때 무슨 일이 일어나는지 관찰해 보자. 하나님에 대한 우리의 관점에는 우리가 아는 것을 사고하는 방식에 영향을 미치는 힘이 있음을 이내 알게 될 것이다.

그리스도인들의 믿음에 따르면 하나님은 창조되지 않은 분이고, 그렇기에 우리가 피조물로서 경험하는 한계에 매이지 않으신다(우리는 이를 하나님의 '초월성'이라 부른다). 하나님의 존재, 하나님의 존재 방식, 하나님의 활동은 오직 하나님에게만 적합하다. 같은 원리가 하나님이 아시는 것에도 적용된다. 하나님이 아시는 것과 하나님이 아시는 방식은 **하나님인** 하나님에게만 적합하다. 인간의 말은 이를 기술하는 데까지만 적합하지만, 오래된 정형 표현이 있으니 "하나님이 가지고 계신 지식은 완벽하고 완전하다"는 것이다. 잘 따라오고 있는가?

감사하게도 우리는 하나님이 아니다. 그래서 우리가 아는 것이 무엇이든 완벽하지도 않고 완전하지도 않다. 2장에서 이미 신학에 대한 이러한 원리의 함의를 살펴보았다. 이제 신학 독서와 이 사실이 어떤 관련이 있는지 알아보자. 살아가는 동안 우리가 얻는 지식이 어떻든지(크든지, 작든지, 깊든지, 조잡하든지), 하나님의 완벽하고 완전한 지식과 비교하면 작을 수밖에 없다. 커피잔이든 중성자별이든 우리의 가장 깊은 곳에 있는 자아든 하나님은 **하나님으로서** 완벽하고 완전하게 알고 계신다.

그러므로 우리의 지식은 하나님이 완전하고 완벽하게 알고 계신 것을 부분적으로 그리고 불완전하게 **공유하는 것에 불과하다.** 이런 관계를 고려하면, 우리는 우리의 지식이 하나님의 지식에 가까이 가든지 혹은 멀어지든지 하면서 항상 하나의 스펙트럼 위에서 발전하는 것으로 이해해야 한다.

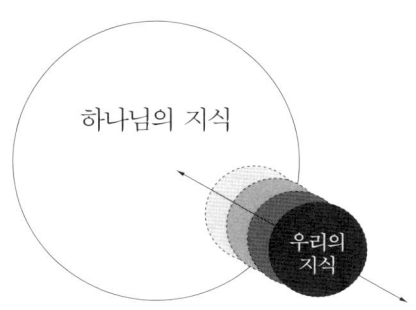

이 관계를 음악적 은유로 설명해 보고 싶다. 우리의 지식은 하나님의 지식과 조화('화음')를 더 많이 이루든지 불협화음을 더 많이 만들어 낸다. 우리의 귀는 그 차이를 안다. 우리는 화음을 들으면 편안해지지만, 불협화음을 들으면 불편해서 목 뒤의 머리카락이 쭈뼛 선다. 우리가 무언가를 좀 더 참되게 알고 그 본질을 이해한다면, 사실 하나님이 이미 아시는 것과 화음이나 일치나 조화를 이루는 데 더 가까워진 것이다.

공간적, 건축적 은유가 이를 특히 잘 설명해 주는데, 공간이나 건축은 삼차원이면서 관계적이기 때문이다. 우리는 손님으로서 하나님의 지식에 머문다. 말도 못하게 부유한 친척의 드넓은 사유지(아마도 대저택)를 방문하는 것과 거의 같다. 처음에는 모든 것이 낯설고 익숙하지 않은 기분일 것이다. 해리 포터가 호그와트성을 처음 방문했을 때와 비슷한 기분일 것이다. 계단이 움직이고 그림이 말을 걸어온다. 그러나 시간이 흐르고 노력을 하자, 해리는 호그와트성에서 적응하는 법을 배웠고 살아가는 법을 배웠다. 이제 이것을 신학 용어로 설명할 테니, 어떤 차이가 생기는지 보라. 하나님이 주도적으로 하나님의 지식에 우리를 손님으로 초대하셨다. 차이가 보이는가? 하나님의 지식을 공유하는 것은 선물이다. 우리는 이를 **은혜**라 부른다.

여기에 독서와 관련된 모든 것이 있다. 우리는 하나님의 지식에 초대된 손님인 것과 꼭 마찬가지로 저자의 지식에 초대된 손님이기도 하다. 저자는 이해받으려고 글을 쓰지 정복당하려고 쓰지는 않는다. 머물게 하려고 글을 쓰지 지배당하려고 글을 쓰지는 않는다. 우리는 신학 독서를 하며 하나님에 대한 저자의 부분적이고 불완전한 지식을 공유하지, 소유하지는 않는다. 신학자 폴 그리피스(Paul Griffiths)의 설명에 따르면,

"이렇게 이해된 지식의 대상을 사랑하고 묵상할 수는 있어도" 소유권을 주장하며 "지배할 수는 없다."[2]

더 중요한 것은, 저자들이 **사랑받을** 수 있다는 것이다. 머물기로서의 독서는 우리가 일종의 우정 행위로 독서를 하도록 준비시킨다. 우리는 진리를 추구하거나, 엇나갈까 두려워하거나, 우리가 좋아하는 신학 논쟁에서 이기기를 바라는 중에, 예수님이 명령하신 "네 모든 것으로 하나님을 사랑하고 '네 이웃을 네 몸과 같이 사랑하라'"(마 22:39)는 말씀을 잊어버린다. 그런데 우리 마음이 온통 정복하고 지배하는 데 빠져 있다면, 신학 독서를 사랑의 행위로 할 수가 없다. 정복 이미지는 적극적인 개입에는 기름을 붓지만, 우리의 이웃인 저자를 사랑하게는 못한다. 앨런 제이콥스(Alan Jacobs)의 말처럼, 그리스도인들에게는 하나님 사랑과 이웃 사랑이 "**어느** 글을 읽든지 제일가는 필요조건"이다.[3] 사랑으로서의 독서는 "그리스도인의 삶에 관한 신앙과 실천과 아무리 동떨어진 책이고 저자라고 해도 이웃으로서 이해하고 환대할 것을 요구한다."[4]

분명히 해 둘 것이 있다. 저자를 사랑한다고 해서, 하나님과 모든 것에 대한 저자의 통찰을 하나님의 관점에서 전적으로 받아들여야 하는 것은 아니다(나중에 이에 대해 더 자세히 다룰 것이다). 저자에게 동의하지 않을 수 있다. 저자를 사랑하기 위해 저자가 투사하는 세계에 살아야 할 필요는 없다. 그보다는 사랑 때문에 저자를 이해하려고 노력하며, 저자를 이해하려면 저자에게 가까이 다가가야 하고 저자를 참아 줘야 한다. 사랑은 우리에게 멀찍이서 저자에 대해 모든 것을 알고 저자의 의미 세계를 모두 이해한다고 가정하고서는 거리를 두고 저자를 대하지 말라고 한다. 사랑은 우리가 이해하기 위해 다가가게 한다. 이렇게 가까워지는 것이 위험한가? 그렇다. 가까워지면 변화가 일어날 수 있는가? 그렇다. 여기에는 지혜가 필요한가? 그렇다.

지금까지 진행 상황을 요약해야겠다. 하나님이 완전히 아시는 것을 우리는 부분적으로 안다. 우리의 부분적인 지식은 하나님이 환대하신다는 의미에서, **그분의 집을 개방**하신다는 의미에서, 노력하는 우리 마음에 부어 주신 것이다. "감추어진 일은 우리 하나님 여호와께 속하였거니와 나타난 일은 영원히 우리와 우리 자손에게 속하였나니 이는 우리에게 이 율법의 모든 말씀을 행하게 하심이니라"(신 29:29). 궁극적으로 보면 하나님은 우리의 삶이 예수님을 닮아가게 하려고 우리에게 지식을 주신다. 예수님을 본받을 때, 우리는 하나님 나라의 창조하고 회복하고 은혜를 불러오고 정의를 세우는 역사에 끌려 들어간다. 예수님은 하나님 나라의 백성이 기꺼이 사랑하면 그들이 하나님 나라 백성임이 알려질 것이라고 말씀하셨다. 저자를 사랑한다는 것은 저자가 보는 것처럼 볼 정도로 저자에게 다가간다는 뜻이다.

그렇게 할 준비가 된 상태로 신학 독서를 하고 싶지 않은가?

공간으로서의 신학

우리가 독서를 할 때 필요한 마음가짐에 대해 말할 수 있는 것이 훨씬 더 많지만, 지금 우리는 어떻게 '머물기 은유'가 기독교적 상상력이 가득한 방식으로 신학 독서를 하도록 돕는지를 이해하기 시작했다. 머물기 은유는 우리가 저자를 낯선 사람이 아니라 이웃으로 보게 하고, 저자의 의미 세계에 다가가도록 준비시키고, 정복과 소유가 아니라 참여와 수용을 떠올리게 한다. 이러한 방식으로 독서를 하면, 능동적으로 그리고 사랑의 마음으로 독서를 하게 된다.

머물기 은유는 신학 독서를 **공간적으로** 이해하게도 한다. 독서를 대화보다는 공간으로 이해하는 것이 글로 쓰인 신학에 다가가는 데 가장 실제적 방식이다. 솔직히 독서가 저자와 독자의 대화면 좋겠지만, 정말로 좋겠지만, 그렇지 않다. 이를 주장하기 위해서 몇 가지 문학 이론을 축약해서 살펴보겠다.[5]

대화를 하려면 사람들이 같은 공간이나 시간에 있어야 한다. 한 공간에서 서로 마주 보고 있을 때 우리는 실시간으로 자기 의견을 피력한다. 나는 지금 우리가 말과 몸짓으로 대화를 하는 모든 내용을 유동적으로 '가리키는' 것이다. 이런 식의 대화는 서로 다른 공간에 있어도 어느 정도 가능하지만, 서로 다른 시간에 있다면 대체로 가능하지 않다. 우리는 핸드폰이나 이메일이나 문자 메시지를 통해 실시간으로 서로 질문하고 답할 수 있다. 이는 이용할 수 있는 모든 수단을 통해서 할 수 있으며, 심지어 말로 하지 않아도 된다. 그러나 글로 소통할 때는 저자와 독자가 서로 다른 **시공간**에 있다. 중간에서 그 간격을 이어 줄 무언가가 필요하다. 그것이 바로 문자 언어다.

이러한 역학이 글로 기록한 작품에만 있지는 않다. 화가는 붓과 도화지를 통해, 조각가는 끌과 돌을 통해 그 틈을 메운다. 작가는 언어를 사용해서 공간을 창조하여 독자가 들어와서 머물게 한다.

그래서 글은 건축 공간과 같다. 글은 우리에게 들어와서 머물라고, 그 공간의 의미를 이해하고 나서 그에 따라 살라고 권한다. 만약 정의에 관한 글이라면, 저자는 독자가 정의롭게 살기를 바라며 글을 쓴다. 연민에 관한 글이라면, 저자는 독자가 베풀며 살기를 바랄 것이다. 신학도 다르지 않다. 신학은 독자에게 그 공간에 머물러 그 의미 세계와 만나고 그에 따라 살아가라고 권한다.

글과 건축 공간 모두 어떻게 삶을 살아야 하는지에 대한 통찰을 전한다. 이와 같은 통찰을 만나려면 그 공간에 머물러야 한다. 알랭 드 보통(Alain de Botton)은 다음과 같이 설명한다.

> 건축물은 **말을 하는데**, 그 말의 주제는 쉽게 파악할 수 있다. 건축물은 민주주의나 귀족 정치, 열린 마음이나 거만함, 환대나 위협, 미래에 대한 소망이나 과거에 대한 집착을 말한다.…본질적으로 설계와 건축의 산물인 건축물은 우리에게 그 건물 내부와 주변에서 가장 적합하게 펼쳐질 삶에 대해 말한다. 건축물은 특정 분위기에 대해 말하면서, 계속 그 분위기에 머물게 하려고 한다. 물리적으로 우리를 따뜻하게 하고 도와주는 동시에 **우리에게 특정한 부류의 사람이 되라고 초대장을** 내미는 것이다.[6]

글도 초대장을 내민다. 저자의 공간에 머물면서 저자의 의미 세계와 만나고, 이를 통해 새로운 사람이 되라고 초청하는 것이다. 요약하면, 독서는 변화를 청한다.

나도 지금 그것을 하는 중이다. 단어들과 단어 순서, 어조, 사용하는 자료, 크리스의 그림 등 모든 요소가 신중하게 배열되어 언어의 집으로 건축된다. 나는 건축적 소통 공간인 이곳에 들어와서 머물고 그에 따라 살아가라고 당신을 초청한다. 내가 청하는 변화는 독서 행위에 관심이 있지만, 여기에는 그 이상의 내용도 있다. 이 글은 하나님을 특정한 방식으로 이해하고, 내가 제시하는 관점을 통해 당신의 삶을 그려 볼 것을 청한다. 이러한 초대장은 **당신이** 독자로서 만나는 **나의** 의미 세계의 일부다.

    이 모든 것은 이야기와 함께 우리에게 자연스럽게 다가온다. 작가 매릴린 매킨타이어(Marilyn McEntyre)는 우리를 변화시키는 공간을 이야기가 어떻게 창조하는지 아름답게 표현한다.

> 우리가 어느 이야기로 들어갈 때, 무언가를 뒤에 남겨 둔다. 우리는 의심을 유보하고, 일상에서 얽매여 있던 사회적 계약을 파기하고, 새로운 계약을 받아들인다. 이야기의 표현 방식에 동조하며, 그 이야기의 건축물이나 농경지 같은 공간을 탐험한다. 길을 따라가며 이야기가 열어 놓은 창문을 통해 바라보고 때로는 이야기가 세워 놓은 벽을 들이박기도 한다. 우리 자신을 잃어버리거나 방향을 잃어버릴 때도 있다. 우리는 이정표를 찾는다. 저자의 환대를 받기도 하고, 이방인과 같은 우리 자신을 발견하고 불편함을 느끼기도 한다.…소설이 만들어 놓은 특정한 집에 일단 머물면, 우리는 이야기가 만들어 놓은 얽매임과 풍경에 대한 기억을 우리 안에 간직하게 된다. 이 기억은 **우리의 내적 공간을 장식하거나 새롭게 디자인한다**. 이 공간은 우리의 생각이 태어나고 자라는 곳이다.[7]

우리에게 영향을 주었던 이야기를 이런 식으로 읽어 본 적이 있지 않은가? 건물에 대해서 비슷하게 이야기할 수 있지 않을까? 처음에는 우리가 건물이 이야기와 같다고 생각하지 않을지 몰라도, 건축가 유하니 팔라스마(Juhani Pallasmaa)는 건물과 이야기가 비슷한 방식으로 기능한다고 말한다. 즉 이야기처럼 "건축 공간은 우리의 생각을 구상하고 중단시키고 강화하고 생각의 초점을 맞춘다."[8]

신학에도 그처럼 "우리의 내부 공간을 장식하거나 새롭게 설계하는" 힘이 있는가? 나는 "그렇다"라고 대답하겠다. 신학 저작은 조금은 다른 방식으로 우리와 만나지만, 근본 역학은 똑같다. 우리가 신학 저작에 **들어가서 머물고 이해하고 변화하기**를 바라며 초대한다. 우리가 신학 저작의 문턱을 넘어가 그 속을 누비며 독해를 넘어 이해를 추구할 때, 아마 예기치 못하게도 저자의 어깨에 올라타고서 "제가 보는 것처럼 보십시오"라는 저자의 말을 들을 것이다.

어쩌면 이와 같은 말이 누군가에게는 너무 뻔한 이야기처럼 들릴 수도 있다(그렇다면 이렇게 장황하게 말하고 있는 것에 대해 미안하게 생각한다). 그러나 독자를 수천 명 만난 경험을 통해 보면, 신학에 대해서는 처음부터 이런 방식으로 접근하는 사람이 없었다. 우리는 흥미진진한 만남을 기대하며 이야기를 읽고, 우리에게 영감을 불어넣어 무언가를 느끼게 한 건축물을 기억한다. 그러나 신학에 대해서는 아니다. 신학책들은 어찌할 도리가 없을 정도로 낯선 기분이 들어서 하얀 것은 종이이고, 까만 것은 글씨일 뿐이다. 신학책을 만나려면 엄청난 독해력이 필요해 보이고, 인격적 만남은 거의 없어 보인다. 슬프게도 이러한 인식은 신학책의 실체를 제대로 반영한 것이 아니다!

만나러 가는 길: 신학의 세 가지 세계

어떻게 하면 머물기 위한 독서가 권하는 대로 만나러 갈 수 있을까? 우리에게는 친밀함과 가까움을 조성하는 독서법, 즉 신학 저작을 **통해** 저자의 의미 세계로 우리를 이끌어 가는 길이 필요하다.

서로 다른 세 가지 '세계'에 따라 신학 저작을 읽자고 제안하고 싶다. 바로 신학책 **뒤에 있는** 세계, 신학책**의** 세계, 신학책 **앞에 있는** 세계다. 각기 저자의 의미 세계를 만나러 가는 데 필수적인 길이고, 모두 어느 신학 저작에나 존재한다. 이 세 가지 세계는 사실 모든 책, 그림, 영화, 음악, 건축에 있다. 모든 종류의 의사소통 행위에 예외 없이 존재한다. 저자의 의미 세계와 만나고 싶은가? 이 세 가지는 그 의미 세계의 가장 기본이 되는 길이다. 여기서는 이 세 가지 세계를 간략하게 소개하고, 4-8장에서 더 깊이 있게 다루겠다.

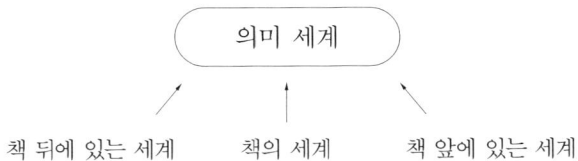

신학책 '뒤에 있는' 세계

신학책 뒤에 있는 세계는 저자(들)의 세계다. 신학 저작은 시공간에서 살아가는 사람이 짓는다. 글은 하늘에서 떨어지는 것이 아니라 역사와 개성과 공동체가 있는 **사람**이 쓴 것이다. 이런 면에서 저자와 저자의 세계는 저자가 쓴 글 '뒤에' 즉 그 글에 앞서 존재한다.

저자의 세계를 향해 이 길을 여행하면서, 당신은 저자가 살던 시대의 고민, 저자에게 영향을 준 사람, 저자에게 영향을 준 경험을 발견한다. 처음에는 저자가 사람으로 느껴지지 않을 수도 있지만, 이 길을 따라 여행을 하다 보면 저자가 자신을 점점 드러낸다. 어쩌면 예상한 것보다 당신과 더 닮은 사람을 발견할지도 모른다. 아니면 저자와 당신의 차이점에 놀랄지도 모르겠다. 결과가 어떻든지 저자의 언어 표현에 대한 당신의 느낌에 맥락과 배경이 더해질 것이다.

저자의 세계에 대한 지식이 저자가 창조한 공간을 어떠한 식으로 드러내는지를 보여 주는 좋은 예가 있다. 16세기의 화가 루카스 크라나흐 2세(Lucas Cranach the Younger)는 "바이마르 제단화"(Weimar Altarpiece)의 가운데 판을 그렸다(300쪽). 이 그림을 쓱 훑어보면, 십자가에 달리신 예수님을 소재로 한 그림임을 알 수 있다. 그러나 조금 더 집중해서 본다면, 어떤 면에서는 흥미로우면서도 이상하게도 보이는 특징이 몇 가지 있을 것이다. 첫째, 예수님의 옆구리에서 나온 피가 예수님의 몸을 가로질러 뿜어져 나와 부자연스럽게 흐른다. 왜 이런 식으로 그림을 그렸을까? 둘째, 대체로 예수님 옆에는 예수님의 피를 담는 마리아를 그리는데, 이 그림에서는 그 자리에 예수님을 한 명 더 그려 놓았다. 왜 제2의 예수님을 그렸을까? 셋째, 세례 요한은 일반적으로 그리듯이 예수님의 오른편에 서서 "보라 세상 죄를 지고 가는 하나님의 어린양이로다"라고 말하는 듯 보이지만, 그 옆에 있는 나머지 둘은 누구인가? 한 명은 성경을 들고 있고 다른 한 명의 머리에는 예수님의 피가 떨어지고 있다. 도대체 어떻게 된 일인가?

놀랄 일이 아닌데, 이 그림에서 일반적이지 않은 부분은 그림 **뒤에 있는** 세계를 보면 차츰 분명해지기 때문이다. 크라나흐와 그의 아버지는 종교개혁을 열렬히 지지했기에, 그림에도 종교개혁의 가르침을 섞었다. 그래서 크라나흐 바로 전까지도 화가들은 예수님의 바로 옆에 마리아를 그렸지만, 크라나흐는 그 자리에 마리아를 그리지 않아서 마리아의 부재가 눈에 띈다. 대신 또 다른 예수님, 즉 승리자 예수님을 그려서 마리아가 **아니라** 예수님이 기독교 신앙의 올바른 대상임을 보여 주고자 했다. 이와 비슷하게 예수님의 피는 몸을 가로질러 뿜어져서 마리아가 있으리라고 예상한 자리를 비켜서 크라나흐의 아버지의 (준비된) 머리로 떨어진다. 무슨 메시지를 전하려고 한 것일까? 하나님의 복이 종교개혁을 찬성하는 자기 아버지의 작품에 머문다는 것이다. 이것을 알게 됐다면, 크라나흐의 아버지 옆에서 성경을 들고 있는 사람이 누구인지 짐작이 가는가? 바로 종교개혁의 지도자 마르틴 루터다.

이러한 여러 특징이 마치 화살표처럼 남아서 크라나흐의 신학을 가리킨다. 그러나 크라나흐의 배경, 즉 그림 뒤에 있는 세계를 모르면 이 화살표를 따라가는 것은 불가능에 가깝다. 모든 신학책도 마찬가지다.

그러나 상당히 중요한 사실 하나를 말해야겠다. 책이나 그림 뒤에 있는 세계에서 아무리 오랜 시간을 보내더라도, 거기서는 작가의 의미 세계를 결코 만나지 못한다. 책 뒤에 있는 세계를 아는 것이 확실히 크게 도움이 된다. 저자의 언어 표현을 더 명확하게 밝힐 수 있고, 저자의 관심과 가치를 형성한 공동체에 대해 감도 잡을 수 있다. 이와 같은 모든 이점이 독해와 이해를 돕는다. 그러나 저자의 의미 세계는 책 **뒤에**

있지 않다. 크라나흐의 작품을 직접 보아야 비로소 그 작품을 이해할 수 있듯이, 우리가 글로 쓰인 신학에 머물려면 또 다른 길로 이동해야만 한다. 바로 신학책의 세계다.

신학책'의' 세계

신학책의 세계는 우리가 인쇄면 **앞에서**, 그 책 자체 **안에서** 발견하는 모든 것이다. 이 길 앞에서 우리는 저자가 우리에게 남겨 놓은 단어, 문법, 어조, 수사법, 그 책 자체의 구조, 형식, 자료 사용 등을 만난다. 우리 앞에 놓인 책은 조직신학, 논문, 설교, 주석, 시 중에 무엇인가? 성경을 다루는가? 만약 그렇다면 이를 어떻게 해석해야 하는가? 저자의 어조는 공격적인가, 온화한가? 이와 같은 모든 질문이 책의 세계와 관련이 있다.

이 세계에서 우리는 신학 자료들을 고찰해 보고, 저자가 이러한 자료들을 어떻게 사용해서 그 저작의 결과를 만들어 내는지 생각해 본다. 책 뒤에 있는 저자의 세계에서 얻은 모든 정보가 여기서 유용하겠지만, 그러나 책의 세계에 있는 길을 여행하기는 이 공간 **자체에** 집중한다.

우리는 이 길을 어떻게 거니는가? 저자는 자신의 글이라는 건축물 여기저기에 표지판과 표식을 남겨 두었다. 우리는 거기에 집중한다. 기록된 작품의 형식과 모양, 용어 사용과 문법, 문체와 수사법을 이해하고자 한다. 우리가 따라오도록 저자가 남겨 둔 '화살표'와 같은 건축 요소를 생각해 보라.[9] 우리가 이 화살표들을 잘 쫓아간다면, 저자가 의도한 의미 세계와 만나고 저자가 의도한 대로 볼 것이다. 그러나 우리가 이 화살표를 서툴게 따라가면 놓치고 만다. 우리는 결국 완전히 다른 것을

보거나 그림의 일부분만 볼 것이다.[10]

예를 들어 '초월성'과 '내재성'이라는 신학 용어를 생각해 보고, 이 용어를 '화살표'로 여겨 보자. 저자는 이 단어를 사용하면서 세상과 하나님의 관계에 대한 자신의 특정한 관점을 "손가락으로 가리킨다." 저자가 보는 것처럼 보려면 우리는 **바른** 방향으로 화살표를 따라가야 한다. 첫째, 이 용어가 무엇을 의미하는가? 만약 의미를 잘못 알고 있다면, 시작부터 틀린 방향에 서 있는 것이다. 우리는 저자의 관점을 향해 한 걸음도 나아갈 수 없다. 둘째, 이 용어가 어떻게 쓰이는가? 용어를 이해하면 '문턱'을 넘어가는 것이며, 그 **용례**를 분석하면서 한 걸음씩 계속 더 나아가게 된다. 이와 같은 독해의 모든 과정은 작든 크든 저자의 의미 세계로 나 있는 길로 우리를 안내한다. 저자가 보는 것처럼 보는 곳으로 더 가깝게 이동하는 것이다.

앞에서 크라나흐의 그림에서 보았듯이, 그림 이해도 같은 규칙을 따른다. 우리가 캔버스 앞에서 발견하는 것은 모두 그림**의** 세계다. 화가는 캔버스 뒤에 있는 세계에 살면서 자기 나름의 방식에 따라 다양한 물감과 질감을 사용하고 배열해서 어느 이미지를 떠올리게 한다. 그 이미지를 감별하는 것은 우리 몫이다.

당신이 박물관 관람 중이라고 생각해 보라. 여행 가이드가 당신과 함께 당신이 좋아하는 걸작 앞에 서 있다. 가이드가 이렇게 말한다면 당신은 어떤 생각이 들겠는가? "파란색과 빨간색을 잘 보고 노란색 얼룩에도 주목하십시오. 오른쪽 모서리에 부드럽게 덧댄 부분, 중앙에 거칠게 표현한 지점이 보이십니까? 위쪽에는 소용돌이치는 듯한 부분이 있고 오른쪽을 향해 물결 모양 선이 있다는 사실을 기억해 두십시오. 좋습니다. 이제 다음 작품으로 넘어가시죠." 당신은 안내해 주는 사람이 어느 정도는(!) 자기 역할을 다하지 못했다는 사실을 안다. 무엇을 잘못했는지 딱 꼬집어서 설명할 수 없기는 해도 말이다. 필치, 색 선택, 색의 배열은 우리가 따라가도록 화가가 남겨 둔 화살표다. 여행 가이드는 그러한 화살표가 **어디를** 가리키고 있는지를 설명하지 않았다. 이 그림이 무엇에 **관한** 것인지 설명하지 못한 것이다.

이 원리를 다시 건축물에 적용해 보자. 건물의 문턱을 넘어가서, 그 공간**의** 세계로 들어간다고 생각해 보자. 우리는 여기저기를 둘러보면서 석고판, 굽도리널(baseboard), 콘크리트 블록, 페인트 등 건축 자재를 확인한다. 시작이 좋다. 천장, 벽, 출입구 등에 이러한 자재를 어떻게 사용했는지 이해한다면 더 좋을 것이다. 그래도 아직은 아직 이 건물이 무엇을 '말하고' 있는지 듣지 못했다. 이 공간은 어떤 의미를 **전달하는가**? 치료를 말하는 병원인가? 효율성을 말하는 대형 교회인가? 생산성을 말하는 공장인가? 창의성을 말하는 테크 기업의 본사인가? 웅장함을 말하며, 우뚝 솟은 아치 덕분에 우리가 위를 바라보며 하나님을 향해 기도하게 하는 대성당인가?

건축물과 그림과 신학 저작은 소통을 위해 만들어졌다. 건축가와 화가와 신학자는 이들을 통해서 무엇인가를 말한다. 건물은 단순히 박스가 아니며, 그림은 단순히 색의 조합이 아니며, 신학 저작은 단순히 단어 모음집이 아니다. 저마다 머물라고 초대한다. 들어오라고, 화살표를 이해하라고, 그 공간을 어떻게 보라고 하는지 이해하라고 말한다. 알랭 드 보통의 말을 기억하면 좋겠다. "본질적으로 설계와 건축의 산물인 건축물은 우리에게 그 건물 내부와 주변에서 가장 적합하게 펼쳐질 삶에 대해 말한다."¹¹ 우리가 작품이 "우리에게 말하는" 특정 유형의 삶을 파악한다면 그 공간에 머무르는 것이다. 우리는 작품이 만들어진 배경과 작품을 만든 사람(작품 뒤에 있는 세계)을 이해하고, 이를 통해 작품의 각 부분(작품의 세계)을 이해한다. 그러면 이 모든 것이 어디를 가리키고 있는지를 이해하게 된다.

각 부분 **파악하기** ──────▶ 이들이 어디를 가리키고 있는지 **이해하기**

신학책 '앞에 있는' 세계

세 사람이 같은 건물에 들어갔는데 왜 서로 다른 세 가지 반응을 보일 수 있는지 궁금했던 적이 있는가? 한 사람은 곧 마음이 편해지고, 다른 사람은 폐소공포증을 느끼고, 또 다른 사람은 방어적으로 변한다. 그 공간 **뒤에 있는** 세계(설계자와 건축가)는 변하지 않았으며, 그 공간**의** 세계(방 배치와 가구, 색감과 질감)도 바뀌지 않았다. 이 둘은 고정되어 있다. 그러나 각 손님과 관련이 있는, 공간 **앞에 있는** 세계는 변한다. 각 사람은 자신의 독특하고 구체화된 현존, 개인의 역사, 고정된 습관, 자의식을 그 공간에 가지고 간다. 사람들이 각기 다른 방식으로 그 작품에 머물기 때문에, 공간 앞에 있는 세계가 변한다.

책 뒤에 있는 세계는 고정적이다. 책의 세계도 마찬가지다. 누가 읽든, 언제 읽든, 어디서 읽든, 단어와 문법과 수사법은 변하지 않는다. 건물의 건축학적 특징이나 도화지 위의 그림처럼, 글의 화살표는 고정되어 있고 가리키는 방향은 변하지 않는다. 그러나 책 앞에 있는 세계는 읽을 때마다 변한다. 이것이 독자의 세계고 **당신의** 세계다. 당신은 글 앞에 서 있다. 당신과 당신 옆에 있는 사람, 그리고 지금까지 수백 년 동안 존재했던 독자들은 하나의 세계를 투사하는 똑같은 글을 만나고 특정한 방식으로 살라는 똑같은 초대장을 받는다. 그러나 만남은 독자마다 다르게 일어난다. 각 독자는 글 앞에 있는 각기 다른 세계에 살고 있기 때문이다.

신학책을 포함한 모든 글은 독자를 염두에 둔다. 20세기 문학가 플래너리 오코너(Flannery O'Connor)가 말했듯이 "당신은 기쁨을 위해 글을 쓸지도 모르지만, 글 쓰는 행위가 그 자체로는 완성된 상태가 아니다. 그 목적은 독자들에게서 성취된다."[12] 글로 쓰인 작품을 읽는 독자들은 다양하다. 그래서 저자가 투사한 세계를 감상하는 사람들의 삶의 역사와 공동체와 기대가 각기 다르다. 저자가 자신이 보는 것처럼 보게 하려고 독자를 초대한다는 것은 변함없으며, 저자가 만들어 놓은 글의 공간, 즉 당신이 머무를 그 공간도 변함없다. 그러나 새로운 독자마다 책 앞에 있는 새로운 세계를 가지고 온다.

건축물과 그림과 신학 저작은 하나의 의미 세계를 가리키고, 보는 사람은 이를 감상한다. 이 맥락에서 감상한다는 것은 수용하거나 받아들이거나 거기서 살아간다는 의미다. 만남 자체는 작품의 세계 **안에서** 일어나지 않는다. 당신은 벽을 오르거나 캔버스 위로 올라가거나 단어 사이를 누비며 오를 수 없다. 만남은 신학 작품 앞에서, **당신이** 독자로서 저자가 보여 주고자 하는 것을 볼 때 일어난다. 작품 앞에 있는 세계는 건축물 안에서 **당신이** 차지하는 공간이고, 그림 앞에서 **당신이** 자리하는 위치고, 독서 행위에 **당신이** 가져가는 의식의 교류다.

신학도 마찬가지다. 책 앞에서 우리는 (고유의 자아를 가지고 우리의 시간과 공간에서) 저자가 창조한 세계에 대한 통찰을 하나님의 관점에서 만난다. 그 세계는 저자가 우리에게 제공하는 담론 공간이다. 저자는 "내가 보는 것처럼 보세요. 여기에 투사한 세계의 결을 따라 살아가세요"라고 말을 건네며 우리를 초대한다. 건물에 대한 드 보통의 말이 여기서도 도움이 된다. 건축물은 "민주주의나 귀족 정치, 열린 마음이나 거만함, 환대나 위협, 미래에 대한 소망이나 과거에 대한 집착을 말한다.…물리적으로 우리를 따뜻하게 하고 도와주는 동시에 우리에게 특정한 부류의 사람이 되라고 초대장을 내미는 것이다."¹³ 민주주의나 열린 마음이나 위협은 만나서 계속 머무르라고 (특정 부류의 사람이 되라고) 우리를 초대하는 의미 세계다. 리쾨르가 말하듯이 글은 또 "하나의 가능성 있는 세계에 대해서 말하고 그 글 안에서 어느 사람이 지향할 수 있는 길에 대해서 말한다."¹⁴

신학은 독자인 당신에게 신학 세계 안에 머물라고 권한다.

신학책의 세 가지 세계

책 뒤에 있는 세계 — 책의 세계 — 책 앞에 있는 세계
저자 — 글로 쓰인 신학 — 독자(당신)

실제 사례

〈토이 스토리 3〉

몇 년 전에 아내와 두 딸을 데리고 영화관에 가서 〈토이 스토리 3〉(Toy Story3)를 보고서는, 결말에서 예상치 못한 감정을 느끼게 됐다. 잠깐이지만 많은 것을 느꼈다. 먼저, 이 영화의 세 가지 세계를 생각해 보자.

〈토이 스토리 3〉 **뒤에 있는** 세계에는 감독, 작가, 프로듀서, 그래픽 디자이너, 편집자, 작곡가, 제작사 등이 포함된다. 영화가 제작되던 시대와 문화, 관련된 이들의 개인사도 고스란히 포함된다. 특정 시간과 공간에 살던 이 사람들이 화면 뒤에 있는 세계에 있다. 이것은 상당히 개성이 넘치는 세계다.

화면 위에는 이 영화**의** 세계가 있다. 이 세계는 색감과 인물, 플롯과 음악, 대화와 침묵이 있고, 이들을 배치하고 조화시켜 특정 효과를 만들어낸다. 로이 앵커는, 모든 영화는 "이야기가 전개되면서 세계가 어떤 모습인지에 대한 하나의 관점…하나의 세계가 어떤 모습인지, 또는 어떤 모습일 수 있었거나 어떤 모습이어야 하는지를" 관객이 떠올리게 한다고 말한다.[15]

가족과 함께 〈토이 스토리 3〉를 봤을 때, 영상 **앞에서** 나와 아내, 두 딸 해나와 애비가 각기 다르게 반응하여 네 가지 반응이 나왔다. 우리는 똑같은 의미 세계와 만났지만, 이 만남이 각자에게 독특했다. 영화가 끝나고 나는 혼자 울었다. 딸들이나 아내가 아닌 **나만** 그러리라고는 전혀 생각하지 못했었다.

우리 가족은 영화가 만들어 낸 같은 세계를 만났다. 우리는 같은 영상을 보았고, 같은 음악을 들었고, 같은 이야기의 흐름을 따라갔다. 그런데 내가 그 의미의 세계와 만났을 때, **나와** 관련된 무언가 때문에 깊은 감정적 반응이 일어났다. 하나하나 분석하기에는 너무 복잡하지만, 내 생각은 이렇다. 〈토이 스토리 3〉의 세계에서는 우정과 가족이 소중하고, 이기심이 아니라 희생이 우선이고, 사랑이 두려움을 이긴다. 내가 가족보다 이 영화의 '화살표'를 더 잘 따라가서 영화 제작자의 세계와 더 깊이 만난 것일까? 어쩌면 그럴지도 모른다. 아니면 내가 〈토이 스토리 3〉와 완전히 독특하게 만났을 가능성이 더 크다. 내 경험, 마음의 구조, 신앙 여정, 지난 일주일의 삶 때문에 내가 이 영화의 세계와 만났을 때 눈물이 터져 나온 것이다.

몇 년이 지난 지금 신학 독서를 하는 독자들에게서도 그와 똑같이 반응의 차이가 보인다. 어떤 독자는 하품을 하면서 읽고, 어떤 독자는 혼란스러워하면서 읽고, 또 다른 독자는 놀라워하며 읽는다. 사람에 따라 한 권의 책 때문에 새로운 인생을 시작하기도 하고, 세상을 상상하는 방식을 바꾸기도 하고, 혹은 고개를 저으며 "음…" 소리를 내기도 한다. 나는 이러한 반응이 이제는 놀랍지 않다. **살아 있고 구체화된 인격체**가 신학책 앞에 있는 세계에 머물고 있다는 사실을 알기 때문이다. 각 사람은 독특하다.

『캐스피언 왕자』

2장에서 C. S. 루이스의 『캐스피언 왕자』에서 루시가 춤추는 나무들 사이에서 아슬란을 만나는 장면을 이야기했다. 이 책의 세 가지 세계는 무엇일까?

이 책 뒤에 있는 세계는 C. S. 루이스의 세계다. 루이스는 영문학 교수고 재능이 출중한 신학자였다. 루이스가 『나니아 연대기』를 어린이용 이야기로 썼지만, 이 책은 상당히 신학적이기도 하다. 나니아의 세계는 하나님이 나니아와 같은 세상에서 어떤 모습이실지 상상하게 한다는 면에서 일종의 서사 실험실이다. 예수님이 나니아 세계의 하나님(아슬란)이라면 어떤 모습일까? 우리가 너무 어른이 돼서 우리의 세상에 지나치게 익숙해져 있다는 사실을 무엇으로 알아차릴 수 있을까?

2장에서 내가 설명한 장면을 생각해 보자. 이 장면이 나오는 책의 세계에는 루시, 춤추는 나무, 아슬란과 같은 여러 등장인물이 들어 있다. 또 『나니아 연대기』의 다른 책들을 포함하여 이 장면에 이르기까지 흘러온 이야기도 들어 있다. 한데 합쳐서 고려하면, 이 장면의 이러한 요소들이 하나의 세계를 투사하는데, 그 세계에서는 아슬란이 어린 루시의 이해를 초월해 존재하고, 아슬란에 대한 루시의 감각이 해마다 성장한다. 루이스는 기독교적 상상력을 발휘해 글을 썼다. 그래서 이 장면은 하나님에 대한 기독교의 기본 가르침을 떠올리게 한다(물론 독자가 이같이 받아들이지 않을 수도 있다). 아슬란처럼 하나님은 우리의 이해를 완전히 초월해 존재하신다. 예수님과 교제하면서 하나님과 함께 살아가면 하나님의 주권에 대한 감각이 점차 커진다. 요약하면, 매해 우리가 성장함에 따라 하나님이 더 크신 분으로 보인다.

이 장면 앞에 있는 세계는 나 자신이다. 나는 끊임없이 변하기 때문에, 루이스가 투사한 세계에 대한 내 **반응**도 읽을 때마다 달라진다. 내가 변함에 따라 그 공간에 다르게 머물게 된다. 더 구체적으로 이야기해 보겠다. 나는 스무 살 때 조슈아 트리 국립공원에 가서 침낭 속에 누워 『캐스피언 왕자』를 처음 읽었다. 그때는 그리 큰 인상을 받지 못했다. 그러나 아빠가 되고서 딸들을 껴안고 있으면서 다시 읽었을 때는 무척 감동했다. 나는 눈물을 흘렸는데, 루시가 하나님을 체험했듯이 내 아이들이 하나님을 체험하게 되기를 진심으로 바랐기 때문이었다(나는 몸에 별다른 이상이 없을 때도 자주 운다). 가끔은 내가 가르치는 학생들에게 적당한 때에 이 이야기를 들려주다가 눈가가 촉촉해지기도 한다(말했듯이 나는 자주 우는 편이다). 이 학생들이 내 아이들은 아니지만, 내게는 무척이나 소중하기 때문이다. 나는 많은 그리스도인에게 날이 갈수록 하나님이 작아지는 것을 목격했는데, 내 학생들은 그런 일을 겪지 않으면 좋겠다.

『하나님의 성상에 대하여』

〈토이 스토리 3〉와 『나니아 연대기』가 신학 독서와는 동떨어져 보일 수도 있다. 『하나님의 성상에 대하여』(*On Holy Images*, 키아츠)는 다마스쿠스의 요한(John of Damascus)이 쓴 신학 논문집인데, 이 책에도 동일하게 세 가지 세계가 있다.

이 책 **뒤에 있는** 세계는 우리와 요한 사이의 시간적 거리를 감안하면 특별히 중요하다. 8세기에 (그리스도와 성인들과 성경 이야기 등을 묘사한 그림인) 성상 사용을 놓고 논쟁이 일었다. 논점은 우리가 그리스도를 시각적으로 표현할 때, 그분의 인성만 표현할 수 있을 뿐이라는 것이다. 인성은 우리가 예수님의 얼굴에서 보는 것이다. 그러나 그리스도는 인간이면서 **동시에** 하나님이다. 그러면 예수님의 성상은 그분을 부분적으로 표현할 뿐이어서, 이것을 큰 문제로 여기는 사람들이 있었다.

성상을 반대하는 사람들(성상파괴주의자들, iconoclasts)은 성상이 유해하다고 주장했다. 성상은 참 인간이면서 참 하나님인 그리스도를 제대로 표현하지 못하기 때문이다.[16] 성상을 좋아하던 사람들(성상옹호론자들, iconophiles)은 성육신 이론을 가지고 다르게 논증했다. 그리스도가 육체를 입었을 때("모든 면에서 형제자매들과 같아지[셨다]"[히 2:17, 새한글성경]), 하나님은 인성만 변모시키신 것이 아니라 물리적 실재를 **모두** 변모시키셨다. 하나님은 그리스도를 통해서 물리적 실체가 우리에게 하나님의 임재를 드러낼 수 있게 하셨다. 성상만 그런 것은 아니지만 특히 성상을 통해 그럴 수 있게 하셨다. 다마스쿠스의 요한은 성상 찬성파 그리스도인의 입장을 대변하는 대표적 인물이다.

이제 이 책의 세계에 관심을 기울여, 『하나님의 성상에 대하여』라는 작품 자체를 살펴보자. 요한의 논거 중 하나를 보면, 그리스도의 성육신이 지닌 우주적 영향력을 배경으로 해서 성상을 신학적으로 설명한다. 논쟁에 참여한 사람들은 모두 성육신이 참됨을 받아들였다. 즉 성자는 참으로 거짓 없이 인간이 되셔서 인류를 완전히 구원하셨다는 것이다. 예수님은 **우리 인간의 저 깊은 곳까지 모두** 구원하기 위해 육체를 입으셨다. 당시에 보편적이었던 이러한 확신을 근거로 해서, 다마스쿠스의 요한은 예수님의 완전하고 참되고 진실한 인성에 대한 생각이 우리가 성상에 대해 생각하는 방식을 만들었다고 논증한다. 요한은 이렇게 썼다.

[누군가 성상을 보면서 예수님을 보는 것처럼] 하나님이 육신을 입으시

고 사람들과 대화하시는 것이 보일 때, 나는 내가 보는 하나님의 모습을 그리거나 만든다. 나는 물질을 예배하는 것이 아니라 물질의 하나님을 예배하는 것이다. 그분은 나를 위해 물질이 되셨고 물질에 머무셨고 물질을 통해 내 구원을 이루셨다. 나는 내 구원을 낳은 그 물질을 기리는 일을 그만두지 않을 것이다. 내가 그 물질을 추앙하지만 하나님으로 여기며 추앙하는 것은 아니다.[17]

요한의 논증에 따르면, 하나님이 우리를 위해 '물질에 머무시기' 때문에, 성상처럼 물질적인 것이 기독교 예배에서 잘 사용될 수 있게 하셨다. 요한은 성상 그 자체가 하나님은 아니기 때문에 이와 같은 일이 우상숭배는 아니라고 주장한다. 물질계 자체가 그리스도의 성육신에 영향을 받아 완전히 달라졌으므로 물질을 기독교 예배에 사용할 수 있다는 것이다. 이러한 신학적 관점이 책의 세계에 있다. 8세기의 맥락에서 이 책에 사용된 용어를 독해하고 문법을 분해하고 해석함으로써, 우리는 요한이 투사하는 세계를 만나러 나아간다.

『하나님의 성상에 대하여』는 어떤 세계를 투사하는가? 이 책에는 성상과 그리스도를 다루는 부분이 당연히 많지만, 실제로는 더 많은 것도 포괄하는가? 그렇다. 우리가 요한 옆에 선다면, 성육신 사상 덕분에 물질적인 것이 **전부** 다르게 보이는 세계에 초대된 것이다. 이 투사된 세계에 따르면, 모든 물질에는 하나님의 활동을 중재할 잠재력이 있다. 창조된 실재의 기본 상태는 은혜에 대한 저항이 아니라 수용이다.[18]

『하나님의 성상에 대하여』는 독자가 특정한 방식으로 성상을 이해하도록 권할 뿐만 아니라 특정한 방식으로 우주를 이해하고 이에 따라 살아가도록 이끌기도 한다. 요한의 논고는 하나님과 모든 물질적인 것의 관계에 대한 당신의 기본 생각에 영향을 미칠 수 있는 관점을 제시한다. 나무로 은유해서 다르게 표현해 보자면, 『하나님의 성상에 대하여』가 투사하는 세계는 하나의 '결'이 있다. 그 세계를 수용하는 사람은 그 결을 **따라** 살아가면서 그 결의 기본적이고 고유한 방향을 따를 것이다. 동방 기독교가 1500년 동안 그러한 결을 따라 살아왔다.[19]

누가복음

사복음서 각각은 그리스도의 일생을 성령의 영감을 받아 증언한다. 각 복음서는 믿을 만하고 권위가 있고 신학 저작**이기도** 하다. 글로 기록된 각 복음서는 하나님이 약속하신 메시아의 오심을 배경으로 해서 세계를 실제 있는 그대로 보는 관점을 투사한다. 우리는 이렇게 투사된 세계를 신뢰할 수 있고, 그 세계로 들어가는 문턱을 넘어갈 수 있고, 그 결을 따라 확신 있게 살아갈 수 있다! 책 뒤에 있는 세계는 생략하고, 누가복음이 어떤 세계를 투사하는지, 그리고 그 결을 따라 살아간다는 것은 무슨 의미인지 살펴보자.

  누가복음은 거듭해서 독자들이 소외된 사람들과 마주하도록 이끈다. 예수님이 당시 문화를 거슬러 여자들과 대화를 나누고, 아프고 병든 사람들과 귀신 들린 사람들과 신체적으로 접촉하고(이 때문에 많은 이들이 분개했다), 당시 지역 사회에서 배제된 죄인들 곁에서 하신 행동을 다른 어느 복음서보다 훨씬 더 자세히 들여다본다. 누가복음은 "유대인이든 이방인이든, 아무데도 속하지 않은 사람들의 세계에 집중"하며, "우리가 경계를 세우는 방식에 의문을 제기한다."[20] 누가의 신학은 (당연히) 예수님과 구별되지 않는다. 누가는 그러한 것을 지어내지 않았다. 오히려 누가는 예수님의 진리를 독특한 방식으로 구성해서 예수님의 삶과 이에 대한 증언의 독특한 특징을 전면에 드러냈다.

누가복음은 우리를 어떠한 식으로 초대하여 그 앞에 있는 **우리의 특별한 세계에서 보게 하는가**?[21] 누가복음은 경계를 허무는 세계를 투사한다. 이 세계에서는 우리가 외부인이라 생각했던 사람들에 대한 인식이 예수님이 보여 주신 진리를 따라 재조정된다. 하나님은 계층, 인종, 성, 성적 취향, 종파, 정치 성향 등 우리를 갈라놓던 장벽을 예수님을 통해 무너뜨리심으로써 **모든** 사람에게 구원을 가져오신다.[22]

예수님은 인간의 가치를 계산하고 따지는 우리의 문화를 무너뜨리신다.[23] 누가 중요하고 누가 중요하지 않은지를 따지고, 이에 따라 누구를 내 곁에 두고 누구와 거리를 둘 것인지를 결정하는 문화를 무너뜨리시는 것이다. 누가는 자신의 복음서에서 다른 이들과는 다른 독특한 방식으로 이와 같은 것을 표면으로 끌어낸다. 여성, 가난한 사람, 죄인, 이방인, 정결하지 못한 사람, 어린아이 등 소외된 사람들에 대한 예수님의 사랑법을 추적하는 것이다. 예수님이 다른 이들과는 함께하지 않은 특별한 방식으로 그들과 함께하셨다는 말이 아니다(어떤 이들이 예수님이 다른 방식으로 함께하셨다고 말하는 이유를 내가 이해하기는 한다). 오히려 예수님이 그들과 함께하시던 **방식**에서 하나님의 거룩하심, 유일성, 타자성의 참된 본질이 드러난다. 예수님은 하나님의 초월성이 어떤 모습일지를 실제 삶으로 보여 주신다.

어떤 면에서 보면 하나님의 초월성은 목소리를 내지 못하는 사람들 안에, 그들과 함께 현존한다. 자신들의 세상에 영향력이 없는 사람들 안에, 그들과 함께 현존한다. 세상에서 누려야 할 권리를 **박탈당한** 사람들 안에, 그들과 함께 현존한다. 그들이 날 때부터 도덕적이어서, 아니면 그들이 순교자들이어서 하나님이 그들과 함께하시는 것이 아니다. 사회적·도덕적 행동을 하는 이들이 사회적·도덕적 점수를 더할 때 이러한 사람들은 '찌꺼기처럼 남는다'는 사실 **때문에**, 거기에 하나님이 계실 뿐이다.[24]

(책 앞에 있는 특정 세계에 있는) 우리에게 누가복음은 질문을 던진다. **우리는 이러한 결을 따라 살아갈 것인가?**

누가의 어깨 위에 올라타면, 무엇이 보이는가? 당신 생각에는 누가 외부인인가? 약자는 누구인가? 사회적 지위나 신분이 낮다고 해서 당신이 거리를 두는 사람은 누구인가? 우리가 누가복음 읽기를 머무는 것으로 여긴다면, 이러한 질문이 실제로 우리에게 다가올 수 있을 정도로 누가복음에 다가가야 한다.

기도

하나님을 알아가면서도,
우리가 알고 싶은 만큼
세상에 대해서는 잘 알지 못합니다.
    왜 불이 나고 홍수가 날까요?
정치에 대해 잘 알지 못합니다.

왜 전쟁이 있고 장벽이 세워질까요?
내면의 삶을 잘 알지 못합니다.
왜 이런 고통과 두려움이 있을까요?
미래에 대해 잘 알지 못합니다.
미래가 잘 풀릴까요?
그러나 당신만 알 수 있기에 당신은 아십니다.
하나님이시기에 아십니다.
우리가 신학 독서를 할 때 우리를 환대해 주십시오.
우리를 초대해 주셔서
부분적으로나마 불완전하게나마
당신이 완벽하게, 완전하게 아시는 것을
알아가게 해 주십시오.
그래서 우리가 어디든지 당신이 이끄시는 대로,
알고 싶은 만큼 알지 못해도 따라가게 하소서. 아멘

요약

머물기 위한 독서는 지배와 통달보다는 친밀함과 사랑을 지향한다. 이러한 독서는 우리가 물리적 공간에 거주하는 것처럼 신학적 글쓰기가 만든 공간으로 들어가는 것이다. 그 공간에 머무를 때, 우리는 저자의 의미 세계와 만나고 저자들이 보는 것처럼 본다. 모든 신학 저작에는 세 가지 세계, 즉 책 뒤에 있는 세계, 책의 세계, 책 앞에 있는 세계가 있다. 책 **뒤에 있는** 세계는 저자의 세계다. **책의** 세계는 언어, 문법, 수사법 등으로 이들은 책 자체의 공간을 구성하고 하나님과 하나님의 관점에서 보는 모든 것에 대한 저자의 통찰을 투사한다. 책 **앞에 있는** 세계는 독자 특유의 구체적인 현존으로 거기에서 독자가 저자의 관점과 만난다. 이 세 가지 세계는 모두 머물기 위한 독서를 위해 창조된 공간이다.

숙고와 논의를 위한 질문

1. 어떤 이야기가 당신의 삶을 바꿔 놓은 때를 기억하는가? 신학 독서를 하면서 같은 효과를 경험하려면 무엇이 필요할까?
2. 89쪽에 있는 표를 생각해 보라. 이 표는 당신이 그리스도인으로서 신학 독서를 이해하는 데 어떤 도움을 주는가?
3. 저자를 이웃으로 여기고 사랑한다는 것은 당신에게 어떤 의미인가? 무엇이 당신을 돕거나 방해하겠는가?

신학 실험실: 영화 해석

> 이 시대의 풍조를 본받지 말고, 마음을 새롭게 함으로 변화를 받아.
>
> -로마서 12:2, 새번역

> 그리스도인들은 몽유병에 걸려 자기 삶, 특히 상상력이 문화적으로 고안된 신화에 순응하게 내버려 둔 채로 현대 문화 사이를 계속 누빌 수는 없다. 그러한 신화는 각기 지킬 수 있는 것보다 많은 것을 약속한다.
>
> -케빈 밴후저[25]

(책 뒤에 있는, 책의, 책 앞에 있는) 세 가지 세계를 고려하는 신학 독서가 처음에는 어렵다. 우리는 이를테면 영화 같은 다른 유형의 텍스트보다 신학 독서를 더 모르지만 영화를 우리에게 유리한 지렛대로 삼을 수는 있다. 세 가지 세계를 고려하는 영화 해석은 우리가 똑같은 방식으로 신학에 머무는 훈련이 된다.[26]

영화에 대한 대화가 때로는 어떤 주장과 추측을 내세우는 것으로 이어진다. 한 사람이 열정적으로 "이 영화는 X에 대한 것 같아"라고 말하면, 다른 한 사람이 비슷하게 힘주어 "아니, 이 영화는 Y에 대한 것이야!"라고 말한다. 아니면 대화를 나누는 사람이 자신이 경험한 바를 설명할 어휘력이 부족해서 그저 "나는 이 영화가 마음에 들어"라고 말하지만, 누군가가 왜 좋았느냐고 묻는다면, 용기를 내어 "글쎄, 잘 모르겠지만, 그냥 좋아"라고 말할 뿐이다.

이번 실험을 위해서 친구들과 모여서 원하는 영화를 한 편 보면 좋겠다. 함께 영화를 본 다음, 내가 조언하는 대로 며칠을 보내면서 그 내용을 기록해 보라. 그러고 나서 다시 모여서 당신이 발견한 것을 논의해 보라. 그러면 당신은 자기가 이전보다 훨씬 나은 대화를 하고 있다는 것을 깨달을 것이다. 그리고 세 가지 세계를 고려하는 신학 독서가 좀 더 자연스러워졌다는 것도 발견할 것이다.

1단계: 영화를 포괄적으로 서술하기

영화 해석을 시도하기 전에, 그냥 그 영화를 간단히 묘사해 보라. 세 가지 세계를 고려하면서 영화를 이해하려고 하라.

영상 '뒤에 있는' 세계를 해석하기

영화 제작자들과 그들의 배경을 연구하면서 영상 뒤에 있는 세계를 탐험해 보라. 인터넷을 조금만 뒤져도, 감독이나 시나리오 작가에 대한 정보와 그들의 평소 관심사에 대한 이야기를 발견할 수 있을 것이다. 이들이 왜 이 영화를 만들었을까? 삶에 대한 그들의 관점, 그들의 가치관, 그들이 관심 있어 하는 문제에 관해 무엇을 파악할 수 있는가? 그들이 만든 작품에 영향을 미쳤을 시대 상황은 무엇인가? (제작자들이 이러한 것에 대해 직접 말하는 경우도 있다.)

영상 '의' 세계를 해석하기

플롯, 인물, 음악, 조명 등이 영상의 세계를 구성한다. 모두 관객인 당신을 위해 남겨진 요소다. 이 요소들을 통해 영화 제작자들은 세상에 대한 관점을 전달한다. 로이 앵커가 다음과 같이 말했다.

> 로맨스물에서 공상과학 공포물에 이르기까지 장르를 불문하고 영화는 이야기가 전개되면서 세계가 어떤 모습으로 보이고 느껴지는지를 떠올

리게 하는 방대한 영상과 음향을 나열한다는 점에서 모두 같다. 대체로 영화 제작자는 자기가 영상으로 각인하려는 이야기, 즉 세계가 어떤 모습인지, 어떤 모습이었을 수 있는지, 어떤 모습이어야 하는지를 '보여 주면서' 관객을 설득하고자 한다….

    베리만식 영화든 동화 같은 영화든, 모든 영화는 정원이나 숲, 환대나 적대, 축제나 경야, 충만한 기쁨이나 충만한 슬픔 등 나름의 방식으로 그 세계의 모습을 보여 준다.[27]

이 영화는 세상에 대한 어떤 관점을 보여 주며, 이를 성취하기 위해 **영상에서** 어떤 요소를 사용하는가? 줄거리가 있다면 흐름이 어떤가? 인물이 성장한다면 어떻게 성장하는가? 음악은 어떤 식으로 쓰이는가?

    당신이 그와 같은 식으로 세상을 바라보고 있는지는 너무 신경 쓰지 마라. 그저 영화 제작자들이 당신에게 보여 주고자 한다는 생각이 드는 것을 자세히, 신중하게 해석하는 데 집중해 보라.

영상 '앞에 있는' 세계를 해석하기

이 영화가 그리는 세계에 머물라는 초대에 응한다면, 우리는 어떤 모습일까? 어떤 가치관을 가지게 될까? 무엇에 관심이 쏠리게 될까? 다른 사람들과 관계 가운데서 자신에 대한 이해가 어떻게 달라질까? 내 삶의 목적에 대해 어떻게 정의를 내리게 될까?

    방금 이야기한 것처럼, **당신은** 이런 세계에 살기로 결정할지 여부를 너무 걱정하지 마라. 만약 이 세계의 문턱을 넘어가서 그 세계가 보여 주는 가치관과 관심을 따라 살기로 결정한다면, 어떤 삶이 펼쳐질지에 집중해 보자.

2단계: 자신의 세계에 기반을 두고 영화를 해석하기

그 영화를 신학적으로 해석해 보라. 이 영화를 잘 기술했다면, 이제 이 영화의 세계관은 **복음이** 우리에게 투사하는 세계와 어떤 면에서 합치하는지(비슷한지), 어떤 면에서 갈라지는지(다른지) 논의해 보라. 그러고 나서 이 영화가 당신에게 투사한 세계에 살아갈지 여부를 자문해 보라. 그렇게 결정한 이유는 무엇인가?

4장

신학의 배경: 책 뒤에 있는 세계

> 처음부터 있던 것, 우리가 들어 온 것, 우리의 눈으로 보아 온 것, 우리가 자세히 보았고 우리의 손이 만져 보았던 것, 곧 그 생명의 말씀에 관한 것을 우리가 전합니다.
>
> -요한1서 1:1, 새한글성경

> 건축은 건축 공간이 그 작품과 만나는 인격체에게 아마도 수 세기가 지난 후에도 직접적으로 말을 걸게 하는 것이다.
>
> -유하니 팔라스마[1]

신학책은 **사람들이** 쓴다.

이 말이 너무 당연한 말로 들리겠지만, 나는 20대에 이스라엘과 튀르키예를 여행하면서 기독교의 유대교 배경과 중동이라는 배경을 연구하기 시작하고서야 비로소 이 사실을 제대로 인식했다! 예수님의 유대교 배경, 랍비로서 예수님의 소명, 당신이 제자로서 예상할 수 있는 삶, 고대 중동의 사고방식, 바울이 편지를 보낸 여러 도시에 있던 이방 종교, 이 모든 것에 매혹되었다. 이러한 것 덕분에 성경의 역사·문화적 배경을 더 깊이 이해할 수 있었기 때문이다. 이것이 우리가 성경책 **뒤에 있는** 세계라 불러온 것과 관련이 있다.

어느 신학 저작이든 그 뒤에 세계가 있으며, 이 세계를 접하는 것이 그 신학 저작에 더 가까이 가는 길이다. 책의 세계와 책 앞에 있는 세계도 우리를 부른다. 그렇지만 우리가 저자의 세계, 즉 저자의 배경과 공동체에 관심을 기울이지 않는다면, 신학을 비인간화하게 된다. 그러면 신학 저작은 우리에게 초대장이라기보다는 먼지 쌓인 두꺼운 책이요 배달 불능 우편물일 뿐이다.

이번 장에서는 신학의 배경이라는 면에서 책 뒤에 있는 세계를 고찰한다. 저자도 자기가 태어난 환경에서 살아온 한 사람이라는 의미다. 여기에는 사회문화적 차원에서 본 저자의 배경과 그 배경의 신학적 질감도 여기에 포함된다. 저자는 누구나 하나님의 섭리 활동에 관여한다. 저자는 자기가 특정 시간과 공간에서 일하시는 하나님의 활동에 참여한다는 사실을 알아차릴 때도 있지만, 대체로는 알아차리지 못한다. 이러한 세 가지 차원, 즉 **시간**, **공동체**, **하나님의 섭리** 안에 있는 사람들에 대해 차례차례 생각해 보고자 한다.

사람들

신학 저작은 하나님에 대한 저자의 통찰이자 하나님에 비추어 본 모든 것에 대한 저자의 통찰이다. 저자는 이 통찰을 글이라는 매개체를 통해 독자들과 나눈다. 이는 '문자에 의해 고정된' 소통이다.[2] 우리가 무슨 신학 독서를 하든지 그 뒤에는 한 **사람**이 있다.

사람이 글을 쓴다는 사실이 너무나 분명해서 그런 것인지, 학생들은 신학 공부를 시작하면서 이 사실을 자주 잊어버린다. 익숙하지 않은 형식과 내용이 그들의 관심을 집어삼켜 버리고, 저자는 그들의 관심에서 사라져 버린다. 이러한 일이 독서를 꽤 하는 독자에게도 얼마나 쉽게 일어나는지 알면 놀랄 것이다. 특히 우리가 매일 문자나 메일을 통해 기록된 글을 이용하여 의사소통한다는 사실을 생각해 보면, 그리고 그러한 글을 작성한 사람이 우리의 친구이거나 가족이라는 사실을 한순간도 잊지 않는다는 사실을 고려해 보면 더 놀랍다. 그런데 왜 그런지 우리가 신학 독서를 할 때는 신학을 다른 범주에 넣는데 이럴 때는 글이 하늘에서 뚝 떨어진 것처럼 보인다. 설교나 증언을 이러한 식으로 생각한다면 참으로 이상하겠지만, 글로 적어 놓은 신학은 공유하는 소통이라기보다는 어떤 '것'이 되는 경우가 많다.

혹시 우리 연구의 대상이 하나님이기에 신학책을 쓴 인간 저자의 중요성이 축소된다고 가정할 수 있는가? 신학은 하나님에게 관심을 두기 때문에, 사람이 저자라는 사실이 덜 중요해지는 것일까? 이러한 생각에 들어 있는 한 가지 문제는 신약 성경과도 관련된다. 성경이 하나님의 영감을 받았다는 것을 감안하면, 우리는 사람이 저자인 것이 중요하지 않다고 생각할지도 모른다. 그러나 성경을 자세히 보면, 이와 반대되는 내용을 찾을 수 있다. 사도들은 실제로 부활하신 그리스도와 만났다는 근거를 제공하기 위해, 자신들의 물리적이고 육체적인 저자성을 경시하기보다는 강조한다. 그들이 육체가 있는 사람이라는 것이 중요한 이유는 바로 거기, 즉 시간과 공간에서, 그들의 몸에서 하나님이 그들을 만나시기 때문이다.

요한1서에 나오는 예수님에 대한 요한의 증언을 생각해 보자. 그 증언은 전적으로 요한이 **육체로** 만났다는 데 근거를 둔다. 요한은 자기가 선포한, 세상의 소망이신 그리스도의 인격을 입신 상태로 만난 것이 아니다. 요한은 실제적이고 구체적이고 물리적인 관계를 강조하려고 애썼다. 요한은 모든 감각을 동원해서 그리스도를 만났다.

> 처음부터 있었던 것, 우리가 **들어 온** 것, 우리의 눈으로 **보아 온** 것, 우리가 **자세히 보았고** 우리의 **손이** 만져 **보았던** 것, 곧 그 생명의 말씀에 관한 것을 우리가 전합니다. 그 생명이 나타나셨습니다. 우리는 그 생명을 **보았습니다.** 그래서 이제 여러분에게 그 영원한 생명을 증언하며 전하고 있습니다.…우리가 **보아 왔고 들어 온** 것을 여러분에게도 전하고 있습니다(요일 1:1, 2상, 3상, 새한글성경).

여기서 보면 요한은 자신의 육체화된 저자성을 전혀 경시하지 않는다. 오히려 강조한다. "나는 정말로 거기에 있었습니다. 내 눈으로 그분을 보았고, 내 귀로 그분의 이야기를 들었고, 내가 그분을 만져 보았습니다. 바로 그런 **제가** 여러분에게 글을 쓰고 있습니다"라고 힘주어 말한다. 그리스도인인 독자는 언제나 요한의 편지를 통해, 또 요한의 편지에서 하나님의 말씀을 듣지만, 요한은 독자가 이 편지의 인간 저자를 절대로 간과하지 못하게 한다.

인간 저자가 우리의 의식에서 사라져 버리면, 우리는 신학책을 생명력이 없는 물건으로 볼 위험이 있다. 저자가 우리에게 소통을 요청하고 있는데도 말이다. 이러한 일이 일어나면, 우리는 신학 저작을 초대로 받아들이는 능력을 잃는다. 이들을 향한 우리의 자세가 바뀐다.

나는 이러한 위험성을 염두에 두고서, 가능할 때마다 저자의 얼굴을 수업 시간에 보여 준다. 예를 들면, 중요한 발췌문을 따로 파워포인트로 보여 줄 때, 저자의 사진도 거기에 넣는다. 저자의 얼굴을 보면서 우리가 그 저자의 논증과 씨름하고 있고 그 저자가 만들어 놓은 공간에 관여하고 있다는 사실을 기억한다. 좀 더 극적으로, 재미를 더하기 위해서 수업 시간에 실물 크기 얼굴 사진을 가져오기도 한다. 이런 사진을 큰 게시판에 압정으로 고정해 두고서는 의자에 앉았을 때 보이는 높이에 걸어 둔다. 우리는 빙 둘러앉기 때문에, 저자의 사진 덕분에 저자가 우리와 함께 논의하고 있다고 상상하게 된다. 그 사진 때문에 상상력이 자극받아 우리는 소통을 원하는 저자의 초대에 응하고, 그렇게 함으로써 저자의 글을 생명력이 없는 것으로 여길 때보다 그 글에 '더 가까이' 다가가게 된다.

당신이 나처럼 고리타분한 교수가 이렇게 게시판을 이용할 생각을 했다고 여기기 전에, 이건 내 생각이 아니었다고 말해야겠다(내 생각이었으면 좋았을 텐데!). 한 학생이 한 마디 언질도 없이 게시판을 들고 교실로 오더니, 둘러앉은 우리 사이에 설치했다. 코디라는 이 학생은 우리가 수업 중에 하는 토론에서 저자와 실제로 의사소통하며 만나는 기분이 들었고, 그래서 우리가 이를 구체적으로 실습하는 것이 맞다고 생각했다. 나는 이의를 제기하지 않았다. 코디 덕분에 게시판에 저자의 얼굴 사진을 걸게 되었고, 이는 독서를 저자의 의미 세계(즉, 실제 변화로 초대하는 실제 인물의 통찰)와 살아 있는 만남을 갖는 것으로 상상하는 데 계속 도움을 주었다.

시간 안에 있는 사람들

저자를 '시간 안에 있는' 사람이라고 말한다면, 이는 저자의 삶이 특정 시간대에 걸쳐 전개되었다는 의미다.

당신이 제일 친한 친구에게 편지를 쓰면서 하나님의 중요성을 최선을 다해 설명하려고 한다고 상상해 보라. 이것은 **당신의** 편지다. 그렇지 않은가? 당신 이름을 편지 마지막에 써 넣는다. 편지 내용은 당신이 편지를 쓰던 특정 시간에 당신에게서 나온 것이다. 그렇지 않은가? 지금으로부터 10년 후에 편지를 다시 쓴다면, 당신은 완전히 똑같이 쓸 것인가? 아마도 아닐 것이다. 당연히 비슷한 부분도 있을 것이다. 두 편지에 아마도 당신은 하나님이 창조주이시고 구원자이시기에 중요하다는 내용을 쓸 것이다. 또 이러한 내용이 당신에게 실제가 되었던 동일한 순간을 회상할지도 모른다. 그러나 많은 것이 다를 것이다. 지금부터 10년 동안 **당신**에게 벌어질 모든 일이 (그 시기에 당신이 어떤 사람인지가) 당신이 편지에 쓸 내용과 방식에 영향을 미칠 것이다.

세계적으로 알려진 첼리스트 요요마(Yo-Yo Ma)의 말처럼 연주에 대해서도 똑같이 말할 수 있다. 요요마가 네 살 때 처음 배운 곡이 "바흐의 무반주 첼로 모음곡 1번 중 서곡"이다. 이제 60대인 요요마는 그 곡을 셀 수 없을 정도로 많이 연주했지만, 공연마다 연주가 조금씩 조금씩 다른데 **그**가 조금씩 달라졌기 때문이다. 요요마는 이렇게 말한다. "59년을 이 곡과 함께 살았다…그래서 **내가 경험해 온 모든 것**이 내가 연주하는 방식에 사실상 녹아 있다."[3]

아니면 요셉을 생각해 보되, 특히 이집트에서 수십 년을 지낸 후에

형제들을 다시 만난 요셉을 생각해 보라(창 50장). 형들이 요셉을 노예로 팔아넘겼다. 요셉은 이집트에서 학대와 부당한 일을 많이 겪었지만, 이집트 정치계의 유력 인사로 떠올랐고 마침내 엄청난 영향력을 행사하는 자리에 앉았다. 요셉의 지도력 덕분에 이집트는 기근 동안 식량 비축분이 있었을 뿐만 아니라, 이웃 나라들이 생존을 위해 이집트에 떼로 몰려오기도 했다. 이러한 가운데 요셉은 결국 형들과 다시 만나서 "당신들은 나를 해하려 하였으나 하나님은 그것을 선으로 바꾸사 오늘과 같이 많은 백성의 생명을 구원하게 하시려 하셨나니"(창 50:20)라고 말했다.

요셉이 이 말을 어느 시기에 했는지 생각해 보면 놀라운 말이다. 요셉이 어린아이일 때 한 말도 아니고, 야곱의 편애를 받는 아들로 집에 있을 때 한 말도 아니다. 형들이 자기를 구덩이에 던져 놓았다가 죽은 것으로 위장해서 노예로 팔아넘겼을 때 한 말도 아니다. 억울하게 감옥에 갔을 때 한 말도, 이집트 왕 바로의 총애를 얻었을 때 한 말도 아니다. 구덩이에 던져진 **이후에**, 감옥에 들어간 **이후에**, 그리고 하나님이 그를 통해 일하시면서 여러 나라에 복을 내리시고 여러 나라가 이집트에 떼를 지어 모여든 사건을 경험한 **직후에** 요셉은 "하나님은 그것을 선으로 바꾸사"라고 말했다. 요셉이 한 말("당신들은 나를 해하려 하였으나 하나님은 그것을 선으로 바꾸사")의 중요성을 온전히 이해하고자 한다면, 요셉이 이 말을 언제 했는지 아는

129

것이 중요하다.

이번 장에 들어 있는 크리스의 그림을 숙고해 보자(전체 그림은 122쪽에 있다). 크리스가 요셉 이야기의 씨실과 날실을 엮는 데 모래시계를 어떤 식으로 사용했는지 눈여겨보라. 형들의 배신으로 구덩이에 빠진 사건도 나중에 형제들을 받아들이던 똑같은 사람 요셉의 삶에 들어 있기에, 같은 모래시계에 두 장면이 함께 들어가 있다. 그러나 요셉의 포용에 담긴 중요한 의미는 구덩이 사건을 기억할 때 비로소 이해할 수 있다. 요셉이 "당신들은 나를 해하려 하였으나 하나님은 그것을 선으로 바꾸[셨습니다]"라고 말하는 장면의 중요한 의미를 이해하려면, 우리는 둘 다 **함께** 붙들고 있어야 한다. 펼친 손이 모래시계 밑에 놓여서, 그림 바닥에서부터 뻗어 올라가 요셉의 삶과 시간을 받친다. 요셉이 깨달은 것처럼 요셉은 자기 삶의 이야기를 혼자 쓰지 않았다. 요셉의 운명은 다른 분의 손에 달려 있었다. 독서를 위한 신학적 상상력은 우리가 신학책 저자들에 대해서도 마찬가지로 생각하게 훈련시킨다. 심지어 하나님의 섭리가 여전히 신비로 남아 있을 때도(대개는 신비로 남아 있다), 우리는 저자의 이야기 또한 다른 분의 손으로 기록된다는 것을 알고 있다.

시간 안에 있는 저자의 자리에는 정치, 관념, 관습이라는 세 가지 차원이 더 있다.[4]

정치

내가 '정치'라는 단어를 사용할 때, 이는 교회가 믿지 않는 사람들이나 '세상'(또는 아우구스티누스가 말한 것처럼 '인간의 도성')과 갖는 관계를 의미한다. 교회와 세상은 항상 연결되어 있고, 이 관계는 시대에 따라 변하며, 때로는 급격하게 변한다. 교회와 세상의 관계, 즉 **정치**는 계속 변한다.

교회가 세상과 맺는 관계의 성격은 그 시대의 신학 저작에 영향을 미친다. 예를 들면, 마지막 사도가 죽고 난 후 여러 해에 걸쳐(속사도 시대), 로마 제국은 교회를 자주 핍박했다. 그리스도인들이 제국의 신들에 대한 숭배를 거부했기 때문에, 로마인들은 그리스도인들을 무신론자로 여겼다. 어떤 이들은 그리스도인들이 매주 성찬 때 그리스도의 몸과 피를 '먹는다'는 이유로 인육을 먹는 사람들이라고 불렀다. 몇몇 황제는 그리스도인들이 로마의 안녕을 위협한다고 여기고 심하게 박해했다. 그래서 이를테면 안디옥의 이그나티오스(Ignatius of Antioch), 순교자 유스티누스(Justin Martyr), 테르툴리아누스(Tertullian)와 같은 초기 교회 시대 신학자들의 글을 읽을 때, 순교에 대한 논의와 그리스도인들의 정체성에 대한 신중한 논증이 가득하다는 사실을 발견하더라도 놀랄 필요가 없다. 이러한 글들은 신앙인들에게 전신갑주를 입히고, 당시 있었던 오해들을 반박하기 위해 쓰였다.

오늘날 서구의 정치 상황은 다르다. 그리스도인들은 그들처럼 자주, 그리고 심하게 박해받지 않는다(중동 지역은 이야기가 다르다). 그래서 우리가 살아가는 시대에 우리가 서 있는 위치는 교회와 세상의 관계가 이전과 다르다는 사실을 보여 준다. 그러므로 이 시대는 다른 방식으로 우리의 신학에 영향을 주고 있다. 예를 들면, 많은 이들이 '신의 죽음'이라 일컫는 것이 20세기의 특징이다. 이 도발적인 표현은 세상과 삶에 대한 사람들의 사고방식이 얼마나 크게 달라졌는지 보여 준다. 제1차 세계 대전 중에 대학살을 겪으면서 서구 세계에서는 너무나 당연하게 여기던 신의 존재에 대한 생각이 불시에 무너졌다. 1917년에 후고 발(Hugo Ball)이 "신은 죽었다"라고 썼다. "세상은 무너져 가고 있다.…세상은 충동적인 힘들의 맹목적 전투임을 스스로 드러냈다."⁵ 제2차 세계 대전으로 서구식 사고방식의 위기가 더욱 고조되었다. 이러한 일련의 사건을 겪으면서 어떤 사람들은 움츠러들고 방어적 자세를 취했지만, 어떤 사람들은 이 기회를 받아들여 **심지어 신**을 포함하여 아무것도 당연하지 않은 상황에서 신학을 연구했다.

반식민주의, 종교 다원주의, 젠더 정치, 종교 과격주의자의 등장과 같은 수십 가지 예를 들 수 있다. 서구 사회에서 이 모든 것은 교회와 세상의 관계를 보여 주는 오늘날의 현실이다. 요점은 이렇다. 불가피하게 **시간 안에** 존재하는 신학의 상황은 항상 교회와 세상의 특정한 관계의 소용돌이 안에 자리 잡고 있다.

관념

어떤 시대에 살든지 우리가 당연하게 여기는 관념이 몇 가지 있다. 예를 들면, 코페르니쿠스(약 1520년) 이전에는 사람들이 하늘을 올려다보면서 해가 지평선에서 올라와 지평선으로 내려가는 움직임을 관찰했고, **지구가 우주의 중심임을 전혀 의심하지 않았다.** 해와 별들이 우리 주변을 돌고 있으니 우리가 우주의 중심이라고 느꼈다. 하늘을 올려다보던 사람들에게 보인 것은 우주의 어두운 침묵이 아니라 (들을 수만 있다면) 소리의 무대였다. 로버트 헨리슨(Robert Henryson)은 이렇게 표현한다.

하늘에 가득한 아주 밝고 선명한 별들은

동쪽에서 서쪽으로 돌고 돈다.

제 위치를 잘 아는 모든 행성과 함께

달콤한 화음이 부드럽게 쏟아진다.[6]

단테의 14세기 걸작 『신곡』(*The Divine Comedy*)을 읽어 보면, 하나님, 천국, 지옥, 연옥에 대한 신학적 확신이 지구 중심적 우주론과 결합한 것이 보인다. 하나님이 창조하신 우주에서 지구의 중심성, 즉 지구의 우주적 중심성은 정말로 당연하게 여겨졌다.

오늘날 우리는 이와는 다른 관념을 당연하게 여긴다. 우리는 투표소나 토론장처럼 하나님에 대한 신앙이 제거된 사회 공간을 상상할 수 있다. 우리는 이를 '세속' 공간이라 부른다. 서구 세계의 관념이 변하면서, 종교가 여전히 사회에서 자리를 차지하지만 하나님에 대한 신앙이 결여된 종교도 있다. 아주 최근에 이르러서야 이러한 생각을 하는 사람들이 생겼다![7] 계몽주의 이전에 서양 사람들 생각에 따르면 하나님이 **모든 것**을 **모든 순간**에 붙잡고 계셨다. 아무것도 하나님과 따로 존재하지 않았고 하나님과의 관계가 단절되어 있지 않았다. 사회를 포함한 모든 것이 하나님과 연결되어 있다는 것을 정말로 당연시했다. 아무도 세속 공간이라는 관념을 생각도 하지 않았다.[8]

많은 관념이 이처럼 공기 중에 퍼져 있다. 우리는 이러한 관념을 그다지 많이 생각하지 않는다. 좋든 싫든, 우리는 신학에서 이와 같은 관념을 다루어야 한다. "그러한 흐름에" 기독교 사상을 맞춰 갈 수도 있고, 저항할 수도 있다. 우리 시대에 통용되는 사상이 때로는 신학에 꽤 도움이 되어서 새로운 관점을 열어 준다. 그러나 어떤 경우에는 기독교 신앙의 실천을 키우고 강화하는 사고방식과 거리가 먼 곳으로 이끌기도 한다. 또 다른 시대나 전통에서 나온 신학에 머무는 것이 오히려 우리에게 꽤 도움이 되는 경우도 있다. 그러한 시대나 전통의 낯섦 덕분에 현재 우리가 당연시하거나 무시하는 모든 것을 의식하기 때문이다.

관습

관습은 공유되는 사회 활동이다. 우리는 생각 없이 관념을 품고 있는 것과 마찬가지로 특정 관습의 의미를 깊이 숙고하지 않고도 그러한 관습에 종종 참여한다. 예를 들어, 당신이 최근에 참여했던 결혼식이나 운동 경기나 최근 갔던 쇼핑몰을 생각해 보라. 저마다 당신이 아마 재고하지 않았을 관습의 소용돌이에 당신을 밀어 넣었다(당신에게 서양 문화가 생경하지 않다면 말이다). 즉 관습에 따라 당신은 신부가 입장할 때 자리에서 일어섰고 팀 색깔과 같은 응원복을 입었고 진열 상품을 뚫어지게 보면서 평가했다.

    우리가 대체로 관습을 놓고 고민하지 않는 이유는 관습이 우리 공동체가 당연시하는 관념과 가치관의 물결에 올라타고 있기 때문이다. 쇼핑몰과 운동 경기와 결혼식의 관습은 별 검증 없이도 우리를 행동하게 한다. 이런 효과는 예전(liturgy, 각 교회의 예배 순서)과 별반 다르지 않다.[9] 교회의 예전처럼 쇼핑몰과 운동 경기의 예전은 우리가 그 예전에 직접 참여함을 통해 일종의 믿음을 형성하게 한다. 우리는 꼼꼼히 살펴보고 구입하기, 앉고 서기, 응원하고 야유하기 등 우리 몸을 **통해** 믿음에 이른다. 교회의 예전이 하나님에 대한 우리의 갈망을 일깨우고 우리가 이웃을 사랑하도록 고안되었다면, 그와 비슷하게 쇼핑몰의 예전도 더 많은 상품에 대한 갈망을 일깨우도록 교묘하게 고안되었다.

일상의 예전이 우리를 빚어 간다. 이 사실은 신학 저자들에게도 마찬가지다. 교부 시대에 그리스도인들에게는 성찬 때 남은 빵을 가난한 사람들과 나누는 관습이 영향을 미쳤다. 비잔틴 시대 그리스도인들에게는 성상과 성물로 기도하는 관습이 영향을 주었다. 중세 그리스도인들에게는 성지 순례 관습이 영향을 미쳤다. 개혁교회 그리스도인들에게는 순교와 모국어로 성경을 읽는 재발견된 관습이 영향을 주었다. 19세기 복음주의자들에게는 부흥 운동이 영향을 미쳤다. 우리에게 영향을 준 것과 똑같은 방식으로, 많은 비종교적 관습이 현대 서구 그리스도인들에게 좋든 싫든 영향을 미친다. 우리는 **시간 안에** 존재하는 사람들이고, 우리 삶에는 우리가 대체로 당연시하는 관습이 가득하다. 이런 관습이 우리를 형성한다.

공동체 안에 있는 사람들

신학 저자들은 불가피하게 공동체에 얽매여 있다. 이들에게는 가족이 있으며 그 가족 안에서는 아들이나 딸, 아마도 형제나 자매일 것이다. 살아가면서 다양하게 친구와 동료가 생기고, 존경하는 스승을 만나 조언과 도움을 얻는다. 때로는 존경하던 스승과 인생의 후반에 논쟁을 벌이거나, 이들의 신학이 젊은 시절의 영웅이던 사람들의 신학과 (분명 고통스럽게) 불화하기도 한다. 결혼과 자녀 양육 역시 이들에게는 삶의 일부

일 것이다. 남편이나 아내의 역할, 아빠나 엄마의 역할이 경험과 관점의 창고에 저장되고 이들의 신학에 영향을 미친다. 어쩌면 이들은 신학자들이 대체로 독신이었던 시대에 살았을지도 모른다. 그러한 저자라면 안정적인 수도원 공동체를 배경으로 깊은 애착 관계가 형성되었을 것이다. 당장 떠오르는 사람은 리보의 에일레드(Aelred of Rievaulx)와 아빌라의 테레사(Teresa of Avila)로, 이들은 배우자나 부모가 된다는 것의 의미를 개인적으로 알지 못했겠지만, 기독교 공동체의 예배와 연구와 기도 안에서 얻는 우정의 선물에 철저히 헌신했다.

이 모든 공동체가 중요하며, 이러한 공동체에 관심을 기울이는 것이 몸을 지닌 사람인 저자를 이해하는 데 도움이 된다. 신학교 교수인 내 친구 로리는 이런 면을 굉장히 중요하게 생각해서 수업에 쓰일 책에서 서문은 반드시 읽으라고 과제를 내 준다. 이와 비슷하게 나도 모든 읽기 과제에 '진짜 짧은 인물 소개'라고 불리는 단락을 넣어 둔다. 그 인물 소개에는 인생의 변곡점 몇 가지가 들어 있다. 우리 어머니를 예로 들어도 좋겠는데, 내가 기억하는 한 어머니는 저자에 대해서 무언가를 알기 전에는 그 그리스도인 저자의 글을 읽지 않으셨다. 어머니는 그 중요성을 알고 계셨던 것이다.

중요한 공동체 또 하나는 저자의 작업 배경(setting-of-origin)이다(세련된 표현이 아니라는 것은 나도 안다). 이 공동체는 저자가 주로 자신을 신학자로 규정하는 곳이다. 학계, 교회, 사무실, 비영리 단체가 그런 공동체인데, 신학이 어떻게 실천되는지와 관련된 조건을 어느 정도는 서로 다르게 결정할 것이다. 저자의 작업 배경이 독자의 공간과 겹치기도 하지만 항상 그렇지는 않다. 국세청 직원을 생각해 보자. 국세청 직원의 일터는 정부이고, 정부가 이들이 하는 일을 결정한다. 이들이 대하는 사람들은 납세자들이다(당연히 납세자 대부분은 정부가 고용한 사람들이 아니다). 국세청 직원은 정부를 위해 일하고 이에 따라 해야 하는 일들이 있으며, 배관공, 교사, 레슬링 선수에게 독촉장을 보내기도 한다(다들 국세청에서 보내는 독촉장을 받고 싶지 않을 것이다). 똑같은 방식으로 신학자도 **한 가지 작업 배경에서** 글을 쓰고, 이런 공동체가 이들의 신학을 하는 조건을 결정한다. 그리고 이들은 배경이 같거나 같지 않을 독자들을 **대상으로** 글을 쓴다.

작업 배경은 신학 뒤에 있는 세계를 당신이 애초에 생각한 것보다 더 중요하게 구성하는 요소다. 간략한 역사 강의가 도움이 될 것이다(편하게 생각할지 모르겠지만, 많은 것을 축약해 넣었다).

19세기 이전의 신학: 한 가지 배경, 두 부류 청중

초기 교회 시대부터 대략 18세기까지 신학에는 대체로 한 가지 작업 배경과 두 부류의 청중이 있었다. 신학 저자들은 교회 **안**에 자리 잡은 목회자, 주교, 장로, 수도원 원장이었다. 교회 안에서 신학은 성직자과 평신도의 유익을 위해 행해졌다(설교, 찬양, 편지). 신학의 2차 청중은 세상, 즉 믿지 않는 사람들이었다. 배경은 하나, 청중은 두 부류였다.

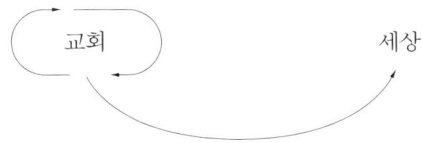

평신도는 항상 신학의 청중이었으며, 19세기 이전까지는 특히 그랬

다. 주교, 목회자, 수도원 원장, 16세기 종교개혁자들이 신앙 양육을 위해 설교나 설교집을 만들어 출판했다. 찬양은 교회에서 불리던 신학 작품이었다. 4세기에 시리아의 에프렘이 쓴 찬양이나 18세기에 찰스 웨슬리(Charles Wesley)가 쓴 찬양을 예로 들 수 있을 것이다. 이러한 찬양을 통해 그리스도인들이 올바르게 믿도록 가르쳤다. 16세기 종교개혁 시대 그리스도인들은 개신교인 **그리고** 가톨릭교인 모두 최신 발명품인 인쇄기를 사용해서 평신도에게 신학 자료를 배포했다. 또 어느 시대든 모자이크화와 성상과 그림을 이용하여 글을 모르는 그리스도인들에게 글 없이 신앙을 길러 주었다. 교회 지도자들을 위해 신학이 저술된 경우도 있다. 편지, 설교, 논쟁, 신조가 교회의 예배에 도움을 주었고 신앙을 명료하게 설명했고 선교를 지원했다.[10]

교육의 중심이 지방 수도원에서 도시 대성당 학교로 이동함에 따라, 12세기에 대학이 등장했다.[11] 교회와 분리된 대학이 신학의 새로운 작업 배경이었으리라고 생각하기 쉽지만 그렇지 않았다. 초창기 유럽 대학에서는 신학이 교회의 신앙, 실천, 선교를 따르고 있었다는 면에서 (존 위클리프나 윌리엄 틴들의 경우처럼, 일부 신학책이 교회 개혁을 위해 인쇄되는 그 순간에도) 신학은 여전히 **교회의** 신학으로 간주되었다. 초창기 대학에서 신학은 '학문'(science)이었지만, 토마스 아퀴나스에 따르면 신학이 학문인 이유는 **체계화된 지식의 합**이기 때문이었다.[12] 보통은 아퀴나스의 『신학 대전』(Summa Theologica)처럼 토론이나 교리 체계로서 신학을 실천했지만, 이때까지도 신학은 여전히 믿음을 가진 교회라는 배경 안에 있는 담론이었고 교회의 신앙 전통을 설명할 책임이 있었다.

신학의 그 다음 청중은 세상이었다. 초기에 테르툴리아누스와 순교자 유스티누스와 같은 주교나 목회자가 기독교 신앙을 설명하기 위해 로마 공직자들에게 편지를 썼다. 중세 시대에는 이슬람이 기독교와 접촉이 잦아졌고 폭력적으로 만나는 경우가 많았다. 그래서 신학도 이슬람의 교리와 비교하여 기독교 신앙을 명료화하기 위해 작성되었다. 5세기에 활동한 신학자이자 철학자인 쿠사의 니콜라우스(Nicholas of Cusa) 같은 이들이 그러한 일을 했다. 종교개혁 시대에는 아르굴라 폰 그룸바흐(Argula von Grumbach)와 같은 여성이나 평신도를 포함하여 여러 종교개혁자가 자신들의 입장을 때로는 시의회에 피력했다.

19세기 이후의 신학: 두 가지 배경, 세 부류 청중

그러다가 19세기 초반에 신학이 교회와는 사뭇 다른 기대를 품은 새로운 작업 배경을 갖게 되었다. 1810년에 첫 '근대식' 대학교인 베를린 대학교가 설립되었다.[13] 정부 운영 기관이었으므로 이 대학교에서는 신학도 모든 학과와 마찬가지로 독일 정부를 위해 일했으며 근대 학문의 요구, 즉 현재는 중립성의 원칙이라고 이해하는 요구를 따랐다. 다른 학문에는 성경의 권위나 교회의 전통이 끼어들 틈이 없었다. 그러면 신학은 어디에 남았을까? 대학교에서 신학이 적응했다. 많은 사람이 보기에 '학문적 신학'은 교회보다는 세상과 공통점이 더 많아 보였다.

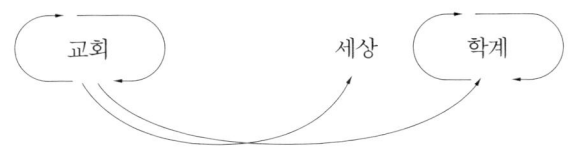

대학교가 사용한 근대식 과학 방법론은 신학에 극적인 변화를 불러왔다. 대학교와 교회는 동일한 관념과 사고방식과 관습을 당연시하지 않았다.

> 서구 문화는 점차 종교적 신앙을 직접적으로 숙고하거나 종교적 관습을 고취하는 것이 대학교에서 할 일이 아니라고 가정하게 되었다. 개인적으로든 사회적으로든 종교적 사고와 행동은 분명히 학문적으로 연구할 가치가 있다고들 이해했으며, 인간 문화에 지대한 영향을 미친 것으로 여기고 인간 역사의 일부로 다뤘다. 그러나 대학교에서는 종교를 객관적으로 중립적인 관찰자의 안전 거리만큼 떨어뜨려 놓고 고려해야 한다고 일반적으로 가정한다. 그래서 종교 현상은 관찰과 평가를 받을 수 있고 종교의 언어 표현은 분석될 수 있지만, 만약 과학적 탐구가 제시하는 규칙을 제대로 지키고 싶다면 예배하는 공동체의 기본적인 신념은, 그리고 신앙 전통에 근거하고 그 안에서 살아가는 일은 학계의 연구와 계속 거리를 둘 필요가 있다.[14]

교회의 신학과 대학교의 신학 사이의 의견 차이가 때로는 숨이 턱 막힐 정도로 크다.

예를 들면, 근대식 대학교의 기준에 따르면 신학자들의 영적 건강이 그들의 '학문'의 실천에는 아무런 영향도 미치지 못하지만, 교회에서는 하나님과 친밀함이 신학자의 작업에 필수적이었다. 예를 들어, 히포의 아우구스티누스는 신학자의 영적 건강이 언어 실력이나 수사법 구사 능력보다 더 중요하다고 주장했다.[15] 거룩함이 학문적 역량보다 우선이었다. 14세기 말에 빈 신학 교수회(Vienna theology faculty)는 신학책 저자라면 반드시 하나님과 교제하고 덕이 있어야 한다고 단언했다. "영적인 눈은 죄와 떨어져 분명하게 봐야 하고 이를 통해 신학의 숭고한 주제를 다루어야 한다.…신학교는 단순히 학문을 가르치는 학교여서는 안 되며 그보다는 덕과 선한 도덕을 가르치는 학교여야 한다."[16]

지금은 어떤가? 신학이 대학교 환경과 관련되면서, 일반적으로 신학에 대한 두 가지 태도가 두드러지게 나타난다.

첫째 태도는 전통적 신학 개념을 소중히 여기는 것이다. 믿음의 공동체를 향해 매주 설교를 선포하고, 찬양과 성상을 만들어 공유한다. 목회자들 중에는 세상을 **향하여** 신학적 글을 쓰기도 하는 목회자들도 있다. (많은 경우) 교회의 연장선에 있는 신학교, 그리고 교회와 연계된 기독교 대학교에서는 교회에 있는 평신도와 목회자를 위해, 세상을 향해, **그리고** 학계를 대상으로 신학책을 저술한다. 당연히 여기에는 다양한 스펙트럼의 연구가 있다. 한쪽 끝에서는 신학을 좀 더 '학문적'인 것으로 여긴다. 이러한 식으로 신학을 연구하는 사람들은 세속 학계에서 당연하게 여기는 양식과 접근법과 사고방식을 조금 더 쉽게 받아들인다. 다른 쪽 끝에 있는 신학 저자들은 학계의 가정과 기준에 좀 더 비평적인 경향이 있다.[17] 이러한 입장에서는 신학이 덜 '학문적'인 것으로 보일 수 있지만 그렇다고 덜 **엄밀한** 것은 아니다. '엄밀함'의 척도는 다른 기준에 따라 정해진다.[18]

신학에 대한 둘째 태도는 교회와 학계의 거리 두기를 좋아하는 것이다. 이 관점에서 보면 학계의 신학은 신학에 없어서는 안 될 (그러나 교회의 담장 **안에서는** 가능하지 않은) 비평적 시각을 제공한다. 이 스펙트럼의 이

한쪽 끝에 있는 학계의 신학은 "두 공동체의 교차점, 즉 교회와 근대 대학교의 교차점에서" 수행된다.¹⁹

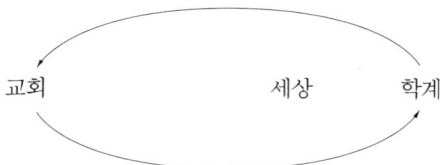

학계의 신학에 대한 이러한 접근법은 비평적이면서 건설적이다. 이 접근법은 교회에 기원을 두고 있지 않은 관점을 통해 신앙과 관습을 재해석하고자 한다. 이런 배경에서 수행된 신학은 믿음의 공동체 안에서 당연한 것으로 생각하는 신앙과 관습을 가정하지 않고, 이러한 신앙과 관습을 다른 관점, 관념, 사고방식, 관습에 투과시킨다.

하나님의 섭리 안에 있는 사람들

마지막으로 우리는 하나님의 섭리를 배경으로 신학 독서를 한다. 신학에서 '섭리'는 온 우주에 대한 하나님의 주권 행사를 일컫는 단어다. 하나님은 모든 생명체와 사물에 개입하시고 이들을 책임지시며 주님이시다. 성경은 하나님이 만물의 근원이시고 창조 세계에 여전히 **현존**하시고, 그분의 사랑과 힘과 지혜를 따라 역사를 움직이신다고 가르친다. 그러므로 바울이 "우주와 그 안에 있는 모든 것을 창조하신 하나님께서는 하늘과 땅의 주님이시므로"(행 17:24, 새번역)라고 말하듯이 창조와 섭리는 함께 간다. 하나님은 **주님**이시기에 멀리 떨어져 있는 관찰자나 단순한 역사의 참관자가 아니시다. 하나님은 멀리서 우리의 출입을 지켜보고만 계시지 않는다. 드라마에 등장하는 일개 배우가 아니시다. 하나님이 실제로 배우이시기는 하지만, 창조된 배우들과는 다르시다. 복음의 삼위일체 하나님, 아브라함의 하나님, 이삭의 하나님, 야곱의 하나님, 메시아 예수님을 통해 우리에게 마침내 참되게 알려지신 하나님은 살아 계신 하나님이요 하늘과 땅의 주님이다.

그래서 우리가 하나님을 **주님으로** 이해하는 방식에 많은 것이 좌우된다. 우리가 하나님의 주되심을 인간의 주인됨과 동일시하면 바로 혼돈에 빠진다. 그렇게 되면 (죄 때문에) 심각하게 불완전한 인간 주인을 만들어 내고, 우리의 이해는 (유한성 때문에) 매우 제한된다. 신학의 모든 주제와 마찬가지로 하나님의 주되심에 대한 신학은 **하나님에게** 적합한 주되심이라는 사실을 분명히 해야 한다. 하나님의 위엄 있는 특수성(그분은 하나님이지 다른 무엇이 아니시다)과 그분의 특별히 위엄 있는 주되심이 성경에서 거듭 크게 울려 퍼진다. 앞에서 인용한 바울의 말 뒷부분에는 정확하게 이런 내용이 담겨 있다. 당신이 다른 주인들에 대해서 알고 있음직한 것과 대조적으로 바울은 "[하나님은] 손으로 지은 신전에 거하지 않으십니다. 또 하나님께서는, 무슨 부족한 것이라도 있어서 사람의 손으로 섬김을 받으시는 것이 아닙니다. 그분은 모든 사람에게 생명과 호흡과 모든 것을 주시는 분입니다"라고 기록한다(행 17:24-25; 참조. 호 11:9; 사 40-45장). 하나님은 그분의 하나님되심에 따라 주님이시고, **하나님으로서** 유일한 존재시다. 이 사실을 우리는 하나님의 아들이신 예수님 안에서 가장 구체적으로 알게 된다.

우리는 상상할 수 없을 정도로 완벽하고 온전히 충만한 하나님의 주권 아래 살아간다. 이것은 인간의 삶과 관련해서 신학적으로 가장 기본이 되는 말이다. 시편 시인은 "주께서 나의 앞뒤를 둘러싸시고 내게 안수하셨나이다"라고 말한다(시 139:5). 우리가 읽는 책의 저자들에 대해서도 마찬가지다. 우리의 삶과 그들의 삶은 하나님의 섭리하시는 돌봄과 인도 안에서 펼쳐진다. "우리는 단순히 행동하는 주체가 아니다.···우리의 전기는 우리가 쓰지 않는다. 우리는 또 의존해서 행동하는 사람들이고, 다른 분의 손으로 작성된 텍스트다."[20]

하나님의 섭리는 불안에 대한 예수님의 가르침의 신학적 배경이다. "그러므로 내가 너희에게 이르노니 목숨을 위하여 무엇을 먹을까 무엇을 마실까 몸을 위하여 무엇을 입을까 염려하지 말라 목숨이 음식보다 중하지 아니하며 몸이 의복보다 중하지 아니하냐 공중의 새를 보라 심지도 않고 거두지도 않고 창고에 모아들이지도 아니하되 너희 하늘 아버지께서 기르시나니 너희는 이것들보다 귀하지 아니하냐"(마 6:25-26). 가장 작은 새도 하나님이 의지적으로 사랑하시고 섭리로 돌보시는 대상이다. 야고보에게도 하나님의 섭리는 그가 하나님을 신뢰하는 가운데 인생을 계획하는 일을 가르칠 때 그 가르침을 받쳐 주는 신학적 발판이다(약 4:13-17).

간단히 말하자면, 하나님은 우리를 놓치지 않으시고, 우리를 향한 그분의 계획도 헛되거나 이기적이거나 사소하거나 하찮지 않다. 행복하게도 그렇지 않다! 하나님은 그분의 선하심과 정의와 자비를 따라 모든 사람 안에서, 모든 사람을 통해서 일하시면서 그들이 크건 작건 자신의 궁극적 목적을 성취하게 하신다. 우리는 이러한 의미로 하나님의 섭리를 말한다.

이와 같은 섭리를 배경으로 신학 독서를 하면 우리는 **신중해진다**.

우리는 저자의 작품인 건축물에서 하나님의 활동을 세심하게 살핀다. 우리가 하나님이 활동하시는 방식을 명확하고 구체적으로 알 수 있다는 말은 결단코 아니다. C. S. 루이스는 평소처럼 유머를 담아 말하면서 이러한 가능성을 거부한다. "기적이 하나 일어나서 역사의 모든 이야기가 내 앞에 펼쳐진다면, 기적이 하나 더 일어나서 내가 역사적 사건의 모든 무한성을 마음에 간직할 수 있다면, 그리고 만약 세 번째 기적이 일어나서 하나님이 이에 대해 기쁘시게 말해 주셔서 내가 이를 이해할 수 있다면, 확실히 나는…그 의미를 읽어 내고 역사의 패턴을 감지할 수 있을 텐데. 그렇다. 하늘이 무너져 내린다면, 우리는 종달새를 죄다 잡을 수 있을 것이다."[21] 루이스의 말은 하나님의 마음과 특별히 접촉할 수 있었던 것으로 보이는 사도 바울의 생각을 그대로 되풀이한 것이다. 로마서에서 바울은 세 장에 걸쳐 이스라엘을 택하심과 이방인을 받아들이심을 놓고 씨름하고 나서 이렇게 말한다. "깊도다 하나님의 지혜와 지식의 풍성함이여, 그의 판단은 헤아리지 못할 것이며 그의 길은 찾지 못할 것이로다 누가 주의 마음을 알았느냐 누가 그의 모사가 되었느냐…그에게 영광이 세세에 있을지어다 아멘"(롬 11:33-34, 36).

우리가 신학 독서를 할 때 주의를 기울여야 할 대상은 하나님의 마음이 아니라 "성화를 일으키시는 은혜의 활동"이다.[22] 이와 같은 은혜가 저자의 작품을 통해서, 그 작품을 쓰던 시간과 장소에서, 또는 그보다 훨씬 나중에, 심지어 우리가 읽는 시간에도 나타날 수 있다. 주의를 기울여 읽는다는 말은 우리가 거룩하게 하시는 하나님의 활동("성화를 일으키시는 은혜")을 바라면서 자세를 바로하고 집중한다는 의미다. 다시 말하지만, 성화를 일으키는 하나님의 은혜가 저자의 삶에 있을 수도 있고,

독서를 하는 우리의 삶에 있을 수도 있다. 우리가 삶에 이와 같은 일이 일어나기를 갈망한다면, 성령의 일하심에 주의를 기울이고 거기서 그분의 일에 동참하고자 바란다면 하나님이 신학 독서 안에서, 신학 독서를 통해 하시는 성화의 역사에 주의를 기울여야 하지 않는가?

다음으로 우리는 성령이 다른 누군가의 신학을 통해 우리가 그리스도의 형상을 닮아가게 하시기를 **기대하면서** 신학 독서를 할 수 있다. 성령이 일하시는 방식은 전적으로 그분에게 달려 있으니, 우리를 격려하시거나 이의를 제기하시거나 경고하시기도 한다. 우리가 읽는 책의 저자들도 (우리처럼) 새창조의 여파 속에 있지만, 그렇다고 해서 이들의 실수와 오류가 부인되는 것은 아니다(우리의 실수와 오류가 부인되지 않는 것과 마찬가지다). 어떤 신학은 바르게 반박되고 거부되지만, 우리가 마주하는 그 저자는 (바라건대) 여전히 그리스도 안에서 형제고 자매다. 우리가 한 번은 저자를 칭찬하고 그 다음에 가서 그 저자를 위해 기도한다고 해도 놀라운 일이 아니다. 우리는 친구에게도 그렇게 하지 않는가?

'이단 서적'도 읽어야 하는가?

일부 저자는 자기가 쓴 내용이 참되다고 믿지만, 실제로는 **거짓**인 경우가 있다. 우리는 그러한 책도 읽어야 하는가?

'이단'이라는 단어는 그리스도인들이 옳거나 바르거나 '정통'(orthodox에서 *orthos*는 '옳은', *doxa*는 '가르침')으로 받아들이는 것에서 벗어난 가르침에 사용된다. 그러한 거짓을 붙들고 있되, **고집스럽게** 붙들고 있는 그리스도인이 '이단'이다. 이단은 부정확한 것을 그저 믿는 사람이 아니다. 우리 중에 오류 없이 믿는 사람은 아무도 없다. 정확히 말하자면 이단은 널리 받아들여지는 기독교의 가르침을 부인하는 신앙을 "적극적으로 전하는" 사람이다.[23] 이러한 사람은 그리스도인들이 집단적으로 복음의 본질이라고 판단한 진리를 "완강하게 거부하고," 다른 가르침을 전한다.[24]

요즘에는 '이단 사상'과 '이단자'라는 말을 다소 아무 생각 없이 툭 던지지만, 역사적으로 보면 그렇지 않다. 이 단어들은 무게가 있는 말이고, 경솔하게 혹은 가볍게 사용되면 안 된다. 대부분의 경우 이 용어들은 공동체에서 오랜 숙고 끝에만 사용되었고, 신앙의 본질적 문제와 관련해서만 사용되었다.[25]

기독교 전통의 집단 지성은 이단을 **신중하게** 다룬다. 이단 사상은 위험하다. 우리의 신앙을 뒤틀 수 있으며, 그래서 세상에서 그리스도를 따르는 사람으로 살아가는 우리의 현존을 왜곡할 수 있다. 이런 위험성을 고려한다면, 오래전부터 내려온 이단자의 글을 읽어야 할까? 이를테면 예수님이 성부와 같은 신성을 공유한다는 것을 거부하는 아리우스(Arius 4세기), 우리의 노력으로 구원받을 수 있다고 가르친 펠라기우스(Pelagius, 4세기), 예수님이 우리와 인성을 완전하게 공유한다는 것을 거부한 아폴리나리우스(Apollinarius, 4세기)와 같은 사람들의 글을 읽어야 하는가? 그리고 역사적 기준에 따라서 '이단'으로 간주되지 않았지만 비교적 최근에 활동하면서 신앙을 오도한 저자들의 글을 읽어야 할까? 이를테면 『주인의 권리와 의무』(The Rights and Duties of Masters, 1850)에서 노예 소유를 신학적으로 옹호한 제임스 헨리 손웰(James Henley Thornwell)과 같은 사람들의 글을 읽어야 하는가? 이들이 우리의 신앙을 오도할 가능성을 고려하면, 이와 같은 신앙은 여전히 위험하지 않은가?

우리 시대에는 '이단'이라는 단어를 불관용과 배제를 위해 사용하는 경향이 있지만, 올바르게 사용된다면 신학에 반드시 필요하다. 이 단어가 완전히 잘못 이해한 사람들을 밖으로 밀어내기 때문이 아니다. 그보다는 진리에 대한 우리의 지식이 항상 부분적이라고 심지어 고백하는 순간에도 그리스도인이 되는 일은 믿음으로 특정 진리를 받아들이고 특정 거짓을 거부하는 것을 수반하기 때문이다. 우리는 신앙의 본질적 진리, 즉 하나님의 천지창조, 메시아이신 예수님의 신성과 인성, 하나님의 은혜로 그리스도 안에서 선물로 받은 새로운 삶과 같은 진리를 고수한다. 이 진리를 우리가 **결코 완전하게** 이해하지 못한다는 것을 인정하는 순간에도 그렇게 고수한다. 성 안셀무스(St. Anselm)는 이를 아름답게 다음과 같이 말했다.

> 아무 그리스도인도 보편 교회가 마음으로 믿고 입으로 고백한 진리에 의문을 제기할 수 없다. 오히려 이러한 신앙을 꾸준히, 주저 없이 붙들고 있음으로써, 그리고 이를 사랑하고 이에 따라 살아감으로써, 우리는 겸손하게 그리고 최선을 다해 왜 이것이 진리인지를 발견하려고 노력해야 한다. 진리를 이해할 수 있게 된다면, 하나님에게 감사하라. 이해할 수 없다면, 갈등하며 가시를 드러내지 말고 경외심을 담아 머리를 숙이라.[26]

우리는 신앙의 본질적 진리를 결코 완전히 이해하지는 못하겠지만(우리의 신학은 항상 모형적이다), 믿음 안에서 진리를 수용하고 붙들고 전수하고 그 진리에 따라 살아가기를 힘쓴다. 그 깊이가 우리의 이해를 뛰어넘는다 할지라도 심지어 이를 즐거워한다.

그러므로 이런 위험성을 명심하고서, 최소한 두 가지 이유에서 이단자들의 글을 읽어야 한다. 이단자의 글을 어떤 식으로 읽는지도 중요하므로, 이 문제도 다룰 것이다.

첫째, 이단자들과 같은 잘못을 저지르지 않기 위해, 이단자들의 글을 읽어야 한다. 우리 중에 잘못이나 오류를 저지르지 않을 사람은 아무도 없다. 그렇지 않다고 생각한다면 함정에 빠진 것이다. 사실 이들과 같은 잘못을 저지르지 않을 수 있다고 가정하는 것은 단순히 오만한 것이 아니라 그 자체로 거짓이다. 우리 중 아무도 완전하게 믿을 수 없고, 우리 중 아무도 죄에 대한 면역이 없는데(우리가 하나님이 아니라는 것은 기독교 신앙의 핵심이다) 그렇게 생각하지 않는다면 틀렸다. 이러한 것을 염두에 두고서 이단자들의 글을 읽으면, 우리와 우리 공동체 안에 있는 오류를 분별할 능력이 예리해질 수 있다. 이단자들이 우리에게 오류를 피할 길을 알려 주는 것이다. 사실 역사상 그리스도인들 가운데 새로운 형태로 걸핏하면 재등장하는 이단 사상이 있는 까닭은, 신앙에는 올바르게 다루기가 까다로운 진리도 있기 때문이다. 예를 들면, 영지주의의 길을 가지 않는 동시에 하나님의 창조 세계가 선함을 고수하기는 쉽지 않다. 예수님의 참된 인성을 부인한 아폴리나리우스의 막다른 길에 들어서지 않으면서 예수님의 참된 인성을 주장하기는 어렵다. 이런 막다른 길은 새로운 형태로 계속해서 다시 등장한다.

둘째, 우리가 시간 안에서, 공동체 안에서, 하나님의 섭리 안에서 살아가고 있다는 사실을 **더 크게 자각하기 위해서** 이단자들의 글을 읽어야 한다. 우리의 정황이 우리의 신학에 어떻게 영향을 미치는지 제대로 인식하지 못하기 때문에 오류에 빠질 수도 있다. 우리는 자기 시대와 처지에서 당연시하는 것들을 받아들이는 경우가 있다. 세상과 인간과 문화를 그처럼 아무 생각 없이 가정한다면 이단 사상이 전적으로 타당해 보일 수도 있다. 항상 그래 왔다. 이단자들은 실상은 거짓인 것을 진리라고 믿지만, 이와 같은 믿음에는 항상 **정황**이 있다. 글 뒤에 있는 세계를 들여다보고 그들의 정황을 이해한다고 해서 이단 사상에서 거짓이 줄어들지는 않지만, 왜 이단자들에게 그러한 것이 참되게 보였는지는 이해하게 된다. 예를 들면, 4세기에 주교 아폴리나리우스는 인간에 대한 특정 관점이 있었고, 그 관점 때문에 하나님인 성자의 인성에 어떻게 해서 예수님의 인간 정신까지 들어가는지 받아들이기 힘들었다. 이것을 알고 나서, 아폴리나리우스에 대한 공감이 사뭇 커졌고 **나의** 정황에 더욱 주의하게 되었다. 혹시 내가 당연시해서 잘못 믿고 잘못 가르치고 잘못 살고 있는 것이 있지 않은가?

이러한 것이 (위험을 감수하고서) 이단자의 글을 읽어야 하는 이유인데, 그러면 그러한 글을 어떻게 읽어야 할까?

첫째, **사랑의 실천**으로서 읽어야 한다. 하나님에 대한 이단의 관점을 지지해야 한다는 말이 아닌데, 진리는 중요한 문제기 때문이다. 신학 진리는 가장 중요하다. 우리가 하나님이 계시하신 진리를 따라 (그 결을 따라) 살아가면 이 세상에서 하나님과 그분의 방식과 같은 태도를 취하게 되며, 바로 여기에 지적으로, 감정적으로, 의지적으로 풍성한 삶이 있다. 그러나 이단자도 여전히 시간 안에서, 공동체 안에서, 하나님의 섭리 안에서 살아가는 사람임을 잊지 말자. 그들은 믿음 안에서 형제자매이니, 그와 같은 형제자매로서 그들의 글을 읽어야 한다.[27] '고삐를 풀고' 저자의 공간으로 들어간다고 해서 반드시 그곳에 짐을 풀고 정착해야 하는 것은 아니다. 우리는 저자의 잘못된 관점을 포용하라고 요구받지 않고…다만 그 저자를 사랑하라고 요구받는다. 그리스도인들이 자주 이단을 대하는 방식으로 이를 분별하려고 최대한 노력하기는 해야 할 것이다. 이단자도 하나님의 형상을 따라 지음받은 사람이고, 그들이 잘못 가르친다고 해서 사랑에 대한 요구가 작아지지 않는다.

둘째, **공감의 실천**으로서 읽어야 한다. 만약 우리가 그들과 같은 처지에 있다면 다른 이들이 우리에게 공감해 주기를 바랄 테니, 바로 그렇게 공감하며 이들을 대해야 한다. 2세기에 리옹의 이레나이우스(St. Irenaeus of Lyons)는 거짓 교사들에게 반박하며 『이단 논박』이라는 두툼한 논문을 쓰면서 조금도 봐주지 않았다. 예수님에 대해 사도들의 증언과 다르게 가르치는 사람들의 주장을 대놓고 반박했지만 동시에 그들을 위해 **기도했다**. 하나님이 그들을 인도하셔서 그들이 진리를 보고 믿게 하시기를 기도했다. "이 책을 읽는 모든 독자가 하나님을 알게 하소서. 당신만 유일한 하나님임을 깨닫게 하시고, 당신 안에서 힘을 얻어 이단적이고 사악하고 불경건한 교리를 일절 피하게 하소서."[28]

우리가 이단자를 악마화한다면, 자신에게 해를 끼치는 것이다(나는 죄를 짓는 것이라고 생각한다). 그들은 우리처럼 연약하고 그리스도의 위로가 필요하다. 그들을 위해 기도함으로써 우리는 성령께 자신을 열어 놓게 되어 예수님처럼 사랑하고 우리 자신을 올바르게 이해하게 된다. 우리는 연약하고 예수님과의 교제가 필요하다. 이단들도 마찬가지다.

셋째, **슬기롭게** 읽어야 한다. 7장 마지막에 신학 독서에 필요한 지혜에 대해 더 많이 이야기하겠지만, 여기서는 다음과 같이 말하고자 한다. 지혜로운 독자는 자신의 성숙함과 영적 건강의 정도에 따라 이단자들의 글을 다룰 것이다. 어린아이가 스테이크가 아니라 우유를 먹듯이 새 신자는 정통 기독교의 자료를 읽어야 한다(히브리서 5장과 고린도전서 3장을 보라). 신앙의 침체를 겪고 있어서 영적으로 취약한 그리스도인은 이단자의 글을 피해야 한다. 슬기로운 독자는 성숙한 신앙인이 있는 공동체 안에 머물면서, 즉 우리가 다른 이들의 신학적 공간에 머물고 있을 때도 계속 진리를 바라보도록 도와주는 '규범'(혹은 지침)을 따르는 공동체 안에 있으면서, 이단자들의 글을 접해야 한다. 성경의 규범, 신앙의 규범, 기도의 규범, 사랑의 규범이 있는 공동체 말이다(이에 대해 더 알고 싶으면 7장으로 넘어가도 좋다).

이 모든 방식을 이단은 아니더라도 **우리의 도덕 기준에 미치지 못하게** 살아가는 신학자들의 글에도 적용할 수 있다. 예를 들면, 16세기 종교개혁자 마르틴 루터가 후반에 쓴 글에서는 신랄한 반유대주의가 보인다. 어쩌면 당신은 "왜 내가 반유대주의 글을 읽어야 하지!?"라고 의문이 생길 수도 있다. 20세기의 신학자이자 시민운동 지도자 마틴 루터 킹 주니어(Martin Luther King Jr.) 목사는 외도를 범했다. 그러면 그의 글을 읽지 말아야 하는가? 쉬운 문제는 아니다. 우리 중 아무도 자기가 고백하는 진리를 따라 매끄럽게 살아간다고 말할 수 없을 것이다. 당신도 그렇고, 나도 그렇다. 그래서 죄인인 (나 같은) 사람의 글도 여전히 읽어야 하고 그렇게 함으로써 그들을 사랑해야 한다고 믿는다. 다만 독서 중에 저자의 도덕적 실패 때문에 그들이 전하는 신학의 기초에 금이 가고 전체 글이 위험에 빠지는지는 신중하게 생각해야 한다. 가볍게 판단할 일이 아니다. 많이 기도한 후에 판단을 내려야 한다.

주 예수님, 우리를 도와주십시오.

기도

섭리하시는 하나님,

어떻게든 당신은 주님이시지,

    우리가 아니십니다.

        우리 곁에서

        우리 위에서

        우리 안에서

        모든 것을 통해서

    우리와 함께하십니다.

어떻게든 당신은 주님이십니다.

    우리 안에서 일하고 계시고,

    우리를 향하신 당신의 계획은 결코

        헛되지도

        사소하지도

        비열하지도 않습니다.

    당신은 선하심을 따라

        의로우심을 따라

        사랑을 따라 행하십니다.

우리가 저자 안에서 당신의 역사를 신중하게 발견하면서, 우리를 거룩하게 하시는 활동을 기대하며 신학 독서를 하게 하소서. 아멘.

요약

신학책 뒤에 있는 세계는 저자의 세계, 즉 시간 안에, 공동체 안에, 하나님의 섭리 안에 있는 한 사람의 세계다. 신학책 뒤에 있는 세계는 그 자체로 글이 아니지만, 특정 시간을 살아가고 특정 사회적 관계에 참여하고 인간 역사에서 하나님의 섭리하심에 이끌리는 한 사람의 세계다(인간 역사의 많은 부분은 우리에게 여전히 신비다). 책 뒤에 있는 세계에 관심을 두면 저자가 남겨 놓은 표지판을 따라가는 데 도움이 된다.

숙고와 논의를 위한 질문

1. 당신의 삶에서 신학책을 읽는 방식에 가장 영향을 주는 '관습'은 무엇인가? 이 관습이 독서 방식에 도움이 되는가, 아니면 해를 끼치는가?
2. 하나님이 신학 독서를 통해 예수님과 닮아가도록 우리를 도우시리라고 기대하며 독서를 한 적이 있는가? 그런 적이 없다면 어떻게 하면 당신의 기대를 바꿀 수 있을까?
3. 당신에게 중요한 사람이 의미 있는 소통을 하기 위해 당신에게 글을 써서 준 적이 있는가? 독서를 할 때 똑같은 일이 일어나는 것을 느끼려면 신학 독서 방법을 어떻게 바꾸어야 하는가?

신학 실험실: 편지 쓰기

> 니고데모가 대답하여 이르되 어찌 그러한 일이 있을 수 있나이까.
> -요한복음 3:9

> 진실한 질문은 정말 그에 대한 대답을 듣기 원하는 것이지 내 지식을 뽐낼 방법을 찾는 것이 아니다.
> -데이비드 스미스[29]

이번 실험은 당신이 읽고 있는 책의 저자를 사람으로 여기고 접근하도록 훈련시킨다. 신학 저작 뒤에 있는 세계는 저자의 세계라는 사실을 기억하라. 우리가 저자의 역사적·문화적 배경을 연구하면 저자의 세계를 알게 된다. 저자의 배경을 이해하면 저자가 우리에게 남겨둔 화살표를 더 잘 따라갈 수 있다. 저자가 우리에게 투사하고자 하는 세계를 더 잘 이해할 수 있다. 그러나 이 모든 것을 알더라도 우리는 신학책을 우리가 들어가서 머무는 역동적인 공간이 아니라 생명력 없는 대상으로 취급할 수 있다. 편지 쓰기 연습은 저자를 인간화하는 훈련이다. 이런 연습을 하면 **당신**은 저자를 실재하는 사람으로 느낄 것이다.

1단계

받는 사람의 이름(저자)을 쓰고 자신을 소개하라('인사말'). 그러고 나서 (긍정적이든 부정적이든) 저자의 가르침이나 증언 중에 인상적이었던 특징을 확인하고 묘사해 보라. 저자가 믿고 가르친 내용을 당신이 완전히 이해했음이 분명하게 드러나도록 쓰라.

　실험에서 이 단계는 편지를 주고받기로 결정한 저자의 글이 전하는 내용을 당신이 이해했음을 명확히 보여 주는 것과 관련이 있다. 저자의 글을 인용하는 것이 저자에게 최고의 경의 표현이라면 마음껏 인용하라. 다만 저자의 논증과 입장을 최대한 자신의 언어 표현을 이용해서 기록해 보라. 당신이 그들에게 진심으로 **귀 기울였음**을 보여 주라!

2단계

신학적 환대를 보여 주는 것과 관련 있는 단계다.

　환대하며 손님을 **맞**고 그들이 주는 **선물**을 받을 수 있겠는가? 저자를 이해하려고 노력했다는 사실로 경의를 표했으니, 편지의 둘째 부분에서는 당신의 정황으로 넘어가야 한다. 저자에게 받은 좋은 영향에 **감사**를 표현할 수도 있고, 마음에서 우러나오는 진실한 질문을 하며 그들에게 다가갈 수도 있다. 생각을 시작하는 데는 다음과 같은 질문을 참고하면 괜찮을 것이다.

- 저자도 우리처럼 복음을 위해 싸웠다. 그러면 **저자의 신학이 오늘을 살아가는 당신에게 얼마나 유익한지 표현할 수 있는가?**
- 저자도 우리처럼 그리스도의 신비를 제대로 표현하지 못하는, 언어의 한계 때문에 힘들어했다. 그러면 **저자의 주장을 더 분명하게 알기 위해서 질문을 던져 보거나, 더 듣기를 원하는 내용을 질문해 보는 것은 어떤가?**
- 저자도 우리처럼 글을 완벽하게 쓰지는 못했다. 그러면 **저자의 신학에 동의하지 않는 점이 있더라도, 적합한 대화 상대자로 대해 보는 것은 어떤가?**
- 저자도 우리처럼 연약했고 그리스도의 위로가 필요했다. 그러면 **저자**

에게 손을 내밀고 그들에게 필요해 보이는 것에 대해 이야기해 보는 것은 어떤가?

편지 쓰기를 통해, 당신은 저자와 지리적·문화적·시간적 간격을 좁혀서 저자를 한 명의 사람으로 여기고 관계를 맺는다. 저자도 하나님의 형상으로 지음 받은 이웃이다.

예시

내가 가르치던 수업 하나에서 수많은 교부가 기독론에 대해서 쓴 글에 머물러 본 적이 있는데, 당시 학생들은 그중 한 사람에게 편지를 썼다. 이레나이우스, 아리우스, 아타나시오스, 아폴리나리우스, 나지안조스의 그레고리오스, 니사의 그레고리오스, 예루살렘의 시릴 중 한 사람에게 다가갈 것이다. 여기 예시가 몇 개 있다.

나는 이 편지를 무척 좋아하는데, 이 학생이 자기가 더 알고 싶은 것을 시릴에게 진지하게 묻기 때문이다.

알렉산드리아의 시릴,⋯예수님의 수난에 대한 글을 읽다가 궁금해진 것이 있습니다. 하나님의 로고스(말씀)에서 신성 부분은 수난을 겪지 않는다는 당신의 생각을 자세히 설명해 주실 수 있을까요? 당신이 쓰셨듯이 저는 예수님이 육체를 가지셨기 때문에 '매질과 못 박힘'으로 고통당하신 것을 이해하기는 하지만, 그분이 감정적으로 그리고 심리적으로 고통당하신 것은 아니라고 말할 수 있을까요?

다음 학생은 그레고리오스의 기독론이 자신의 영적인 성장에 어떻게 도움이 됐는지 나누면서 감사를 표현한다.

나지안조스의 그레고리오스,…당신의 글 덕분에 제가 더 깊게 파고 들어갈 수 있었고, 그래서 제가 자신을 새로운 방식으로 이해할 수 있었습니다. 제 능력이 제가 생각했던 것보다 훨씬 더 크더군요. 저는 하나님의 완벽한 형상이신 그리스도 예수를 본떠서 정교하게 만들어진 사람입니다(여전히 불완전하기는 합니다). 매일 저 완전한 형상에 더 가깝게 만들어지고 있습니다. 성부께서 성자를 보내셔서 육체를 입게 하신 것은 어떻게 사랑해야 하는지, 어떻게 봉사하고 구제해야 하는지, 어떻게 믿음 생활을 해야 하는지를 알려 주는 본입니다. 이 생각을 하면 경외심과 영감이 일어납니다. 예수님은 **완전하셨습니다**. 이러한 완전함은 하나님에게서만 기원할 수밖에 없습니다. 그것은 인성 안에 있는 참 신성입니다.

나는 다음 편지를 쓴 학생에게 감탄했다. 이 학생은 아폴리나리우스의 기독론의 오류를 정확하게 알았지만, 그럼에도 아폴리나리우스가 교회를 섬기려고 노력했다는 데 감사했다.

아폴리나리우스, 당신이 아리우스와 논쟁을 하면서 그리스도의 신성을 옹호하려고 쓴 저작을 읽으면서 참 많이 감사했습니다. 당신의 신앙과 엄청난 노력이 없었다면 오늘 제 신앙은 달라졌겠지요. 당신이 이 땅에서 살다 가신 후로 수많은 사건이 연이어 있었습니다. 그렇지만 당신을 포함하여 여러 사람이 물려준 신앙의 전통은 제가 예수 그리스도를 믿도록 도와주었습니다. 우리가 계속 친구겠지만, 의견이 일치하지 않는 쟁점도 있을 것입니다. 그렇다고 해서 우리의 우정이 깨지지는 않겠지만, 아마 우리는 계속 적극적으로 의견을 나누겠지요.

5장

신학의 원천 자료: 책의 세계1

> 이에 모세와 모든 선지자의 글로 시작하여 모든 성경에 쓴 바 자기에 관한 것을 자세히 설명하시니라.
>
> -누가복음 24:27

> 건축가는 그런대로 연극 제작자라고 할 수 있는 사람이다.…건축가가 자재를 배치하는 방식에 따라 셀 수 없이 많은 환경이 조성된다. 건축가의 의도가 성공적으로 성취될 때, 건축가는 집에 온 손님에게 모든 편의를 제공하는 완벽한 주인과 같아진다.
>
> -스틴 라스무센[1]

캔버스를 보지 않고도 그림을 이해하는 일을 상상이나 할 수 있을까? 건축 공간에 들어가 보지도 않고 그 건축 공간을 이해할 수 있을까? 작품의 주인과 그 작품이 제작된 시공간적 배경에만 관심을 기울이고, 작품 자체와는 사실상 아무 관계도 맺지 않는다면 어떨까? 캔버스 위에 그려진 그림에, 또 그 그림이 무엇을 떠올리게 하는지에 관심을 두지 않는다면? 건축물의 공간 배치와 이런 배치가 당신에게 어떻게 영향을 주는지 관심이 없다면? 이것은 마치 책에서 찾을 수 있는 어느 것에도 전혀 관심을 두지 않고 신학책을 이해하려고 노력하는 것과 같다.

신학책**의** 세계에서, 우리는 그 책**에서** 찾을 수 있는 모든 것에 관심을 둔다. 이 세계에서 우리는 저자가 남겨 놓은 화살표와 그 화살표가 어디를 가리키고 있는지를 발견한다. 이러한 화살표를 잘 따라가면서(독해) 책 뒤에 있는 세계에서 배울 수 있는 모든 것에 도움을 받는다면, 저자가 우리에게 보여 주려는 의미 세계와 만난다(이해). 저자가 보는 것처럼 우리도 본다.

재료, 구성되는 방식, 투사하는 세계가 있으니 신학책**의** 세계는 공간 그 자체다. 신학 독서를 통해 어떤 종류의 공간을 발견하게 되든지, 그 공간에서 적대감을 느끼거나 환대를 느끼게 되든지, 영감을 받든지 지루한 기분이 들든지 거기에 사용된 재료들은 대체로 일관성이 있다. 우리는 이러한 재료를 '원천 자료'라 부른다. 이런 원천 자료를 통해 신학 저자는 우리가 독자로서 머물 공간을 구성한다.

당신이 건물에 걸어 들어가서 옆 사람을 향해 몸을 돌리는 광경을 상상해 보라. 당신은 기껏해야 "흠, 콘크리트군요"라고 말할 수 있을 뿐이다. 사용된 자재는 감별했지만, **어떻게** 사용되었는지는 알 수 없다. 이것이 문제다. 우리도 알 듯이 같은 자재로 건축해도 물리적 공간은 아주 다양할 수 있다. 그렇지 않은가? 동일한 자재를 성당이나 비디오 게임방이나 (조금 과장된 예시일 수 있지만) 가스실을 만드는 데 사용할 수 있다. 자재가 **어떻게** 사용되며 **무엇을 위해** 사용되는지에 따라 이 모든 차이가 생긴다. 같은 원리가 신학책에도 적용된다. 신학의 원천 자료를 인지한다면 크게 한 발자국 나간 것이지만, 저자가 이들을 **어떻게** 사용했는지를 인지하는 것이 당연히 더 중요하다.

여기서 제안하려는 것은 우리가 신학을 건축가의 시선으로 볼 필요가 있다는 것이다. 신학적인 글이 만들어 놓은 '공간을 배회하며' 살펴보아야 하고, 그렇게 해서 이 공간에 사용된 재료를 눈여겨보고, 재료가 어떻게 사용되었는지 분별하고, 이에 따라 어떤 효과가 생기는지를 집중해서 보아야 한다. 저자는 어느 재료들을 가장 눈에 띄게 사용하고 있는가? 재료의 배열은 저자의 관점에서 그들의 중요성에 대해 무슨 이야기를 들려주는가? 이 공간이 책의 주제에 대해 무어라 이야기하는가? 이와 같은 모든 질문은 신학의 원천 자료와 저자가 이를 사용한 방법에 관심을 기울인다. 이것이 바로 '책의 세계'다.

신학책의 세계에 두 장을 할애하겠다. 이번 장에서는 신학책의 원천 자료에 대해 생각해 볼 것이고, 다음 장에서는 이를 사용한 건축술에 집중할 것이다. 이번 장에서는 신학책에 필요한 건축가의 시선을 세 가지 단계를 거쳐 발전시켜 보고자 한다. 첫째 단계에서는 하나님의 계시라는 주제를 다루겠다. 둘째 단계에서는 신학의 원천 자료를 생각해 보겠다. 셋째 단계에서는 이러한 자료들의 상호관계를 고려해 보겠다.

건축가의 시선(1): 하나님이 자신을 알리신다

첫째 단계는 얼핏 보면 주제에서 벗어난 것처럼 보일 수도 있지만, 우리가 신학이 **수동적** 활동이라는 기본 사실을 받아들이지 않는다면, 신학의 원천 자료들에 대해 이야기하는 것은 별 쓸모가 없다. 내가 하고 싶은 말은, 하나님에 대한 우리의 사색(신학)은 언제나 하나님의 자기 계시 활동에 대한 반응이라는 것이다. 존 베어(John Behr)가 우리에게 일깨워 주듯이 "하나님이 자신을 드러내시므로 신학은 하나님의 계시에 대한 사색에서 시작하고 사색으로 끝난다. 그 외의 다른 것은 신학이 전혀 아니라 판타지일 뿐이다."[2] 신학은 능동적으로 우리에게서 튀어나오지 않는다.

우리는 신학이 자연스러운 것인 척하면 안 된다. 이것은 계획과 행동과 관련하여, 우리에게 내재된 사고방식에 반한다. 우리는 아침에 일어나 하루 일정을 짜고 밖으로 향한다. 어떤 사람이나 물리적 한계에 가로막히기도 하지만, 아침을 시작하고 밖으로 나가는 일의 주도권이 모두 우리에게 확실히 있는 것처럼 보인다.

그러나 그리스도인들은 다르게 본다(아니, 다르게 보아야 한다). 첫째, 우리의 믿음에 따르면 하나님은 만물의 창조주이시기 때문에 지금과 같은 상태는 모두 하나님의 선물이다. **우리는 우리 자신을 창조하지 않았다.** 둘째, 우리의 믿음에 따르면 하나님이 숨어 계시지 않고 자신을 우리에게 자발적으로 그리고 은혜롭게 드러내셔서, 우리가 하나님을 알 수 있고 이를 통해 하나님의 형상으로서 우리의 목적, 즉 하나님과 깊은 관계를 성취할 수 있다. **우리가 하는 일을 우리 스스로 시작하지 않는다.** 셋째, 우리의 믿음에 따르면 하나님이 은혜롭게 어두움 가운데 있는 우리의 지성에 빛을 비추셔서, 즉 조명하셔서 우리가 하나님의 계시를 인지한다. **우리는 스스로 인지하지 않는다**(고린도전서 2장을 보라).

우리는 신학에 우리가 시동을 걸었다고 생각하고 싶지만, 창조, 계시, 조명(illumination)에 대한 기독교적 가르침이 신학의 조건을 결정한다면 우리가 시동을 건 것이 아니다. 하나님이 창조하시고 하나님이 계시하시고 하나님이 조명하신다. 우리의 인간성과 의지가 그저 환상이라는 말이 아니다. 다만 직관이나 지성이나 근면 덕분에 우리가 하나님을 발견하는 것이 아니라는 말이다. 심지어 하나님이 우리의 육체적 실존의 그러한 특징을 **사용**하실 때도 마찬가지다. 하나님의 계시는 "우리가 경험한 사건을 통해, 그리고 우리의 언어로 스스로 정확히 **알 수 없는** 것을 드러내서 알게 한다."[3] 계시의 통로는 다양하지만, 모두 하나님의 것이다. 우리는 붙드시고 판단하시고 구원하시는 하나님의 행동을 통해 하나님 앞에 나아간다. 하나님은 언약을 맺으시고 선포하시고 약속하시고 부르시는 등의 발화 행위를 통해서도 자신을 계시하신다. 그중에서 가장 구체적인 하나님의 자기 계시는 인간 예수 그리스도다. 그는 "하나님의 영광을 드러내는 광채이시며 하나님의 실상 그대로"이시다(히 1:3, 새한글성경). 예수님이 바로 하나님의 계시다.[4] 이러한 것들이 우리가 그분을 찾아서 알게 하시는 하나님의 초대장이다.

이것은 우리가 믿음으로 하나님을 알아가고 하나님의 관점에서 모든 것을 이해하고자 할 때 찾는 통로와 길로 우리를 데려간다. 우리는 이러한 길을 보통 '원천 자료'라 부른다. 토머스 오든(Thomas Oden)이 설명하듯이 신학의 원천 자료는 다음과 같다.

> 성경과 전통뿐 아니라 창조, 섭리, 이성, 양심, 아름다움, 개인의 경험을 [포함하는]…이러한 통로나 수단이나 전달 도구에 의해 하나님의 말씀이 인간에게 오고, 그래서 하나님에 대한 이해가 가능하다.…일반적으로 무엇이든 하나님의 선함을 인간에게 전달하는 도구(자연적·이성적·도덕적·문자적·예전적·영적·계시적 도구)라면 다 신학의 원천 자료에 포함된다.[5]

신학에 필요한 원천 자료는 다양하지만, 본질적이고 한결같은 특징 하나는 **하나님**이 그 원천 자료를 통해 행동하신다는 것이다. 계시는 **하나님 자신**에 대한 **하나님의** 계시이고 계시의 원천은 **하나님**이다. 삼위일체 하나님이 우리에게 다가오셔서 우리가 참되게 그분과 우리 자신을 알아 가면서 번성하게 하신다. 다만 신학 분야에서 많은 진전을 이뤄 냈을지라도, 우리가 이러한 진척을 써 내려온 유일한 주체는 아니다.

아래 그림은 신적 계시의 기원을 정확하게 보여 주지만, 다른 중요한 면에 보면 계시를 상당히 불완전하게 표현한다.

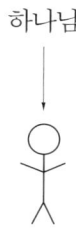

이 다음의 단계가 조금 이상하다는 느낌이 들 수도 있지만, 나를 믿어 보기를 바란다.

하늘은 어디에 있는가? 이 질문이 중요한 이유는 하늘은 하나님이 우리에게 그분 자신을 계시하시는 공간이기 때문이다. 만약 구름이 있는 저 위를 하늘로 생각한다면, 우리와 함께 **여기 아래**에 있는 신학 자료에 많은 것을 기대하기 정말로 어려울 것이다. 하늘은 '위에' 있지 않다. 오히려 하늘은 하나님이 통치하시고 다스리시는 영역이고 하나님의 의지가 완벽하게 성취되는 곳이다.

우리는 쉽게 하늘을 구름 위에 있고 높은 곳에 있는 어떤 장소라고 오인한다. 성경에 '위'라는 표현이 많은 것이 사실이다. 성경의 시대를 살던 사람들의 우주론은 현대인의 우주론과는 달랐다. 그들은 물리적 우주와 하나님의 관계를 위와 아래 개념으로 상상했다. 좋은 것은 위에 있고 나쁜 것은 아래에 있다. 코페르니쿠스가 우주론을 새로운 방식으로 열기 전까지 그랬었다. 성경의 저자들은 하나님에 대해 말할 때 '위'라는 표현을 사용하는데, 이는 그분의 높음을 표현하기 위한 것이었다. 그러나 코페르니쿠스 이후 시대를 살아가고 있는 우리에게는 그와 같은 생각을 표현하기에 더 적합한 말은 '다른'이라는 단어다. 우리가 '하늘'이라는 말을 들을 때 어떤 생각이 드는지 칼 바르트가 잘 설명한다.

> ['하늘'이라는 말을 들을 때] 우리는 푸르거나 회색인 넓은 공간, 태양이 빛나고 구름이 끼고 비가 오고 심지어 더 높은 곳에 별들이 떠 있는 아치형 공간을 생각하는 경향이 있다. 이것이 우리의 현재 생각일지도 모른다. 그러나 성경에서 '하늘'이라는 단어는 훨씬 더 높은 실재를 가리키는 표시일 뿐이다.…성경적 표현에서 하늘은 하나님이 거하시는 곳, 즉 하나님의 보좌다. 하늘은 **모든 곳에서 우리를 감싸는** 신비다. **그곳에** 예수 그리스도가 사신다. 그분은 저 너머 이 신비의 중심에 계신다.[6]

살아 계신 하나님은 위나 아래나 저기에 계시지 않는다. 이 표현은 유한하고 물리적인 존재의 공간상 위치를 이야기할 때 사용하는 방식이기 때문이다. 하나님은 우리와 같은 존재가 아니시다. 그분은 살아 계신 하나님이시다! 하나님이 '위에' 계시지 않으므로 하늘도 '위에' 있지 않다.[7] 하늘은 **모든 곳에서 우리를 감싸는** 신비다.

그러므로 하나님은 위에 계시지 않는다. 하나님은 **달리** 존재하신다. 하나님과 소통하는 데 있어서 이런 관점의 변화로 인한 결과는 즉각적이고 심오하다. 하나님은 우리가 상상하거나 생각해 볼 수 있는 어떤 장소나 사람보다 더 가까이 계신다. 하나님은 유한한 삶, 피조물로서의 삶이 우리를 제한하는 방식에 **매이지 않으신다**. 예를 들면, 내가 하나님이 아니기 때문에 내가 딸을 끌어안을 때 딸의 팔꿈치가 내게 닿는다. 우리는 물리적으로 한계가 있어서 서로에게 더 가까이 다가가지 못한다. 마찬가지로 내가 내 마음을 아무리 열심히 이해하려고 노력한다 해도, 나는 내게 여전히 신비다. 이렇게 나의 자기 이해 범위는 제한적이다. 내 딸을 안으려고 팔을 뻗을 수 있는 범위가 제한적인 것과 같다. 그러나(아주 큰 '그러나'다) 하나님은 우리가 가진 한계에 매이지 않으신다.

하나님은 **하나님**이고, 살아 계신 하나님이고, 진실로 철저하게 하나님 자신이시며 아무에게도, 아무것에도 생명을 의존하지 않으신다. 하나님은 자기 속에 생명이 있으시다(요 5:26). 그러므로 하나님의 **하나님 되심**은 하나님을 멀리, 저기 구름 위에 계시게 하지 않고 깜짝 놀랄 만큼 **가까이에** 계시게 한다.[8] 하나님은 피조물과 근본적으로 다르시므로(otherness, 이에 대해 이미 거룩함과 초월성 면에서 논의했다) 우리와 우리 자신의 사이보다 하나님과 우리의 사이가 **더 가까운** 것이 가능해진다. 하나님의 초월성은 하나님이 저 멀리 계신다는 의미가 아니라 **오직** 하나님에게만 적합한 방식으로 가까이 계신다는 말이다. 그래서 신적 계시를 묘사하기에는 다음의 도식이 앞에 나온 도식보다 낫다.

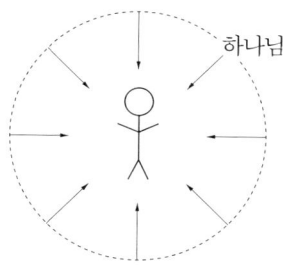

하나님이 신학의 원천 자료를 사용하시는 방법을 이해하려면, 이 자료를 하나님과 세상의 독특한 관계 안에서 다뤄야 한다. 앞에 나온 도식은 이러한 사실을 제대로 표현하지 않았다. 그러나 이 도식에서는 화살표가 여러 각도에서 나온다는 사실에 주목해 보라. 하나님의 자기 계시 활동의 근원이 '위'로 한정되지 않는다. 하나님은 (우리를 둘러싸고 있고, 우리 안에도 있는) 창조된 것들을 **통해** 자신을 계시하신다. 신적 계시의 근원은 계속 하나님이며, 항상 하나님이다. 하나님이 물리적이고 창조된 수단을 통해 우리를 만나 주실 때도 그렇다.

내려오는 두꺼운 화살표 하나만 도식에 있다면, 우리는 하나님이 위대하시고 우리의 경외심을 일으키시고 놀라운 분이라는 의미에서 '위에' 계심을 떠올릴 것이다. 그러나 우리 마음에 숨겨진 그 그림은 하나님의 계시가 일어나는 통로를 제한하는 불행한 결과를 낳는다. 계시의 통로를 신적으로 영감 받은 성경이나 성령에 대한 직접적인 경험같이 신적인 것들과 가장 가깝게 연관을 지을 수 있는 매개체로 제한하는 것과 같은 결과 말이다. 우리가 계시를 하늘에서 내려오는 큰 화살표로 상상한다면, 신학의 원천 자료의 물리적 성질과 우리 자신의 물리적 성질을 모두 배제하게 된다. 우리가 신학의 원천 자료에 신경을 쓰는 이유는 그 자료가 초자연적이기 때문이 아니라 하나님이 자기 자신을 드러내시는 수단이기 때문이다.

분명 하나님이 자기 자신을 드러내시기 위해 물질적 피조물을 취하신 가장 실제적인 예는 단 한 번 일어난 성자의 성육신 사건이다. 거기에서 하나님이 **인간의 몸을 통해** 자신을 계시하셨다. 예수님이 취하신 육신은 이런 면에서 신학의 원천 자료와 유사하다. 둘 다 불가분하게 물리적 세계의 일부고, 이를 통해 하나님은 자신을 우리에게 계시하신다.

건축가의 시선(2): 신학의 원천 자료

믿음은 다양한 통로를 통해 하나님을 알아가기를 추구하고 하나님의 관점에서 모든 것을 이해하기를 추구한다. 이러한 통로를 전통적으로 네 가지 범주, 즉 **성경, 전통, 경험, 이성**으로 나눈다. 나는 여기에 **문화**를 추가하자고 제안하겠다.[9] 이러한 것들이 신학의 재료다. 때로는 '표준', '보증', 심지어 '권위의 원천' 같은 용어를 이러한 것들을 묘사하는 데 사용하는 까닭은, 그리스도인들이 이러한 자료에 의존하여 자기들이 믿고 가르치고 고백하는 내용을 논증하고 단단하게 세우고자 하기 때문이다.[10]

성경: 기록된 말씀

성경은 신적 영감을 받은 글의 모음이고, 우리는 성경을 하나님에게서 온 계시로, 그리고 하나님이 계속 계시하시기 **위한** 수단으로 인정한다. 성경은 하나님에게 그 기원을 두고 있고, 이를 '영감'이라고 한다(딤후

3:16; 벧후 1:21). 성경이 하나님을 통해 독자의 마음에서 살아나기도 하는데, 이를 '조명'이라고 한다(요 16:13-16; 고전 2:6-16; 3:5-7). 믿음과 당장의 기대 안에서, 그리스도인들은 하나님의 살아 있는 말씀이시고 "살아서 활동하고 계시는" 성자 예수님을 만나기 위해 성서를 본다(히 4:12).[11] '일반' 계시와 대조적으로 성경에 흔히 '특별' 계시라는 꼬리표를 붙이는데, 성경이 예수님을 분명히 드러내기 때문이다. 일반 계시에서는 교회 밖에서, 성경에 대한 언급 없이, 창조 세계나 양심이나 문화 같은 것을 통해 하나님을 만나 변하는 사건이 일어난다. 하나님이 인류를 다루신 역사를 통해 보면, 특별 계시는 꿈, 환상, 천사의 방문, 성자나 성령을 직접 대면함을 포함한다(주님의 말씀을 받은 에스겔, 세 천사를 영접한 사라와 아브라함, 빈 무덤에 있었던 마리아를 생각해 보라). 우리는 성경을 '정경'이라고도 부르는데, 이 특별한 글 모음집이 그리스도인들에게 표준이나 기준 역할을 한다는 의미다. 어디서나 성서에는 구약과 신약이 포함되며, 일부 신앙 전통에서는 외경도 포함된다.[12] 마지막으로 신학의 원천 자료 중에서 성경과 전통은 '규범' 혹은 '보증' 역할을 하는데, 우리가 이들을 사용해서 다른 자료들을 해석하고 이들을 통해 하나님에 대한 우리의 지식을 논증하고 세운다는 의미에서 그렇다. (나와 같은) 개신교인에게는 성경이 유일한 **표준**이고, 전통을 비롯하여 다른 모든 것들은 성경을 통해 해석된다.

전통: 기억된 말씀

전통은 가장 기본적으로 메시아 예수님에 대한 사도들의 가르침을 가리키는데, 이 가르침을 모든 세대가 받아들이고 물려주었다. 이것이 바로 바울이 "내가 받은 것을 먼저 너희에게 전하였노니"(고전 15:3; 참조. 행 2:42)라고 말할 때 사용한 '전통'의 의미다. 이런 의미에서 우리는 전통을 '신앙 유산'(*depositum fidei*)이라고 부른다. 더 넓게 보면 전통은 기독교적 가르침의 핵심, 즉 기독교적 증언의 가장 본질적인 것을 가리킨다. 이러한 것은 니케아 신조(4세기)나 칼케돈 신조(5세기) 같은 초기 교회의 신조들에 있다. 이러한 의미에서는 전통이 '위대한 전통'(The Great Tradition)인데, 그리스도인들이 천 년이 넘는 동안 이 핵심 신조를 지지해 왔고, 신앙과 신학을 위한 가장 기본 문법처럼 이에 의존해 왔기 때문이다. 일부 그리스도인은 이와 똑같은 본질적인 핵심을 찾으리라 기대하면서 교회 역사에서 아주 영향력 있었던 스승인 이레나이우스(2세기), 아우구스티누스(5세기), 토마스 아퀴나스(13세기) 같은 사람들을 찾는다. 더 넓게 보면 전통은 기독교의 특정 종파나 심지어 개교회에서 전수되어 온 예배와 실천과 신앙에 관한 개별 전통을 가리킬 수도 있다. 마지막으로, 가장 넓게 보면 기독교적 증언의 전 역사를 전통이라고 말할 수도 있으니, 그리스도에 대한 신앙을 고백하는 사람은 누구나 기독교 전통의 일부다.

경험: 만나게 된 말씀

나는 그리스도인들이 **경험**을 신학의 원천 자료에 포함시키는 것을 놓고서 많이 혼란스러워하는 상황을 목격했다. 내 생각에 이는 '경험'이라는 말이 너무 많은 것을 내포한다는 사실 때문이다. 그래서 신학에 관한 경험은 단순히 모든 것을 의미하거나 아무것도 의미하지 않는다. 그렇기에 성경과 전통보다는 경험을 더 많이 다뤄 보겠다. 경험이 더 중요하기 때문이 아니라 경험에 대한 이해가 부족하기 때문이다. 우선 경험이 무엇인지 빈틈없이 기술해 보겠다.

경험은 성령이 우리에게 주시는, 하나님에 대한 자각으로 우리 감각기관이 성경을 통해, 하나님과의 직접적 만남(특별 계시)을 통해, 또는 창조 세계와 양심과 문화(일반 계시)를 통해 받는다. 우리가 감각기관을 통해 얻는 하나님에 대한 이러한 자각은 성령이 우리를 살아 계신 말씀, 즉 예수 그리스도를 경험하도록 이끌고 가시는 은혜와 조명의 선물이다. 이것은 일반적인 경험이 아니라 **계시적 경험**이다. 예수님을 메시아로 받아들이는 것, 죄에 대한 통렬한 고백, 하나님이 가까이 계시다는 느낌, 창조 세계에서 하나님을 만나서 경외 가운데 침묵하는 것이 계시적 경험이다. 성령은 하나님의 우주적 회복 사역과 조화되는 수많은 목적을 위해 이와 같은 경험을 사용하실 것이다. 성령은 우리가 개종하기 전에 하나님에 대한 갈망을 우리 안에 일깨우시거나 성화의 과정에서 우리의 신앙을 유지하고 양육하고 기르신다.[13]

경험이 추상적 개념이 되어 버리거나 무엇이든 우리가 바라는 의미를 띠지 않으려면 성경과 기독교 전통에 기반을 두고서 경험의 의미를 이해해야 한다. 이와 같은 종류의 경험(계시적 경험)에는 네 가지 차원이 있고, 각 차원에서는 경험이 조금은 다른 방식으로 신학의 원천 자료로 작용한다. 첫째, 계시적 경험은 하나님의 자녀로 입양된 사실을 확증(롬 8:16; 갈 4:6)하는 성령의 증언을 의미한다. 성령의 이러한 역사는 '일상적'인데, 그리스도인들의 모든 삶의 영역을 파고들고 매순간 우리 신학에 영향을 미치기 때문이다. 둘째, 계시적 경험은 일상의 흐름 안에서 일어나는 특별한 사건을 의미하기도 하는데, 이는 일상생활에서 흔히 경험하는 사건과 구분된다. 나는 살면서 몇 안 되지만 거룩한 땅에 선 듯한 경험을 했다. 내 평소 생활과 비교해 볼 때 하나님이 놀랍고 특별한 일을 하시는 경험이었다. 셋째, 계시적 경험은 예수님을 따르면서 얻게 된 지혜를 의미하기도 하는데 여기에는 평범한 지혜와 특별한 지혜가 있다. 이 두 지혜가 함께 신학을 위한 일종의 '무게감' 혹은 '원천 자료'를 형성한다. 이를 **제자도의 누적된 무게**라 부를 수도 있다. 이는 친밀하게, 한결같이 예수님과 교제하며 살아가는 사람들에게 쌓인다. 나는 지금 제자로서 "오랫동안 같은 방식으로 복종한" 결과로 쌓이는 것을 말하는 것이다. 기독교 전통에서는 이와 같은 사람들을 '성인'(saints)이라고 부르고, 대부분의 그리스도인들은 이와 같은 사람들을 안다. 연장뿐 아니라 그 연장을 사용하는 기술 지식도 쌓은 노련한 장인처럼, 성인과 같은 그리스도인들은 하나님과 동행하는 삶을 신학의 원천 자료로 사용할 수 있다(아마 당신과 나도 수년에 걸쳐 이와 같은 능력을 기를 것이다).

넷째, 계시적 경험은 우리의 '영적 감각'을 통해서 얻는, 하나님에 대한 자각을 의미하기도 한다. 이 용어가 어쩌면 당신에게 생소할 수도 있지만, 신학자 사이에서는 오랫동안 다양하게 사용된 역사가 있다. 알렉산드리아의 오리게네스나 니사의 그레고리오스와 같은 초기 교회 인물들, 존 웨슬리와 조나단 에드워즈와 같은 18세기 신학자, 여기에 더해 한스 우르스 폰 발타자르(Hans Urs von Balthasar)와 같은 현대 신학자가 이러한 신학자 무리에 속한다.[15] 요약하자면, 영적 감각은 우리가 오감으로 인지하는 것과는 구별되는 방식으로 하나님을 자각하도록 돕는다. 이를 우리의 오감이 정화되고 예민해진 결과라고 말하기도 한다. 어느 쪽이든 우리는 지금 기독교적 삶과 신학에 필요하고 성령으로 가능하게 된 감각 능력을 이야기하는 중이다. 예를 들면, "믿음은…**보이지 않는 것들의 증거**"다(히 11:1). 믿음은 우리의 눈이 보는 것과는 다른 유형의 시각을 제공해 주기 때문이다. 존 웨슬리의 설명에 따르면 영적 감각은 "당신의 영혼에 열린 새로운 종류의 감각이다.…이를 통해 보이지 않는 세계에 진입하게 되고 영적인 것을 분별하게 된다.…이런 내적 감각이 생기고 이해의 눈을 뜨고 나서야 비로소 우리는 신적인 일을 이해하고 생각하게 된다."[16]

A. W. 토저도 비슷한 이야기를 한다. "우리 안에 (소위) 새로운 눈이 발달하면 하나님을 바라보도록 도울 것이다. 육체의 눈은 지나가 버리는 세상의 장면을 볼 뿐이다."[17] 새라 코클리(Sarah Coakley)는 영적인 인지 역시 "완전히 새로운 풍경을 열어 놓는 성화의 여정"에 있다고 말한다.[18]

그렇다면 경험은 성경과 같은 신학의 다른 원천 자료들과 어떠한 관계가 있는가? 이 좋은 질문은 이번 장 후반부에 다룰 것이다. 신학의 원천 자료들을 서로 연결하는 내 나름의 방식을 제시하고 설명하겠다. 내 방식을 당신이 그대로 받아들일 필요는 없지만, 자신의 방식을 인식하고 개선하는 데 도움이 될 것이다.

이성: 지적으로 이해된 말씀

이성은 우리가 감지하고 믿고 확신하고 행동하는 모든 것에 대한 합리적 숙고와 비평적 분석을 가리킨다. 성령은 하나님을 우리에게 알리는 많고 다양한 통로를 통해 하나님을 인식하게 하는데, 그중에 이성은 이해를 추구한다. 이성은 하나님이 계시하신 것에 통달하지 않으려 하고,

기독교 진리를 일관되게 지적으로 표현하고, 모순을 피하고, 성경 밖에 존재하는 (물리학, 철학, 수학과 같은) 역사적이고 과학적인 지식도 고려한다.[19] 또 이성의 사용 자체(이성의 **경험**)가 계시 수단이 될 수도 있는 까닭은, 우리가 몸을 가진 인간으로서 우리의 정신을 사용하기 때문이다. 논증은 신체 활동의 일부분이다. 지성을 사용할 때, 숙고하고 질문하고 논증을 분석하고 그 안에서 일관성과 조화를 추구할 때, 하나님은 우리가 다른 방식으로는 인지하지 못하는 것을 우리에게 계시하실 수도 있다. 그러나 이성을 자율적인 것으로 취급하지 않도록 조심해야 한다. 마치 우리가 지성을 사용해, 하나님으로부터 온 것이지만 그분을 추구하는 사람들에게 하나님이 선물로 주신 것이 아닌 것과 씨름하고 있다고 착각하면 안 된다. 이성적 탐구는 "계시 **밖에서** 사고하는 것이지만, 믿음의 활동을 멈추고 사고하는 것은 아니다."[20]

문화: 숨겨진 말씀

문화는 사회적 삶이 축적한 '의미의 영역'이다.[21] 이것은 사람들이 만든 의미 있는 일 **안에서** 발전하고 그 결과물을 **통해** 투사된다. 예를 들면, 창조적 미술, 사회적 관습, 유행, 가족이나 경제나 정치처럼 공유하고 주고받는 형태 등이 있다. 의미 있는 작품은 사람들의 생각, 믿음, 도덕을 표현하고 전수하고 영속화한다. 신학의 원천 자료로서 문화는 사람들이 공유하는 삶을 창의적으로 표현하는 영역을 가리키는데, 우리는 이 영역을 통해 성령의 활동을 분별하고자 한다. 성령의 활동이 종종 신비하고 숨겨진 채로 있을 때도 그렇다. 이렇게 성령이 (문화 안에) 숨어 있음에도 불구하고, 많은 경우에 문화에 관심을 가질 만한 가치가 있다. "하나님의 가장 정교한 피조물(인류)의 창의성 안에서 창조자도 말씀하신다."²²

여기서 다시 잠깐 멈춰서 좀 더 신중하게 생각해야 할 필요가 있다. 문화가 신학의 정당한 원천 자료라는 데 모든 신학자가 동의하지는 않기 때문이다.

첫째, 내 생각에 우리는 신학의 **배경**이 되는 문화에 주의를 기울여야 한다. 기독교적 인식과 숙고와 체현이 항상 특정 시간과 장소에서, 따라서 특정 **문화** 안에서 발생한다는 의미에서 보면 문화는 원천 자료다. 그래서 그리스도인이 복음을 지적으로, 매력적으로 전달하려면 문화를 염두에 두어야 한다. 커터 캘러웨이(Kutter Callaway)는 다음과 같이 설명한다.

> 만약 신학과 기독교 신앙이 현대 사회에서 합리적이거나 모든 이들에게 납득이 된다면, 이런 일은 반드시 문화와 친숙한 곳에서 일어날 것이다. 우리는 공정하게 대화를 나누기로 한 대상을 존경하고 존중할 필요가 있다. 이건 마치 커피숍에서 함께 앉아 있는 사람을 대하는 것과 같다. 복음주의 그리스도인들에게 해당되는 한 가지 난제는 우리가 좋은 대화자가 되는 데 그리 능숙하지 않다는 것이다. 우리는 듣기 전에 말하는 경향이 있으며, 우리가 그렇게 한다면 문화가 우리에게 건네는 이야기를 사실상 경청하지 않는 것이다.²³

사도행전 17장에서 사도 바울은 문화를 이렇게 이용한 예를 잘 보여 준다. 아테네를 돌아다니며 바울은 아테네 사람들이 어떻게 예배하고 있는지 언급한 후에, 그리스도를 소개하면서 자기가 아테네 문화를 잘 안다는 것을 보여 준다. 이런 면에서 문화는 진리와 선함과 아름다움을 이해하는 데 필요한, 신선하고 예기치 못한 대화 공간을 열어 준다.[24] 아우구스티누스도 그리스도인들에게 "이집트인들을 설득하라"고 조언하면서 비슷한 방식을 제시한다. 예수님의 복음을 이해시키고 표현하려면 비그리스도인 사상가들에게서 최고의 것을 선별하여 사용해야 한다는 말이다.

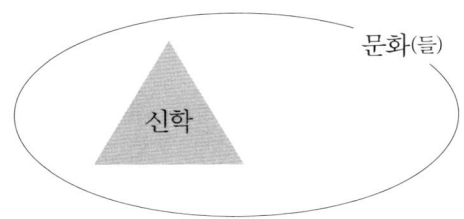

좋든 싫든 우리와 우리의 신학은 문화(들)에 묻혀 있다. 위에 나오는 도식이 이를 잘 보여 준다. 전도자들은 성경을 다른 사람들에게 친숙한 언어로 번역하고, 신학자들은 문화에 대해 이야기하면서 복음을 새로운 관점에서 탐구한다. 목회자들은 헬라어가 아닌 언어로 설교하는데, 교회 문화 안에는 헬라어를 알아듣는 사람이 극소수이기 때문이다. 설교가들은 '교의를 번역해서' 그리스도인들이 이해하고 실천하도록 돕는다.[25] (심지어 지금 이 글을 쓰고 있는 나도 이 점을 염두에 두고 있다.)

둘째, **숨겨진 말씀**을 발견하려면 문화에 주의를 기울여야 한다. 성경과 전통이 어떻게 규범으로 작용하는지 떠올리면 좋겠다. 문화에 대해서는 조금 다르게 접근해야 하기 때문이다. 문화는 일반 계시의 영역이고, 성경이나 전통과는 종류가 다른 원천 자료다. 성경과 전통은 명시적으로 예수님을 가리키고, 이 때문에 복음이 말하는 삼위일체 하나님에 대한 구체적이고 특정한 지식을 가리킨다(즉, 특별 계시). 그러나 문화에는 다른 방식으로 접근해야 한다. 우리는 교회 밖에서, 성경이나 예수 그리스도를 직접 언급하지 않고서, 우리에게 일어나는 변화와 관계된 계시적 경험에 접근하는 것처럼 접근해야 한다. 영화나 문학과 같이 의미 있는 문화 작품을 통해서 성령이 우리 안에 일으키시는 계시 경험은 성경과 전통을 통한 경험보다는 창조 세계 안에서 하는 경험, 혹은 우리의 의식을 통한 경험에 좀 더 가깝다. 문화 작품을 통한 성령의 계시 활동을 묘사하는 이런 방식을 나는 **숨겨진 말씀**이라고 부르지만 다른 사람들은 흔히 일반 은혜, 선행 은혜, 자연 계시라고 부른다.[26]

우리는 성자를 계시하시는 성령의 숨겨진, 신비한, 선행적 활동을 분별하기 위해서 문화가 만들어 낸 결과물에 주의를 기울인다. 이것은 **의도적으로** 하나님을 가리키지 않는 결과물이나 하나님을 인정하지 않는 사람들이 만든 결과물 안에서도 활동하시고 존재하시는 하나님을 찾아본다는 의미다. 다시 바울에 대해 생각해 보자. 아레오바고에서 철학자들을 향해 연설하면서 바울은 왜 이교도의 문학 작품을 인용했는가?(행 17장) 바울은 단순히 청중과 연결되기 위해서 진리가 아닌 말을 한 것일까? 그는 그렇게 인용하면 청중과 연결되리라는 걸 알았고, 그 특정 표현에 진리가 **머물러 있다고도** 믿었다. 바울이 인용한 말은 세상이 존재하는 방식을 **진실하게** 표현한다. 이 말은 전체 이야기는 아닐지라도 진리의 이야기를 전달한다.

오래된 속담처럼 모든 진리는 하나님의 진리다. 이 표현에는 깊은 신학적 핵심이 있다. 모든 진리 안에, 어디에서 발견되었는지와 상관없이 실제의 모습을 그대로 공명하는 모든 것 안에 진리의 영이 현존하여 활동하신다는 것이며 심지어 그분을 인정하지 않는 사람들 가운데서도 그러신다는 것이다. 장 칼뱅은 하나님에 대한 감각이 모든 사람에게 있다고 말했다. "인간 마음 안에, 실제로 타고난 직감 곁에 신에 대한 의식이 있다."[27] 만약 그렇다면, 우리는 성령이 그분에 대한 감각이 있는 사람들 안에서 예기치 못하게 활동하신다고 진지하게 기대하지 말아야 하는가? 이들이 만들어 낸 문화적 결과물에 성령이 현존하신다고 분별력 있게 기대해서는 안 되는가? 다르게 말하자면 이렇다. 성령이 누구 안에서 활동하시는지, 어떻게 일하시는지 정확히 알 수 없기 때문에, 어느 영역에서든 성령이 사람들을 그분 앞으로 이끄셔서 그리스도의 진리를 드러내시고 회심으로 인도하시기를 (예수님이 그렇게 하겠다고 말씀하신 것처럼) 바라면 안 되는가? 그래서 성령이 이러한 사람들이 만들어 놓은 문화적 결과물에 놀랍게 존재하시리라고 기대하면 안 되는가?

우리에게도 이러한 일이 있지 않았나? 우리가 회심하기 전에, 성령이 우리 안에 현존하시고 활동하시면서 우리를 은혜롭게 하나님 앞으로 인도하셨다. 그렇다면 우리가 다른 사람들 안에서도 동일하게 일하시는 성령의 활동에 관심을 기울이고, 그리하여 숨겨진 말씀을 찾을 수도 있는 문화 영역에 신경을 써도 되지 않는가?

요약하면, 신학의 원천 자료는 반응이자 통로다. 하나님의 자기 계시 활동에 대한 **반응**이다. 문화적 결과물의 경우에도, 즉 사람들이 자기가 계시에 반응하고 있음을 자각하지 못할 때도 그렇다. 신학의 원천 자료는 **통로**이기도 하다. 각 자료는 하나님의 활동에 대한 독특한 반응이고, 하나님은 각 자료를 통해 은혜롭게 변화시키시며 현존하시고 활동하시고, 활기를 불어넣으시거나 정죄하시거나 힘을 주신다.

엠마오로 가는 길과 식사 자리

신학책에서 원천 자료의 역할을 더 잘 이해하기 위해, 엠마오로 가는 길에 제자들과 동행하신 예수님을 생각해 보자. 이 사건은 어떻게 성경이 옛 계시가 담긴 원천 자료이며 계시가 지속되는 통로일 수 있는지를 보여 준다(눅 24장).

제자들이 예루살렘에서 엠마오로 가고 있을 때, 예수님이 그들을 만나셨다. 그들은 예수님이 십자가에 달리시던 현장에 있었지만 부활에 대한 이야기를 듣고서도 소망을 완전히 잃어버렸다. 그들의 메시아는 죽었다. 하나님 나라에 대한 소망은 산산조각이 났다. 그때 예수님이 그들 앞에 나타나서 함께 걸었으나 제자들은 알아보지 못했다. 로완 윌리엄스(Rowan Williams)의 시 "엠마오"는 제자들이 길을 잃은 모습을 완벽하게 드러내 준다.

> 먼저 태양이 떴고 그러고 나서 그림자가 드리워서,
> 내가 눈을 돌려 친구의 얼굴을 보자,
> 그 모습이 달라 보였고,
> 목소리가 뜨거운 공기 가운데 떨렸다.
> …
> 눈이 마주쳤을 때, (내 눈처럼) 그 눈에는 당황스러움이 어렸다.
> 우리는 함께 걷자고 청하는

그 말의 리듬을 깨닫지 못했다.

그리고 우리가 들은 것은 우리 목소리가 아니었다.[28]

예수님의 제자들은 예수님과 함께하는 경험에 당황했다. 예수님은 그들에게 낯선 사람이었을 뿐 아니라, 예수님 때문에 그들도 서로에게 낯선 사람이 되었다. "내가 눈을 돌려 친구의 얼굴을 보자, 그 모습이 달라 보였고." 그들이 예수님을 알아보지 못했지만, 예수님은 그들 가운데서 다시 일하기 시작하셨다. 그들을 변화시키셨고, 그들의 안정적 자의식을 뒤흔드셨고, 다른 이들에 대한 그들의 인식도 바꾸셨다.

화제가 예루살렘에서 일어난 사건으로 넘어간다. 제자들은 예수님이 그 소식을 듣지 못했다는 것에 놀라서(최소한 예수님은 이에 대해 말하지 않으셨다), 최근 소식을 들려주었다. 이스라엘의 소망인 예수가 십자가에 못 박혔다. 여자 몇 명이 아침에 예수님의 무덤이 빈 것을 발견했고, 예수님이 살아 있다고 이야기하는 천사를 만났지만 그것을 전부 어떻게 이해해야 할지 몰랐다. 그들은 어쨌든 여자였다. 이는 예수님의 동료들 사이에서 이 여자들의 증언이 아무 가치도 없다는 의미였다.

예수님은 실망하셨다. "미련하고 선지자들이 말한 모든 것을 마음에 더디 믿는 자들이여"(눅 24:25). 제자들은 성경에 기록된 선지자들의 말을 알고 있었다. 하나님이 선지자들에게 **말씀하셨고**, 제자들에게 선지자의 말은 계시의 수단이었다. 성경 본문을 소유하고 있었는지는 문제가 아니었다. 그들의 잘못된 해석이 그들을 방해했고, 예수님은 성경을 **하나님이 계속해서 계시하시는** 도구로 사용하셨다. "이에 모세와 모든 선지자의 글로 시작하여 모든 성경에 쓴 바 자기에 관한 것을 자세히 설명하시니라"(눅 24:27).

예수님은 왜 하늘 장막을 열어젖혀서 자신을 분명하게 드러내지 않으셨을까? 왜 다볼산의 변모 사건이나 하늘에서 성부의 음성이 들린 세례 사건과 비슷한 일을 통해 자신을 드러내지 않으셨을까? 예수님은 신현(theophany, 하나님의 현현이나 하나님에 대한 환상을 가리키는 용어)을 이용하지 않고 문자의 공간인 성경을 이용하셨다. 성경에 기록된 모세와 선지자의 말(하나님의 계시에 대한 모세와 선지자들의 반응)을 취하셨고, 그것을 하나님이 계시하시는 통로로 사용하셨다. 예수님은 성경을 이용하여 자신을 드러내셨다.

그러나 그 이야기는 성경 공부로 끝나지 않는다. 성경 본문은 제자들이 성경에 대한 예수님의 가르침을 통해 마침내 예수님을 알아보게 되었다고 전혀 말하지 않는다. 드러난 것처럼, 사실 제자들은 더 일상적인 물건, 즉 창조 세계의 '것'으로서 더 쉽게 인지할 수 있는 물건을 통해 드디어 예수님의 얼굴을 알아보았다. 저녁 식사 때 예수님이 빵을 집으셨다. 지극히 평범하게 빵을 떼셨는데, "그들의 눈이 밝아져 그인 줄 알아보[았다]"(눅 24:31). 평범한 식탁에서 평범한 식사를 하면서 평범한 빵을 떼는 순간이 예수님의 손에서 계시의 도구가 되었다.

이 사건을 생각해 보라. 예수님은 성경과 식사 자리를 **모두** 사용하셨다. 그리스도가 제자들과 만난 사건을 통해 우리는 무엇을 배울 수 있을까? 첫째, 우리가 익숙하게 들여다보는 객관적 자료들인 성경과 전통에 나타나는 하나님의 계시적 현존에 신중하게 주의를 기울여야 한다. 둘째, 일상에서 **평범해** 보이는 물질적인 것에 나타나는 하나님의 계시적 현존에 이전보다 더 주의를 기울여야 한다. 성경과 전통 말고도, 우리는 성찬에 참여하여 그리스도를 체험하면서 하나님의 계시적 현존을 친밀하게 만날 수 있고, 창조 세계의 놀라운 경이에 압도당할 수 있고, 영적 친구와 인도자와 가족을 통해 삼위일체 하나님과 교제를 경험할 수 있다. 엘렌 체리(Ellen Charry)가 썼듯이, "[기독교적 체험에 대한] 소망은 교회의 교의, 실천, 법도, 조례를 내면화하고 개인화하는 것이다.…[기독교적 체험은] 자연스럽고 감정적이고 예측 불가능하고, 심지어 우리를 당황하게 하며, 더 복음적인 형태에서는 삼위일체 하나님 중에 가장 역동적이고 거침없는 위격인 성령과 관계가 있다."²⁹ 성령은 기록된 말씀을 통해, 선포된 말씀을 통해, 말씀에 영향을 받고 살아가는 사람들에 대한 관찰을 통해, 살아 계신 말씀과 직접적인 대면 같은 것을 통해 각 사람에게 다가가고자 역사하신다. 이 모든 것에 대하여 하나님을 찬양하자! 하나님은 신학책마저도 당신에게 다가가는 데 사용하신다(당신이 애초에 여기에 대한 기대감이 낮더라도 그렇다).

건축가의 시선(3): 원천 자료의 관계

우리가 신학의 모든 원천 자료에서 하나님의 계시적 현존을 기대한다면, 자료를 서로 어떻게 관련지어야 할까? 다시 말하면, 하나님과 모든 것을 하나님의 관점에서 이해하고자 한다면, 신학의 다양한 원천 자료를 **한데 합치는** 방법에 대한 기독교적 지혜가 있는가?

이것은 중요하고 오래된 질문이지만, 모든 사람이 이 질문에 같은 방식으로 대답하지는 않는다. 그리스도인들은 모든 원천 자료가 하나님의 계시에 대한 반응이며 계시의 통로이지만 동시에 자료들의 성격이 서로 다름을 인정한다. 자료들은 한 기계에 있는 똑같이 생긴 톱니바퀴도 아니고 같은 종류의 건축 자재도 아니다. 그리스도인들(역사적으로 우리 중 대다수)은 성경과 전통이 **기본적** 역할을 하는 재료라는 것도 인정해 왔다. 다르게 말하면, 다른 원천 자료와의 관계에서 성경과 전통은 해석상 **우선권**이 있다. 예를 들면, 하나님의 계시적 현존에 대한 경험의 중요성을 훼손하지 않으면서도, 이러한 경험을 해석하기 위해 전통에 비추어 성경을 들여다본다. 하나님의 성품과 뜻에 대한 우리의 지식은 전통에 의거한 성경 해석에 **뿌리를 두며** 그 해석에 뿌리를 두고 **세워진다**.

이 말은 우리가 개인적 경험을 무시하고 성경을 해석한다는 뜻이 아니다. 자신을 속이지 말자. 해석은 항상 당연히 육체의 활동이다. 그래서 이 말은 오히려 과거와 현재의 다른 그리스도인들과 동행하며 성경을 해석해야 한다는 뜻이다. 보지 못하는 부분을 보기 위해서, 그리고 신선한 관점을 얻기 위해서, 우리는 함께 성경을 읽어야 한다. 여전히 가장 중요한 것, 즉 바로 그리스도가 하나님이 약속하신 메시아이자 세상의 소망이라는 것을 잊지 않으려면 우리는 공동체 안에서 성경을 읽어야 한다.

엠마오 식사 이야기의 예시는 다시 한번 유익하다. 예수님이 **먼저** 제자들을 성경의 세계로 데리고 가신다. 원천 자료로서 성경, 즉 기록된 말씀에 해석상 우선권이 있다. 인간 해석자가 주관적으로 해석하더라도 그렇다. 그렇기 때문에 기독교 신학자들 대부분은 **모든** 원천 자료를 사용하고자 하면서도, 예수님의 행동을 본받아 "중심적 전제 조건이 되는 원천 자료"인 성경에 기대감을 갖고 주의를 기울인다.[30] 성경을 아치가 무너지지 않도록 중심을 잡아 주는 쐐기돌(keystone), 벽의 주춧돌, 혹은 건물의 초석 같은 것이라 생각해 보라. 내가 좋아하는 은유는 성경이 다른 원천 자료를 궤도로 끌어들여 움직임을 정하는 **중력의 중심**과 같다는 것이다.

당신은 자료들을 어떻게 배치하는가?

나는 신학생들에게 원천 자료 간의 관계에 대한 생각을 일종의 이미지를 이용하여 시각적으로 표현해 보라고 한다. 이 과제는 상당히 유익한 활동이다(이 장의 신학 실험실을 보라). 어떤 학생은 고정된 이미지를 활용했다. 건물의 기반을 성경으로 묘사하거나 전통을 틀로 표현하기도 했다. 다른 이들은 하나의 자료가 다른 자료로 이동하고, 또 다른 자료로 이동하고, 또 이동하는 역동적으로 순환하는 움직임으로 표현했다. 강, 길, 생태계, 혹은 세발자전거의 구조를 이용하는 것도 보았다. 해마다 더 놀라운 아이디어가 보인다!

이 훈련 덕분에 각 학생이 **마음에 품고 있는 신학**이 드러난다. 학생들이 이미 갖고 있지만 흔히 아직은 검증되지 않았던 생각, 믿음, 개념이 그 이미지에 드러난다. 학생들은 교실 밖에서 이런 활동을 해 보고 난 후, 다시 교실에 모여 그 이미지를 게시판에 붙여서 다른 모든 학생에게 보여 주었다. 보고 들은 후에 관대하면서도 솔직하게 서로에게 질문했다. 왜 이런 이미지를 선택했는가? 그 이미지를 통해 말하고자 하는 것이 무엇인가? 왜 그렇게 생각하는가? 나도 질문을 던지면서 내가 학생들의 그림에서 알아차린 패턴을 알려 준다.

원천 자료 간의 관계를 도표로 그리면 어떤 일이 일어나는가? 첫째,

학생은 자신의 신학 공간을 건축가의 시선으로 보게 된다. 이 공간은 책으로 출판된 것은 아니지만 그들 안에 존재하는 것이다. 둘째, 그 시선을 우리가 함께 읽는 신학책에 적용할 능력을 길러 준다. 만약 학생이 자신의 믿음 안에서 신학 재료를 발견할 수 있고 **동시에** 그 재료의 관계를 분명히 말할 수 있다면, 다른 사람의 글에도 똑같은 것을 적용할 준비가 된다. 셋째는 내게도 똑같이 중요한 일인데, 원천 자료를 다른 방식으로 도표를 그린 학생들에 대한 공감이 급격하게 커진다.

이 활동을 상상하는 데 도움이 되도록, 원천 자료의 관계를 내가 어떻게 그렸는지 보여 주고 싶다. 이 책 뒤에 있는 세계, 즉 이 책의 저자인 **나의** 세계를 일별하는 것도 도와주고 싶다. 내가 그린 도식은 이 관계를 시각적으로 보여 주는 유일한 방식도 아니고, 내게도 최종적 도식이 아니다. 나 역시 여전히 배우고 성장하고 있다. 이 관계에 대한 내 생각은 바뀔지도 모르고, 내 학생들이 이를 묘사하는 더 나은 방법을 가르쳐 줄지도 모를 일이다. 내 도식을 자세히 살펴보자. 무엇을 발견했는가? 나에게 무엇을 묻고 싶은가? 당신의 직감과 어떤 면에서 다른가? 혹은 얼마나 비슷한가?

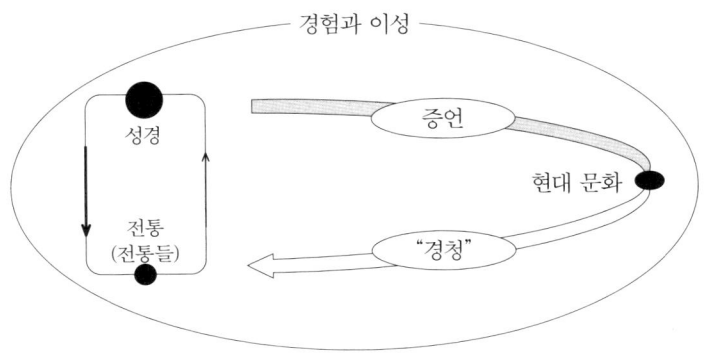

당신이 세 가지를 발견하면 좋겠다(학생들이 칠판에 있는 자신들의 그림을 설명할 때, 흔히 이런 식으로 시작한다). 첫째, 모든 것을 둘러싸고 있는 타원에 주목해 보라. 우리는 어쩔 수 없이 자신의 신앙 경험 안에서 그리고 자신의 지적 능력 안에서 신학을 연구한다. 그래서 타원은 경험과 이성이라는 면에서 우리의 구체화된 삶을 나타낸다. 이는 우리가 구체적인 삶이라는 틀 안에서 신학을 연구한다는 사실을 묘사한다. 아무 경험이나 이성이 아니라 **우리가** 적용하는 경험이나 이성이다. 이를 피할 수도 없고 이를 피하려고 노력해야 한다고 생각하지도 않는다. 둘째, 성경과 전통 사이에서 위아래로 향해 있는 화살표를 주목하라. 나는 이들의 관계를 일종의 피드백 루프(feedback loop, 되먹임 고리)로 본다. 성경에서 전통으로 향하는 화살표가 더 두꺼운데, 나는 성경이 전통을 검증하고 훈육하고 세운다고 믿기 때문이다. 전통은 우리가 성경을 해석하는 데 도움을 주지만, 성경은 전통의 기초다. 셋째, 화살표가 어떻게 현대 문화를 향해 갔다가 돌아 나오는지 주목해 보라. 문화는 두 가지 면에서 신학을 위한 원천 자료다. 문화가 만들어 낸 결과물인 시, 소설, 그림, 음악, 영화 등은 복음을 정황과 관련짓기 위한 **자원**이고, 성령의 놀라운 선행 활동을 위한 **통로**다. 전자를 설명하기 위해서 화살표가 성경과 전통에서 출발하여 '증언'이라는 단어를 통과해 현대 문화를 향해 간다. 후자를 보여 주기 위해서 화살표가 문화에서 출발해 성경과 전통으로 되돌아가는데, 여기에 '경청'이라는 단어가 붙어 있다. 만약 당신이 문화를 그리 가치 있게 여기지 않는다면, 이것이 다소 놀랍게 느껴질 수도 있지만, 문화의 결과물을 **통해서 성령의 계시적 현존**이 놀랍게 일어나고 있다는 사실을 우리가 발견할 수 있을 것이다.

이제 책 뒤에 있는 세계로 **좀 더** 가서 (당신이 아무리 열심히 바라보아도) 내 그림에서 배울 수 없는 내 이야기를 몇 가지 하겠다.

첫째, 내가 성공회 그리스도인이라는 자의식도 성경과 전통 사이에 있는 피드백 루프에 대한 내 생각을 형성했다. 성경에서 전통으로 향하는 화살표가 더 굵은 이유는 내가 종교개혁 전통을 따르는 그리스도인으로서 종교개혁의 원칙 중 하나인 "하나님의 말씀을 따라 항상 개혁되어야 한다"(ecclesia reformata, semper reformanda secundum verbum Dei)는 말을 소중히 여기기 때문이다. 그렇기 때문에 나는 성경이 내 모든 것을 개혁하고 변화시킬 수 있도록 성경 앞에서 책임감 있고 유순한 모습으로 서 있고자 한다(히 12장; 요 14, 16장). 나는 기독교 전통을 기쁘게, 그러나 비평적으로 받아들이고, (마치 결을 따라 사포질해서 나무를 부드럽게 만들듯이) 항상 성경의 결을 따라간다. 다른 한 편으로 위로 향하는 화살표도 굵고 뚜렷한데, 나는 니케아 신조의 고백처럼 하나인 보편적 교회를 믿기 때문이다. 이 사실은 '회귀'(retrieval)라 불리는, 과거 기독교와의 소통을 장려한다. 나는 과거를 살필 때, 낯선 이들을 만난다고 생각하지 않는다. 우리는 그리스도 안에서 형제자매를 만나며 그리스도는 우리를 그분의 몸에 포함시킴으로써 하나되게 하신다. 성경을 읽으며 예수님을 따라가고자 할 때, 나는 의식적으로 과거를 돌아보며 지혜와 통찰을 구한다.[31]

둘째, 성자의 성육신은 내게 굉장히 중요하다. 물론 예수님이 이 땅에 하나님 나라를 시작하셨기 때문에도 중요하지만, 내 신학 실천에도 중요하다. 나는 하나님이 창조 세계의 회복과 치료를 위해 창조 세계에 다가오셨다고 믿는다. 그리스도는 우리의 육체를 치료하기 위해 거짓 없이 진정으로, 철저히 우리와 같은 육체를 입으셨다. 그리하여 우리 몸의 각 부분을, 하나도 남김없이, 전체를 치료하신다. 내가 믿기에는 이 사실이 신학에 중요한 의미가 있다. 내가 하나님의 계시적 현존을 몸으로 체험하는 것을 가치 있게 여긴다는 말이다. 내가 살아가는 구체적인 삶은 하나님을 알아가고 하나님의 관점에서 모든 것을 이해하는 진입로가 될 수도 있는데, 내 신학에서 나는 이를 가능하게 하는 모든 방식에 주의를 기울이고 싶다. 도식 전체를 둘러싼 타원은 경험과 이성을 나타내며, 이것이 내게 현실이다. 내가 성육신 사건을 가치 있게 여기는 방식은, 문화 작품을 신학의 원천 자료로서 인정하게 해 준다. 특별히 이런 방식이 창조 세계와 우리 삶에서 성령의 활동을 감지하는 강한 감각과 결합될 때, 그런 일이 일어난다.

모든 사람이 나처럼 신학을 이해하는 것은 아니다. 다른 이들은 원천 자료의 관계를 다르게 그릴 것이고, 각자 근거가 있다. 내 도표를 보여 준 이유는 설득하기 위해서가 아니라, 당신의 건축가적 시선을 발전시키는 데 도움을 주기 위해서일 뿐이다. 정말 솔직히 말하면 내가 당신을 위해 만들어 놓은 **이 공간**을 당신이 좀 더 천천히 돌아다니도록 돕고 싶다. 어느 저자나 다 그렇듯이, 내가 당신을 위해 만들어 놓은 이 공간에 당신이 **머물기**를 원한다. 만약 당신이 나의 의미 세계를 만나도록 내가 도왔다면, 이 책을 읽고 난 후 다른 어떤 책을 읽을 때도 똑같은 일이 계속 일어나기를 바란다.

이보다 기대를 낮춰야 하는 이유가 있는가?

기도

자신을 드러내시려고

당신은 육체라는 낯선 옷을 입으셨습니다.

    우리와 같이

        피부,

        손톱,

        튼 입술을 가지셨고

        가족,

        우정,

        배신을 경험하셨습니다.

        진실로

        실제로

죄가 없으시다는 것만 빼면 모든 면에서 우리와 똑같이 되셨습니다. 당신 손에 있는 실제 빵과 포도주처럼, 신학 독서가 우리에게 예수 그리스도를 보여 주는 도구가 되게 하시고 우리가 그렇게 글을 읽기를 준비하게 도우소서. 아멘.

요약

신학책의 세계에는 신학의 원천 자료가 포함된다. 각 자료는 하나님의 계시에 대한 반응이고 하나님이 계속 계시하시는 통로다. 신학의 원천 자료는 성경, 전통, 이성, 경험, 문화다. 이러한 자재로 신학의 건축적 소통 공간이 구성된다. 신학책에 머무르려면 건축가의 시선이 필요하다. 그중 가장 기본 요소는, 사용된 자료를 볼 때 신학 원천 자료를 확인하는 것이다.

숙고와 논의를 위한 질문

1. 하나님이 하나님 자신을 계시하신다는 사실이 왜 중요한가? 그리고 궁극적으로 신학을 우리가 시작하는 것이 아니라는 사실이 왜 중요한가?
2. 당신의 신앙 여정에서 하나님이 자신을 계시하기 위해 사용하신 원천 자료나 통로 중에 무엇이 가장 중요했는가?
3. 당신의 삶에서 신학의 원천 자료가 서로 어떻게 연결되는가?

신학 실험실: 자신의 원천 자료 도식화

> 모세와 모든 선지자의 글로 시작하여 모든 성경에 쓴 바 자기에 관한 것을 자세히 설명하시니라.
>
> -누가복음 24:27

> 기독교의 가르침은 어떤 권위에 혹은 어떤 근거에 의거하는가? 예배하는 공동체는 해당 공동체가 알고 있는 것으로 보이는 내용을 어떻게 알게 되었는가?
>
> -토머스 오든[32]

이번 실험을 통해 당신은 자기가 신학의 원천 자료를 서로 어떻게 연관 짓는지 발견할 것이다. 이는 당신의 건축가적 시선을 예리하게 만드는 활동이다. 이것은 다음과 같이 작동한다. 만약 당신이 어떻게 신학 자료를 서로 관계시키는지 이해하게 되면(자신의 머릿속에 있는 신학 자료의 관계를 그려볼 수 있다면), 신학 독서를 하는 동안 자료 간의 관계를 알아보는 눈이 더 예리해진다. 다르게 말하자면, 만약 당신이 읽는 신학책 저자의 건축 양식을 분간하고 싶다면, 자신의 신학이 어떠한 건축 양식으로 되어 있는지 알아야 한다.

단번에 최종 도식을 그리려고 무리하지 않았으면 좋겠다. 이건 최종 결정 같은 것이라기보다는 오히려 당신이 이미 믿고 있는 것, 즉 당신 마음에 새겨진 신학을 분별하는 현재 진행형 실험이다. 그렇게 마음에 새겨진 신학이 누구에게나 진정한 것이지만, 이를 의식하는 사람은 거의 없다. 이번 실험은 신학의 원천 자료와 관련해서 당신이 이미 발을 딛고 있는 믿음 체계를 숙고하여 시각적으로 표현하는 데 필요한 체계를 제공한다. 나를 믿어 보라. 당신은 생각보다 많은 것을 이미 알고 있을 것이다.

1단계: 원천 자료를 정의하기

3장에 나오는 정의를 참고하여, 신학의 각 원천 자료를 자신의 말로 정의하되, 두 문장 이내로 써 보라.

- 성경
- 전통
- 경험
- 이성
- 문화

2단계: 각 자료의 관계를 묘사하기

신학의 원천 자료 간의 관계를 당신이 어떻게 이해하는지 묘사하고, 그 근거를 제시하라. 이것이 신학 자료에 대해 당신 마음에 새겨진 신학이다. (한 자료가 다른 자료보다 중요하다든지, 다른 자료가 둘째로 혹은 셋째로 중요하다든지 하는) 위계가 있는가? 왜 있는가? (하나의 자료가 다른 자료로 이어지고, 또 다른 자료로 이어지는 식으로) 순환하는 원 안에 이들을 배열했는가? 왜 그렇게 했는가? 어쩌면 당신은 다른 방식으로 이들의 관계를 이해할지도 모르겠다. 자신이 이해하는 대로 설명해 보고, 왜 그렇게 이해하는지 근거를 제시해 보라. 신학의 원천 자료가 서로 어떻게 관련이 되는가?

3단계: 이 관계를 그려서 다른 이들과 이야기하기

빈 종이에 당신이 방금 묘사한 자료 간의 관계를 그리라. 그림 실력에 자신 없어할 필요가 없다. 여기서는 미술적 재능이 중요하지 않다. 원천 자료 간 관계를 시각화해서 그리면 당신이 말로 설명한 것을 이해하는 데 도움이 된다. 자기 그림을 보면 이를 더 잘 이해할 수 있을 것이다.

이번 실험은 친구들과 함께 완성하는 것이 가장 좋다. 신학 독자들을 모아 각자 이 실험을 실행해 보고, 그러고 나서 모여서 자신의 그림을 공유하라. 그림을 그리고 서로 상대방에게 자기 그림을 설명한다면, 이 경험이 제일 의미 있을 것이다. 그러고 나서 서로 질문하라. "왜 그렇게 그렸어? 이 이미지의 의미가 뭐야?" 당신은 친구가 당연히 당신과는 다른 방식으로 원천 자료를 설명하고 그렸다는 사실을 알아차릴 것이다. 수용하는 마음으로 질문을 던져 보라. 친구가 새로운 사실을 알려 줄 수도 있다. 진정성 있게 질문해 보라. 그들에게 정말 궁금한 것이 있을 것이다. 공감하며 질문해 보라. 그들이 보는 것처럼 보려고 노력해 볼 수 있을 것이다.

6장

신학 '건축학' 개론: 책의 세계 2

> 깊도다 하나님의 지혜와 지식의 풍성함이여, 그의 판단은 헤아리지 못할 것이며 그의 길은 찾지 못할 것이로다.
>
> -로마서 11:33

> 어느 건물이나 공간이든 모두 친밀함이나 웅장함, 초대나 거부, 환대나 적대와 같은 특유의 소리가 있다.
>
> -유하니 팔라스마[1]

5장에서 신학책의 세계를 다루었으나, 이번 장에서는 신학책의 원천 자료에서 **건축 양식**으로 관심을 옮겨 보겠다.

여느 건축물처럼 신학 저작에도 건축 양식이 있고, 형태와 구조가 있다. 신학책에도 당연히 건축 자재가 있는데, 바로 신학의 원천 자료다. 의미 세계를 전달하는 건축 공간은 이러한 자재로 세워진다. 독자인 우리는 건축가의 시선으로 "콘크리트가 사용되었군"이라는 말보다 더 많은 것을 이야기할 수 있어야 한다. 이와 같은 세부 사항을 알아차리는 것으로 시작하는 것도 좋지만, 해당 공간이 말하는 것을 이해하려면 더 많은 것이 필요하다. 이 **더 많은 것**은 건축 양식을 통해 전달된다.

이번 장은 세 부분과 한 가지 질문으로 구성해 보았다. 첫째, 신학에 대한 가장 흔한 몇 가지 **접근법**을 소개한다. 둘째, 신학의 **형식** 몇 가지를 논의할 것이다. 셋째, 신학에서 뚜렷이 다른 세 가지 **유형**인 예배와 증언과 비평을 다룰 것이다. 넷째, 비평을 생각할 때 생기는 "만약 신학이 '실패한다면' 어떻게 되는가?"라는 질문을 던져 보겠다.

신학에 대한 여러 접근법

신학이 19세기에 대학교의 학문 분과가 되었는데, 이 일이 신학에 예상하지 못한 깊은 영향을 미쳤다. 학문의 학리적 배치에 따라, 한때 통합되었던 신학의 실천이 갈라진 것이다.[2] 다음의 설명은 복잡한 상황을 지나치게 단순화할 위험이 있지만, 근대식 대학교는 근본적으로 신학자가 도대체 무슨 일을 하는 사람인지 따져 봐야 했다. 그래서 신학 연구의 원문 영역은 고대문헌학과와 연결했고, 역사 영역은 사학과와 연결했고, 형이상학적 영역은 철학과와 연결했다. 그 후로 신학에 대해서는 다섯 가지 접근법이 일반적인 것이 되었다. 각 접근법에서 저자 집단, 학계, 출판사, 이를 발전시켜 밀고 나가는 일에 전념하는 학술지가 생겼다. 특히 대부분의 대학교와 신학교의 교육 과정과 연구실 배치를 보면, 이들 다섯을 알아볼 수 있다.

성경신학

성경신학은 성경 자체를 중심으로 해서 놀라운 정도로 다양하게 성경에 접근하는 방법을 모두 아우른다.³ 성경신학자는 자주 성경 전체를 들여다보면서 성경의 전 범위에 걸친 패턴과 주제를 찾는다. 언약이나 복이나 하나님 나라 같은 주제는 성경의 통일성과 방향을 들여다보게 해 주는 창으로 간주된다.

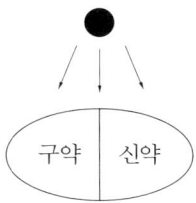

성경신학자 중에는 구약과 신약의 관계를 연구하거나, 해석의 문제를 다루거나(해석학), 성경의 문화적이고 역사적 배경을 탐구하거나, 성서 안에 존재하는 구별되는 신학(이를테면 이사야 신학, 바울 신학, 예레미야 신학)을 연구하는 이들도 있다. 가장 일반적 의미에서 '성경신학'이라는 용어는 정경인 성서의 웅장함, 굵직한 서사, 구조, 내용 등을 다루는 접근법을 뜻한다.

역사신학

역사신학은 역사의 특정 정황을 자세히 들여다보면서 그리스도인들이 그 특정 시간과 장소에서 무엇을 믿고 고백하고 실천했는지, 그리고 기독교의 신앙과 실천이 시간이 흐르면서 어떻게 변했는지를 이해하려는 접근법이다. 이런 접근법을 사용하는 신학자는 교회의 공식적 가르침이나 각 개인이나 교회 주변부에 있는 사람들을 포함하는 공동체에 집중한다. 역사신학의 1차 목적은 교회가 지금 무엇을 말해야 하는지를 판단하기보다는(이것이 2차 목적일 수는 있지만), 교회가 실제로 과거에 무엇을 믿었고 말했고 실천했는지를 명료하게 설명하는 것이다.[4]

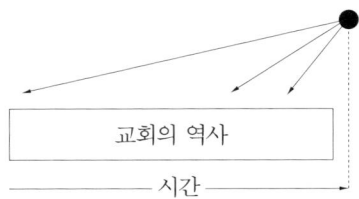

역사신학 연구는 4세기 니케아 신학, 또는 4세기 주교인 푸아티에의 힐라리우스(Hilary of Poitiers)의 삼위일체 교리, 19세기 개신교 신학과 같은 것에 집중할 것이다.[5]

조직신학

조직신학은 현대 교회와 세상을 염두에 두면서 이전에 소개한 두 개의 분과에 의존하고 이 두 분과를 통합하는 접근법이다. 조직신학자들은 일반적으로 기독교의 가르침(교리)을 통일성, 일관성, 연관성 있는 것으로 간주한다. 이들은 이 전체 가르침을 탐구하고 현대 교회가 마주한 기회나 쟁점이나 질문에 반응하여 건설적으로 적용한다. 때로는 '교의학'이나 '구성신학'이라 불리기도 하는 이 접근법은 정교한 체계(system)를 구축한다는 의미에서는 늘 조직적(systematic)인 것은 아니지만, 질서와 방법론이 있고 포괄적이고 통합적인 기독교의 가르침 전체에 접근한다는 의미에서는 조직적이다.

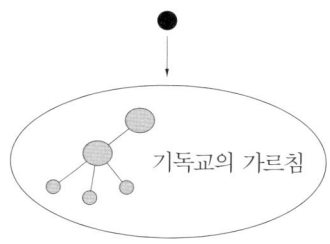

게할더스 보스(Geerhardus Vos)가 조직신학에 대해 유익하게 기술했듯이, 이 접근법은 기독교 교의를 중심으로 '원'을 그려서, 현대 교회를 위하여 그 교의 전체의 역학 관계를 탐구한다.[6]

실천신학

실천신학은 (결혼식이나 장례식 같은) 교회 사역의 '실천적' 문제와 관련해서 목회자를 훈련시키고자 19세기에 들어 처음으로 별개의 분과로 발전했다. 오늘날 이 접근법은 사역자의 임무보다는 교회가 하나님의 선교에 참여할 때 **하는** 일에 대한 해석에 더 관심이 있다. 실천신학은 "교회의 사명을 복음과 기독교 전통에 비추어 비평적으로 숙고한다."[7] 기독교의 가르침이라는 렌즈를 통해 하나님의 선교 안에서 교회의 사명을 들여다본다.

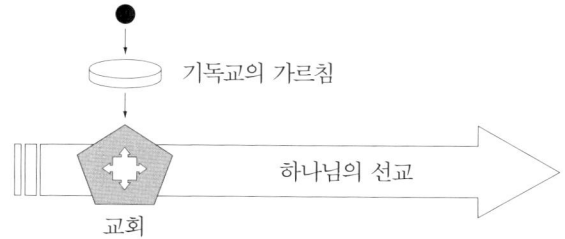

실천신학은 교회의 예배와 제자도와 [실천(praxis)이라고 불리는] 사회 윤리에서 그리스도인의 행동에 초점을 맞추고, 이러한 행동이 얼마나 기독교적 가르침을 드러내거나 감추는지, 구원하시고 회복하시고 화해하시는 하나님의 선교와 얼마나 조화로운지를 생각해 본다.[8]

철학적 신학

철학적 신학은 철학의 도구와 방법론을 통해 기독교 신앙을 들여다본다. 이 접근법의 목적은 많고 다양하다. 예를 들면, 어떤 이들은 하나님, 영혼, 인과 관계, 시간, 지식처럼 '신학이 사용하는 개념' 분석에 집중한다.[9] 독특한 기독교적 관점에서 나오는 전통적인 형이상학적 질문을 다루거나 동시대에 보편적인 철학의 도구와 방법론을 사용하는 기독교적 가르침을 연구하는 이들도 있다.

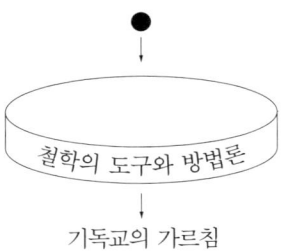

이렇게 해서 각 분과 전용 학파나 학술지나 학회가 있는 접근법 다섯 가지를 살펴보았다. 여기에 두 가지 접근법을 더 언급하겠다.

신학에 대한 혼합적 접근법

혼합적 접근법은 과거와 현재의 많은 연구에서 발견되며, 특히 일반 독자를 위해 저술한 책에서 발견된다. 신학자는 이러한 방식으로 작업하면서 두 개 이상의 접근법을 선택하여 자신의 공간을 만드는 데 필요한 것을 사용한다. 각 접근법이 전체 구조에 기여를 하기 때문에, 접근법들 사이에 경계가 때로는 흐릿해진다. 각 접근법은 일종의 창문처럼 각기 나름의 관점을 제공한다.

당신이 창문이 여럿인 방에 있다고 생각해 보라. 창문마다 서로 다른 경치가 보인다. 이 책 291쪽에 있는 라울 뒤피(Raoul Dufy)의 "창이 열린 실내"(Interior with Open Windows)가 이런 모습을 보여 준다. 한쪽 창문으로는 리비에라(Riviera)의 둥근 해안선이 눈에 가득 들어오지만 니스(Nice)시 외곽은 어렴풋이 보일 뿐이다. 다른 쪽 창문으로는 해변으로 시작해 언덕과 하늘로 이어지는 니스시의 풍경이 시야를 점령한다. 만약 오른쪽과 왼쪽에 창문이 더 있다면, 무엇을 볼 수 있을까? 상상해 볼 수 있을 뿐이다. 어쩌면 아래쪽 정원에 있는 과일나무가 보이거나 수평선까지 뻗어 있는 큰 바다가 보일지도 모른다.

지금 왜 이 말을 하는가? 신학에 대한 각 접근법처럼 각 창문은 전체 풍경에 대한 특유의 풍경을 보여 주기에, 그 풍경에서는 분명하게 보이는 특징도 있고 완전히 감춰져 있거나 보이지 않는 특징도 있다. 가장 넓게 아우르는 풍경을 얻으려면 각 창문에서 보여 주는 전망이 필요하다. 근대에 신학의 실천이 갈라지기 전에는, 신학이 좀 더 쉽게 통합되었다. 신학자들은 원래 목회자이자 영적 안내자였기 때문이다.[10] 이들은 성경 해석을 체계적인 교의적 숙고와 통합했고, 당대에 일반적이던 철학 도구에 의지했고, 교회의 예배와 사회 윤리를 염두에 두었다. 오늘날에도 이와 똑같이 하는 사람이 많다.

마지막으로 살펴볼 접근법에는 이 접근법에 전념하는 학파도 없고, 이를 부르는 데 통용되는 용어도 없다. 나는 이 접근법을 **의도적 상황화**라고 부르고 싶다.

신학에 대한 의도적 상황화 접근법

의도적 상황화 접근법은 개별 신학자가 구현한 특정 관점을 강조하고 다양하게 이용하여 신학을 연구한다. 여기에는 연구자의 국적, 인종, 성, 사회적 위치, 성적 취향, 장애 등이 포함된다. 이와 같은 접근법은 "의식적으로 편파적이고 특수한 신학이고, 과거에 '주류' 신학이 배제하거나 소외시킨 관점을 의도적으로 받아들인다. 그래서 주류 신학 자체의 한계에 관심이 있다."[11] 이 접근법은 고도로 상황화되었기에 성경신학이나 조직신학과 같은 다른 분과와 겹치는 부분이 있기도 하지만, 특정 사회 상황이나 정치 상황**에서** 발생하고 그러한 상황**을 대상으로** 의도적으로, 변증 없이 말을 건넨다.

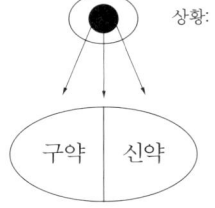

상황: 국적, 인종, 성, 주류, 비주류 문화 등

명백히 상황화된 접근법에서 기인한 성서학으로 아프리카 사람, 아시아 사람, 기타 비서구권 사람들의 주석뿐 아니라 페미니즘, 장애, 포스트식민주의 관점도 포함한다.

오해가 없기를 바란다. 사실 **모든** 신학은 상황에 영향을 받을 수밖에 없다. 신학은 특정 배경에서, 특정 사람들 가운데서 발생한다. 신학은 항상 어딘가에 '발을 딛고' 있다. 사람들은 특정 시간과 장소에서 사도들의 가르침을 받아들이고 자신의 상황에서 그 가르침을 전수한다. 앞의 그림에서 이를 가져와 보자. 모든 화살표는 시간과 공간을 의미하는 점 하나에서 나온다.

다만 의도적으로 상황화하는 접근법은 일반 신학과 다르다. 상황화 접근법은 신학자와 그가 속한 사회의 구체적·정치적·경제적 상황에 상당히 관심을 기울이기 때문이다. 내 경험상, 상황이 신학에 그리 중요하지 않다고 생각하는 사람들은 주류나 특권 문화에 속해 있는 경우가 많다. 소외된 자리에 있는 사람들은 다르게 이해한다.

신학의 형식

신학은 많은 접근법에 따라 연구되고, 많은 **형식**을 취한다. 특정 시기와 순간에 수행되는 신학의 구체적 과업은 신학의 형식에 영향을 미친다. 사도 바울은 편지를 썼는데, 편지 쓰기는 공간적으로 떨어져 있는 청중에게 다가가는 데 효과적인 방법이었기 때문이다. 나지안조스의 그레고리오스는 초기 교회의 지도자들에게는 논문을 써서 보냈지만, 시도 써서 자신의 신학을 평신도가 이해하게 도왔다.[12] 마르틴 루터는 비슷한 의도로, 지역 술집에서 불리던 노래를 개신교 찬양으로 바꿨다. 각 경우에 형식이 기능을 따라간다. 역사적 정황도 형식에 영향을 미친다. 하나의 정황이 하나의 형식에는 적합하겠지만, 다른 정황에서는 그 형식이 덜 효과적이다. 이제 당신이 앞으로 독서를 하며 만날 수 있는 신학의 형식 열 가지를 나열해 보겠다.

기도

하나님에 대한 일차적이자 기본적인 반응은 기도고, 기도는 항상 신학적이다. 때로는 다시 기도하고 다른 그리스도인과 함께 기도하기 위해 기도를 기록하기도 한다. 기도 형식 신학의 가장 좋은 예가 시편, 예수님의 가르침, 신약의 서신에 나온다. 모두 기도 형식의 신학이고, 반복적으로 기도하기 위해 작성되었다. 이러한 기도문으로 기도하는 중에 기도에 새겨진 신학이 우리 신학이 된다.

　기도는 하나님을 향해 돌아서는 신학이다. 이 신학의 형식은 저자가 하나님과 개인적으로 대화한 경험으로 독자를 초대한다. 우리는 자신의 신학이 하나님을 위한 그리고 하나님을 향한 언어 표현을 어떻게 빚어내는지 생각해 보라고 초대받는다. 언젠가 내가 읽은 글에 따르면, 신학 연구는 우리를 더 똑똑하게 만들기 위한 것이 아니라, 그리스도 안에 계시된 하나님의 진리에 맞게 우리의 기도와 찬양을 빚어 내고 일치시키기 위한 것이다.[13] 기도 형식의 신학은 신학이 사용하는 언어 표현과 생각이 궁극적으로는 하나님과 우리의 관계를 돕기 위한 것임을 상기시켜 준다.

교리의 체계

대학교나 신학교 수업에 사용되는 대다수의 책이 (좋든 나쁘든) 이런 형식을 취한다. 이와 같은 책은 하나같이 알렉산드리아의 오리게네스의 『제일 원리』(On First Principles, 3세기), 토마스 아퀴나스의 『신학 대전』(Summa Theologica, 13세기), 필리프 멜란히톤(Philip Melanchthon)의 『신학 총론』(Loci Communes, 16세기)과 먼 친척 관계다. 이들이 언어 표현과 문체와 어조가 서로 달라 보여도 말이다.

교리 체계 안에서 저자는 '하나님', '창조', '기독론'과 같은 주제를 중심으로 기독교의 가르침을 배열하고 난 후, 이러한 주제들 사이의 유기적 관계를 보여 주려고 노력한다. 집중해서 보면, 교의를 나열하는 순서나 심지어 저자가 이들 주제에 이름 붙이는 방식은 저자의 건축 양식에 대해 사뭇 많은 것을 이야기해 준다.

같은 제목이 달려 있지만 순서나 구조가 달라서 저자의 우선순위와 관심이 기본적으로 다르다는 것을 보여 주는 두 책을 생각해 보자. 바로 프리드리히 슐라이어마허(Friedrich Schleiermacher)의 『기독교 신앙』(The Christian Faith, 19세기)과 마이클 호튼의 『기독교 신앙』(The Christian Faith, 20세기, 한국 번역서 제목은 『언약적 관점에서 본 개혁주의 조직신학』—편집자)이다. 각 책에서 신학자는 기독교의 가르침을 체계적으로 보여 주고, 기독론, 신적 속성, 교회, 삼위일체 등 동일한 교리를 다룬다. 그러나 당신에게 신학에 대한 건축가의 눈이 있다면, 즉 "흠, 콘크리트군"이라는 표현 이상을 말하고자 한다면, 두 책의 차이가 보이기 시작할 것이다. 그중 하나만 이야기해 보겠다.

슐라이어마허의 『기독교 신앙』에서는 저자가 때로 '종교적 자의식'(Religious Self-Consciousness)이라고 부르는 것이 공간에 형태와 질서를 부여한다. 슐라이어마허는 종교적 자의식이라는 말을 하나님에 대한 우리의 선천적이고 보편적인 감각이라는 뜻으로 쓴다. 좀 투박하게 표현하자면, 슐라이어마허는 **우리의 경험**으로 자신의 체계를 시작하고서, 하나님을 향해 나아가면서 책 나머지 부분 전체에서 이 원리를 두루 사용한다. 당신이 이런 접근법을 따른다면, 삼위일체 교리를 어디에서 찾을 수 있으리라 기대하겠는가? 슐라이어마허는 삼위일체 교리를 기독교적 가르침의 '마지막 돌'(coping stone)이라 부르며 마지막에 둔다.[14] 슐라이어마허의 이 표현은 **삼위일체가 가장 위에 있는** 교리, 즉 앞에 나온 모든 교리를 기반으로 하는 교리라는 의미다.

반면, 마이클 호튼의 『기독교 신앙』에서는 교리 체계의 건축이 하나님에 대한 우리의 경험이 아니라 하나님의 활동에 따라 구축된다. 호튼의 설명에 따르면, 하나님이 역사 안에서 활동하셔서 "우리의 삶과 운명이 적절하게 조화를 이루는, 아직 펼쳐지지 않은 이야기를 창조하신다."[15] 그래서 호튼의 책에서는 각 부의 제목이 '살아 계신 하나님', '창조하시는 하나님', '구원하시는 하나님', '은혜로 다스리시는 하나님'이다. (신학에 대한 건축가의 눈으로) 예상할 수 있듯이, 호튼의 책에서는 삼위일체 교리가 결론이 아니라 기반이다. "다른 교리 중 하나에 불과한 교리가 아니라 기독교의 모든 신앙과 실천을 구축하는" 유일한 교리다."[16]

교리 체계에서 순서와 배열은 신학적 판단이다. 그러한 건축 양식을 보는 눈을 훈련하라. 이런 순서와 배열은 전반적으로 어떠한 효과가 있는가? 무엇을 강조하는가? 이런 건축 양식이 기독교의 가르침에 대해 전반적으로 무엇을 전달하는가? '하나님 나라', '공동체', '언약' 같은 성경신학에서 도출한 주제가 그 구조 안에 엮여 들어간 것을 알아차리더라도 놀랄 필요가 없다. 이러한 것들은 그 저작의 구성 원리에 대해 무엇을 말해 주는가? 책의 목차로 다시 돌아가, 서론을 꼼꼼하게 읽어 보면, 대개는 무엇에 주목해야 하는지 저자가 말해 줄 것이다.

논문

보통 이런 표현 수단에서는 교회에서 일어난 신앙이나 실천의 위기에 관여하기 위해 신학을 신중하게 논리적으로 논증하면서 기록한다. 리옹의 이레나이우스의 『이단 논박』(*Against Heresies*, 2세기)이 좋은 예다. 이 책은 초기 영지주의자들의 가르침에 맞서 싸우기 위해 쓰였다. 또 다른 예는 츠빙글리의 『성만찬에 대하여』(*On the Sacraments*, 16세기)다. 츠빙글리는 종교개혁이라는 대격변 시기에 저술 활동을 했다. 그는 이 책을 통해 성만찬에 관한 로마교회의 관점이나 다른 종교개혁자의 관점이 자신과 다르다는 사실을 보여 주고자 했다.

신학 논문은 항상 상황적이다. 이런 책은 구체적인 쟁점이나 기회에 대한 반응이다. 그러므로 논문은 대부분 상대적으로 세부 주제에 관심을 두며, 흔히 어조가 논쟁적이거나 심지어 변덕스럽게까지 보인다. 논문이 이렇게 세부 주제에 초점을 맞춘다는 것을 기억하고, 이런 형식이 저자가 성경이나 다른 자료를 사용하는 방식에 어떤 영향을 주는지 집중해서 보면 좋다.

·········

여기서 잠깐 멈춰서 솔직하게 이야기해 보자. 신학을 논문으로 만나기는 어려울 수 있고, 읽다가 길을 잃을 수도 있다. 독서에 익숙하지 않은 많은 사람이 교리 체계와 씨름할 때도 똑같은 경험을 한다. 좌절하지 않으면 좋겠다. 자유 시간에 신중하게 논증한 논문을 읽을 사람이 우리 중에 얼마나 되겠으며, 하물며 다양한 기독교 교리 간 관계를 평가할 사람은 얼마나 되겠는가?

특정 건축 공간에 들어갔을 때도 똑같이 길을 잃어버린 느낌이 들 수 있다. 어떤 건축가는 우리에게 너무 생소한 공간을 만들어서, 우리가 그 공간에 들어가면 불편하고 길을 잃은 느낌이 든다. 주위를 둘러보지만, 어디가 어디인지 찾을 수 없다. 심지어 두렵고 작아지고 길 잃은 기분일 수도 있다. 작고 비좁은 공간에서도 비슷한 느낌에 사로잡힐 수 있다.

신입생들이 신학에 대해서도 비슷한 반응을 보이는 것을 자주 보았다. 첫 학기 중반쯤에 학생들이 연구실에 찾아와 "이건 어떻게 갈피를 잡아야 할지 모르겠어요!"라고 말한다. 이들은 책을 읽다가 길을 잃고 뭔가 잘못된 느낌이었던 것이다. 다음 말을 생각해 보자. 내가 이제 인용할 말은 신입생이 한 말이 아니다. 사실 이 사람은 조직신학으로 박사학위를 땄는데도 자기는 여전히 신학의 공간에서 길을 잃은 기분이라면서 이렇게 말한다. "[세르게이] 불가코프(Sergius Bulgakov)의 성령론을 읽으면 화려하게 장식된 대성당에 들어가는 것과 같다. 누군가는 미학적 아름다움에서 나오는 웅장함에 즉각 매료되기도 하지만, 누군가는 그 광활한 공간에서 쉽게 길을 잃는다. 그 건축 양식의 미묘한 차이 때문에 종종 방향을 잘못 잡는다. 독서를 하는 동안 바로 이러한 기분이 내게 반복적으로 찾아온다."[17]

    수년 전 박사 공부를 하고 있을 때 나도 같은 경험을 했다. 신진 신학자의 글을 읽고 있었고, 책 제목을 보고서 뭔가 익숙한 공간이 있으리라고 기대했다. 그런데 전혀 아니었다! 지도 교수에게 찾아가 이 경험을 건축 용어로 설명한 기억이 난다. "신학책을 읽고 있는데, 방을 잘못 찾아간 것 같은 기분입니다!" 그 책의 건축 양식이 내게 완전히 생소해서, 나는 당황하고 좌절했다. '도대체 나는 왜 길을 잃어버린 것일까?'라는 생각이 들었다. 지도 교수가 웃으며 **계속 읽어 보라**고 권했다. "인내하고, 포기하지 말게. 저자가 무슨 이야기를 하고 있는지에만 집중하지 말고 저자가 무엇을 하고 있는지에 관심을 기울여 보게나"라고 조언해 주었다. 그대로 했더니 지도 교수의 말이 맞았다. 알아채지 못했지만, 신학에 대한 건축가의 눈이 내게서 점점 발달하고 있었다. 머무는 것으로서의 신학 독서를 배우고 있었던 것이다.

    나는 그 특별한 공간을 즐길 만큼 성장하지 못했던 것이다. 프리드먼(Friedman)이 건축술에 대해 쓴 글을 신학에도 마찬가지로 적용할 수 있다. "비율이 적절하면 우리는 주변 환경에 편안함을 느낀다.…반면에 비율이 적절하지 않으면 위화감과 불편함을 느낀다."[18] 어떤 신학책은 비율이 적절하지 않은 기분이 들어서, 사람이 살라고 만든 공간이 아닌 것 같다. 때로는 그런 효과가 의도적이지만, 어떤 때는 (두렵게도) 독자를 염두에 두고 만든 공간이 아니기 때문에 그런 일이 일어난다. 팔라스마의 글에 따르면 "어느 건물이나 공간이든 모두 친밀함이나 웅장함, 초대나 거부, 환대나 적대와 같은 특유의 소리가 있다."[19] 어떤 건축물에서는 특정 신학과 마찬가지로 환대받는 느낌이 도무지 들지 않는다.

그러나 대부분의 경우 방향을 잃은 듯한 느낌은 시간이 지날수록 사라진다. 우리는 읽고 있는 책에 머무는 방법을 차츰차츰 배운다. 인내하라. 포기하지 말라.

편지

편지는 특정 시간과 장소에서 특정 사람에게 써서 보내는 것이다. 논문처럼 편지도 **상황적**이다. 사도들은 여러 교회에 편지를 써서, 다른 가르침이 교회에 들어오려고 싸움을 걸 때 각 교회가 그리스도에 대한 신앙을 분명히 하게 도왔다. 편지에서는 신학을 결혼, 가족, 정치와 같은 일상의 난제에 적용한다. 신학의 한 가지 형식으로서 편지 쓰기는 현대 교회에서도 계속 사용되었다. 나치에 저항하던 디트리히 본회퍼(Dietrich Bonhoeffer)의 편지, 시민의 권리를 위해 싸운 운동가 마틴 루터 킹 목사의 편지가 이를 실증한다. 이메일도 편지와 비슷한 기능을 할 잠재력이 있다. 우리는 대체로 사업상 신속한 의사소통을 위해 이메일을 사용한다. 그런데 학생들과 목회자들을 만나면서 이 매체가 신학을 위한 도구인 편지만큼 좋다는 사실을 알게 됐다.[20]

편지(또는 이메일)가 상황적이라는 사실을 기억하면 좋겠다. 편지를 쓰는 사람은 특정 사람이 직면한 특정 문제에 신학을 적용하려고 편지를 쓴다. 책 뒤에 있는 세계에 관심을 두면, 이런 형식의 신학 저술에 머무는 데 큰 도움이 된다. 저자는 누구인가? 편지에서 어떤 상황을 편지에서 다루는가? 저자나 독자가 직면한 문제는 무엇인가?

설교나 강론

설교나 강론(homily)은 아마도 기도를 제외하면 신학의 가장 흔한 형식일 것이다. 매주 그리스도인들은 성경 해석, 신학적 통찰력, 권면을 구술 설교를 통해 듣는다. 설교문을 작성해서 설교를 하기도 하고 좀 더 소통하며 설교하기도 하지만 신학은 이 모든 설교에서, 이 모든 설교를 통해서 구체화된다. 현대 설교 대부분은 크리소스토무스(John Chrysostom, 4세기), 조나단 에드워즈(18세기), 찰스 스펄전(19세기)의 전형적인 설교와 비슷한 점이 거의 없지만, 설교자들이 현 상황에서 하나님의 말씀을 하나님의 사람들에게 선포하고자 한다면 설교는 여전히 신학에 관여하는 것이다.

논문과 편지처럼 설교도 **상황적**이다. 설교 형식의 신학은 한곳에 모인 신앙 공동체 가운데서 실행된다. 특정 시간과 공간에 사는 한 사람이 특정 시간과 공간에 사는 다른 그리스도인들을 향해 신학을 발화한다. 우리가 설교자의 의미 세계와 만나려고 할 때, 이러한 형식의 신학 뒤에 있는 세계는 다른 형식과 마찬가지로 정말로 많은 것을 알려 준다.

성경 주석

성경 주석은 그리스도인들이 신학을 발견하고자 할 때 찾는 매체가 아니다(최소한 현재는 그렇다). 18세기 이후로 신학과 성서 해석을 나누는 분명한 경계가 생겼다. 그러나 기독교 역사상 대부분 기간에는 신학과 성서 해석이 불가분의 관계였다. 대학에서 성경을 '학문적으로' 연구하는 것이 보편화되기 전에는 교회가 주석의 주요 독자였다. 아우구스티누스의 요한복음 주석(5세기), 마르틴 루터의 갈라디아 주석(16세기), 칼 바르트의 로마서 주석(20세기)은 모두 성서 해석을 통해 신학에 생명을 불어넣었다.

신조나 신앙고백이나 교리문답

그리스도인들은 여러 교파가 확증한 보편적 신조와 신앙고백 안에서, 보통은 교리의 명료화를 요구하는 힘거운 역사적 상황에 대응하여 신앙 진술서 축약본을 만든다. 이와 같은 문서들의 주된 관심은 그리스도인들이 **무엇을** 믿는지(예수님의 신성과 인성이나 하나님 나라의 영속성 등과 같은 것)에 있지, **어떻게** 그렇게 믿는지에 있지 않다. 한편, 교리문답은 젊은 신앙인들을 훈련시키는 데 관심이 있어서 질의와 응답의 형태를 취하는 경우가 많다.

    이러한 형식으로 신학을 저술하는 사람들은 기독교 신앙의 중심에 무엇이 있는지 기록하고, 이는 [레랭스의 빈켄티우스(Vincent of Lerins)의 말처럼] "모든 이가 모든 곳에서 항상 믿어 온 것"이다.[21] 예를 들면, 초기의 니케아 신조와 칼케돈 신조는 이와 같은 신앙이 공격당했기 때문에 쓰였다. 신조에 공유된 언어를 공들여 작성하는 일은 성의 방어를 강화하는 것과 같았다. 신조를 이해하려면 우리를 위해 남겨 둔 '화살표'를 식별할 수 있도록 그 신조에 쓰인 건축술을 읽어 내야 한다. 3장에서 논의한 것처럼, 신학자들은 독자가 따라오게 하려고 단어, 문법, 수사법, 접근법 등과 같은 화살표를 남겨 놓는다. 신조는 갈등의 소용돌이 가운데서 나오기 때문에, 책 **뒤에** 있는 길을 따라가면 크게 도움을 받을 수 있다. 신조가 작성된 역사 상황, 신조를 낳은 쟁점, 신조를 작성한 집단이 책 뒤에 있는 길이다. 예를 들면, 니케아 신조(325년)가 그리스도의 신성을 강조한 이유는 그것이 논쟁 중인 주제였기 때문이다. 그리스도의 인성에 대한 논란은 없었기 때문에 거의 이야기하지 않는다. 칼케돈 공의회(451년)에 이르러서는 상황이 바뀌었다. 칼케돈 신조를 읽어 보면 그리스도의 참된 인성을 분명하게 설명하는데, 그 당시 이 주제가 논의되고 있었기 때문이다.

역사적 배경과 동일한 연관성이 신앙고백서에도 적용된다. 신앙고백서는 그리스도인들이 자기네 시간과 공간에서 신앙이 어떻게 '고백될 수' 있는지 감을 제공해 준다. 흔히 신앙고백서는 그리스도인이 본질적 신념을 재확인할 필요가 있을 때 나타난다. 특정 시간과 공간에서 살아가는 그리스도인들이 신앙고백서를 이용하여 그리스도인의 삶에서 가장 본질적인 것이 무엇인지 말한다. 16세기 종교 개혁에 이후 종교개혁자들의 신앙고백서가 쏟아져 나온 것은 그들이 그리스도인이라는 것이 무엇을 의미하는지를 새롭게 이해해야 했음을 감안하면 이해할 수 있는 일이다. 최근에는 벨하 신앙고백서(1982년)가 포스트-아파르트헤이트 시기(post-Apartheid) 남아프리카공화국에서 작성되어 인종 화합을 강조했다. 인종차별은 우리에게도 여전히 있기 때문에, 이들의 신앙고백은 우리에게 남아프리카공화국 그리스도인들이 보았던 것처럼 보고 그에 따라 살라고 요구한다. 목회자이자 신학자인 필립 라인더스(Philip Reinders)의 글에 따르면 "이들 역사적 신앙고백서는 그리스도인이 굳건히 서 있을 공간을 제공할 뿐만 아니라 겸손하게 무릎 꿇을 공간도 마련한다."²²

시

시는 비유적 표현을 이용하여 독자가 말로 표현할 수 없는 진리를 향해 서게 한다. 그래서 시는 신학과 잘 어울린다. 말로는 하나님에 대한 우리의 지식을 충분히 표현하지 못한다는 기독교의 기본적 주장을 떠올리게 하고 심지어 강조도 하기 때문이다. 니사의 그레고리오스(4세기), 빙겐의 힐데가르트(Hildegard of Bingen, 12세기), 필리스 휘틀리(Phillis Wheatley, 18세기), 로완 윌리엄스(21세기) 등 많은 사람이 시편의 시인들처럼 시를 사용해서 창의적이고 암시적으로 신학을 전달한다. 힐데가르트가 삼위일체를 노래한 시를 생각해 보자. 이 시에서 힐데가르트는 하나님의 삼위일체적 본성이 가진 신비를 표현한다.

> 당신은 음악.
> 당신은 삶.
> 모든 것의 원천,
> 모든 것의 창조주,
> 천사의 무리가 당신을 찬양하도다.
> 놀랍게 빛나고,
> 깊고,
> 신비한.…[23]

시적(詩的) 신학은 시리아의 에프렘(4세기)이나 베난티우스 포르투나투스(Venantius Fortunatus, 6세기)의 찬양과 미국에서 노예로 살던 사람들의 영가(17-19세기)에서 보이듯이, 흔히 찬양이나 기타 예배 음악으로 구체화된다. 모두 음악을 이용한 시적 신학이다.

시의 형태로 된 신학은 글 **바깥**을 가리킨다. 시적 신학책을 읽을 때, 설명을 듣기보다는 이들이 암시하고 떠올리게 하는 것을 보라. 아름다움은 상상력을 번뜩이게 하고 우리를 경이와 갈망의 상태로 이끌지, 설명하지 않는다.

자서전이나 회고록

자서전이나 영적 회고록도 신학을 전달한다. 아우구스티누스는 『고백록』(The Confessions, 5세기)을 썼고, 시에나의 카타리나(Catherine of Siena)는 『대화집』(Dialogue, 14세기)을 썼고, 올드 엘리자베스(Old Elizabeth)는 『흑인 여성, 올드 엘리자베스의 회고록』(Memoir of Old Elizabeth, a Coloured Woman, 19세기)을 썼다. 20세기에 들어 영적이고 신학적인 회고록이 아주 흔해졌다. C. S. 루이스의 『예기치 못한 기쁨』(Surprised by Joy)과 캐슬린 노리스(Kathleen Norris)의 『수도 생활』(The Cloister Walk)은 유명한 예다. 신학은 하나님 **그리고** 그리스도인 모두와 관계가 있으므로, 이러한 형식은 특별히 신학을 위한 도구로 아주 적합하다.

자서전 형식의 신학은 저자가 하나님과 만난 경험 **안에** 자리 잡는다. 이와 같은 건축 공간은 우리를 편안한 거실로 안내하여 하나님에 대한 저자의 경험담을 들려준다. 때로 신앙에 대한 저자의 묘사가 우리와 달라서 충격을 받을지도 모른다. 이런 형식의 큰 장점 중 하나는 생생한 삶과 깊게 연결된다는 점이다. 앤 라모트(Anne Lamott)도 『마음 가는 대로 산다는 것』(Traveling Mercies)에서 이렇게 말한다. "나는 단번에 시동이 걸려 신앙으로 나아온 것이 아니라, 안전해 보이는 곳에서 다른 곳으로 연이어 비틀거리며 걸어가면서 신앙으로 나아갔다."[24] 토머스 오든은 『마음의 변화』(A Change of Heart)에서 이렇게 말한다. "나는 오랫동안 조명받지 못했던 고전 기독교의 아름다운 문서 사이를 헤치며 나아갈 때, 미로를 빠져나와 신앙의 거룩한 신비와 타락한 인간 실존의 영원한 딜레마 안에서 다시 한번 기뻐했다.…정말로 가슴이 뭉클했다."[25]

자서전적 신학 독서를 한다면, 당신 자신의 신앙 사연을 돌아볼 때처럼 저자의 신앙 사연이 질문을 하고 새로운 지평이 열리게 하라.

소설

소설은 (슬프게도) 학생들이 권유받는 신학의 매체가 아니다. 예수님이 비유를 상당히 많이 사용하셨음을 생각하면 역설적이다. 인물과 줄거리가 지어낸 것이기는 하지만, 소설은 하나님과 세상에 대한 **진정한 이야기**를 기억에 남게 들려준다. 예수님은 가르치시면서 이를 거듭 증명하셨다. 예수님은 우리가 탕자의 비유를 역사적 사실로 받아들이리라고 기대하지 않으셨다(눅 15장). 그 아버지의 집과 '먼 나라'가 지도에 실제로 있는 것처럼 말하지 않으셨다. 비유는 그렇게 돌아가지 않는다. 예수님은 우리에게 하나님과 그분의 거대하고 끊을 수 없는 사랑이 정말로 필요하다는 사실을 그 비유를 통해 **거짓 없이** 묘사하여 가르치셨다. 이같이 신학을 담은 소설은, 독자에게 이야기가 세상을 어떻게 그리는지, 그 세상을 하나님과 관련하여 어떻게 그리는지 생각하라고 요구한다.

신학으로서 C. S. 루이스의 『나니아 연대기』는 예수님의 비유와 닮았다. 하나님을 그 내러티브 안에 넣었기 때문에, 독자는 그 이야기에서 하나님을 상상할 수 있다. 그분은 전능한 사자 아슬란으로서 나니아 땅을 거니신다[테드 데커(Ted Dekker)의 『써클 삼부작』(Circle Trilogy)에 나오는 엘리온과 유사하다]. 반면 내러티브에서 하나님을 묘사하는 식으로 신학을 전달하지 않는 저자들도 있다. 이들은 그보다는 우리가 복음의 하나님을 생생하게 상상할 수 있는 세계를 만들어 낸다. 그런 작품으로는 뉴베리상(Newberry Honor)을 수상한 개리 슈미트(Gary Schmidt)의 『수요일의 전쟁』(The Wednesday Wars, 주니어RHK), 메릴린 로빈슨의 『길리아드』(Gilead), 『홈』(Home, 이상 마로니에북스), 『라일라』(Lila, 은행나무) 등이 생각난다.[26]

시각예술

신학의 **시각** 형식을 절대로 잊지 말아야 한다. 그리스도인들은 언제나 신학을 조각, 모자이크 예술, 성상, 성화 등을 통해 표현하고자 했다.[27] 고대와 현대의 예배 공간은 종종 프레스코화나 모자이크 예술로 채워져 있다. 사례가 너무나 많아서 무엇부터 언급해야 할지 모를 정도다.

서구 전통에서 내가 아주 좋아하는 예술가는 마사초(Masaccio, 15세기), 렘브란트 판 레인(Rembrandt van Rijn, 17세기), 미켈란젤로 메리시 다 카라바조(Michelangelo Merisi da Caravaggio, 17세기)다. 이들의 작품을 감상해 보면 각 사람이 깊은 신학적 진리를 화폭 위에 어떻게 전달하는지 보일 것이다. 이들은 구상(representational)화가이므로 우리가 이들의 그림과 연결지을 수 있는 실제 장면을 찾을 수 있지만, 신학은 심지어 추상적(nonrepresentational) 방식에서도 시각적 형태를 취할 수 있다. 마코토 후지무라(Makoto Fujimura, 21세기)의 그림에서 이를 볼 수 있다. 현대 영상 매체는 유튜브 동영상, 영화, 텔레비전 쇼처럼 영상을 대사와 결합한다.

    시각 형식에 항상 말이 포함되는 것은 아니지만, 그래도 **해석**이 필요하다. 머무르기 위한 신학 독서는 모든 형식의 신학에 적용되고, 심지어 우리가 일반적인 방식으로 읽지 않는 형식에도 적용된다. 그중에서도 기승전결이 긴 것이 특징인 영화나 텔레비전 시리즈는 아마 가장 강력하게 우리에게 다가올 것이다. 우리는 기록된 공간에 머물듯이, 이러한 시각적 공간에도 머물 수 있다.

신학의 유형

접근법은 신학의 방법이다. 형식은 신학의 형태다. 신학에는 세 가지로 구분되는 **유형**인 예배와 증언과 비평도 있다.[28] 신학의 유형에는 저자의 **의도**, 특정 **청중**, 저자가 이를 작성한 **목적**이 수반된다. 자세히 들여다보면, 건축가가 건물을 짓는 것과 상당히 유사하게 저자도 특정 무리의 사람을 위해, 다양한 경험을 양성하고자 신학적 공간을 만든다.

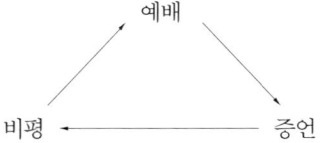

예배

신학은 예배, 즉 '송영'(doxology)으로 시작한다. 가장 기본적이고도 근본적으로, 신학은 하나님의 놀라운 선하심을 예수 그리스도 안에서 자각하는 데서 튀어나와 "예수님이 주님이시다!"라고 소리치게 한다. 마이클 호튼이 이러한 반응을 매우 잘 표현했다. "우리는 예수 그리스도 안에 있는 하나님의 은혜 때문에 할 말을 잃고서, 자복하며 **찬양**하게 된다. 우리는 주인이 되기는커녕 주인 아래 있게 되며, 진리를 붙잡는 대신 진리에 붙잡히고 하나님의 선물에 사로잡혀 그저 '아멘!' '주를 찬양하라'고 말할 수밖에 없다."29 신학은 예배로 시작한다. 그리고 건전한 신학 덕분에 우리는 다시 예배로 돌아가 하나님의 무한히 풍성한 은혜와 자비와 사랑을 고백한다. 예배 유형에서 신학은 논증하거나 논쟁을 거는 것이 아니라, 교회가 더 깊이, 더 넓게, 더 높이 하나님에 대해 자각하게 한다고 말해야 할지도 모르겠다. 이런 신학에서 우리는 '통찰의 충만함'을 떠올린다.30

예배 중심적 신학의 청중은 당연하게도 교회, 즉 하나님의 백성이다. 그래서 이런 형태는 교회에서 행해지는 전체 예배 양식에 스며들어 있는 특별한 관습이다. 예를 들면, 찬양을 부르거나 함께 모여 공동 기도를 하기도 한다. 서방 교회에서는 설교가 예배 신학의 특별히 중요한 형태로서 기능하고, 성상을 향한 경배는 동방 정교회의 특징 중 하나다. 이러한 예들을 통해, 예배 유형 안에서 신학은 보통 성소와 같은 그리스도인들의 예배 장소와 연결된다는 사실이 분명해지지만, 이 방법은 예배와 관련된 글에서도 볼 수 있다. 가장 분명한 예가 시편이다. 그런데 송

영이 이따금 개념적으로 밀도 높고 엄격한 논증을 하는 글을 통해 빛나기도 한다. 바울이 빌립보서 2장에서 그리스도 찬가를 사용할 때, 바울의 신학은 예배라는 유형으로 전환된다.

우리는 찬양과 감사가 예배 신학에 대한 유일한 반응이라고 생각할지 모르겠지만, 그렇지 않다. 이런 유형에서 신학이 실제로 우리를 찬양으로 이끌어가기도 하지만, 우리를 훈육하거나 심지어 해체하기도 한다. 때로 예배 신학은 예언적이다. 예를 들어, 마틴 루터 킹 목사의 설교는 우리를 있는 그대로 드러내고 하나님의 정의가 가진 힘에 노출시킴으로써 예배 공동체에 빛을 비춘다.[31] 킹 목사의 설교는 이러한 방식으로 요한계시록이 2천 년 전에 발휘했던 영향력을 현시대에 그대로 재현하고자 한다. 요한계시록의 말씀이 에베소에 있는 교회에 전해졌을 때, 이 공동체는 예배 중에 크게 울려 퍼지는 혹독한 말씀을 들었을 것이다. "그러나 너를 책망할 것이 있나니 너의 처음 사랑을 버렸느니라. 그러므로 어디서 떨어졌는지를 생각하고 회개하여 처음 행위를 가지라. 만일 그리하지 아니하고 회개하지 아니하면 내가 네게 가서 네 촛대를 그 자리에서 옮기리라"(계 2:4-5). 분명 이들 초기 그리스도인은 자기들이 진리에 있는 그대로 노출된 기분이었었을 것이다. 하나님은 그들이 이러한 예언 말씀에 반응하여 삶이 변화하기를 바라셨다.

증언

예배 신학에는 숨겨진 위험이 있다. 하나님이 믿지 않는 세상을 향해 교회의 문을 활짝 열어 놓으셨다는 것을 우리가 잊어버릴 수도 있다는 것이다. 신학이 **오직** 믿는 자들의 공동체를 위한 것으로 남는다면, 즉 이 공동체의 상상력과 예배를 돕고 섬기는 것으로만 남는다면 신학은 고여서 썩기 마련이다. 킹 목사의 설교처럼 신학도 선교 활동을 북돋을 수 있지만, 예배 유형의 신학에서 신학자들은 아직은 우리를 지켜보고 있는 세상에 직접적으로 말을 건넨 적이 없다. 이러한 위험을 반드시 자각해야 한다. 신학은 반드시 예배에서 **증언**으로 옮겨 가야 한다. 증언이라는 유형에서 신학은 이웃을 위해 존재한다. 신학자는 다른 이들에게 복음을 권하고자 하고, 복음의 아름다움과 가치를 교회 밖 사람이 이해할 수 있는 방식으로 보여 주고 설득한다. 증언 신학은 예수님의 가르침에도 있다. 예수님은 자신을 사마리아 여인에게 추천하고(요 4:26), 빌라도 앞에서 진리를 말씀하셨다(요 18:37). 바울이 아레오바고에 모인 지성인들에게 말할 때, 증언 유형으로 옮겨 간다. "바울이 아레오바고 가운데 서서 말하되 아덴 사람들아 너희를 보니 범사에 종교심이 많도다"(행 17:22). 증언으로 나타나는 신학은 복음의 진리를 확신하기 때문에, 무슨 문화적 자원이 바로 쓸 수 있도록 준비되어 있든지 그 자원을 과감하게 이용한다.

증언으로 나타나는 신학은 기독교 전통 어디에서나 발견할 수 있는데, 이는 교회 주위에는 믿지 않는 사람이 항상 있고, 성령이 교회의 문을 항상 활짝 열어 두셔서 우리가 증인으로서 살아가게 이끄시기 때문이다.

2세기의 변증가이자 신학자 테르툴리아누스와 순교자 유스티누스의 글에 이런 증언 신학이 나온다. 이들은 초기 그리스도인을 위해 로마 위정자들을 향해 호소했다. '증언'은 16세기 저술가 아르굴라 폰 그룸

바흐(Argula von Grumbach)가 벌인 서신 쓰기 운동을 칭한다. 아르굴라는 그리스도인으로 추정되는 위정자가 어느 젊은 신앙인에게 자행한 감금과 고문에 반대하는 목소리를 낸 인물이다. 19세기 신학자 프리드리히 슐라이어마허도 증언 신학을 실천했다. 기독교에 회의적인 지성인들에게 『종교에 대하여: 종교를 멸시하는 교양인들에게』(*On Religion: Speeches to Its Cultured Despisers*)로 응답한 것이다. 오늘날 미로슬라브 볼프(Miroslav Volf)의 공공신학, 퓰리처상을 받은 메릴린 로빈슨의 소설, 스콧 데릭슨(Scott Derrickson)의 영화, 신학자 에이미 홀(Amy Hall)이 매주 쓰는 신문 칼럼에도 이런 유형의 신학이 작용한다. 당신이 이웃 사람과 담장 너머로 나누는 대화도 이러한 증언이 될 가능성이 있다. 방식과 형태는 다양하지만 변하지 않는 사실이 하나 있으니, 증언 유형에서는 신학이 믿지 않는 이웃을 향해, 또 그들을 위해 늘 목소리를 낸다는 것이다.

비평

비평이라는 유형에서는 예배와 증언 신학 때문에 생겨난 것을 찬찬히 살펴본다. 우리는 "이것이 그래도 복음인가?"라고 묻는다. 예를 들면, 예배 인도자는 교회의 찬양 선곡을 평가하여 그 선곡이 교회가 예수님의 죽음과 부활에 대해 믿는 내용을 잘 드러내는지 살펴본다. 이것이 비평적 신학이다. 선교사는 복음의 상황화가 복음의 핵심을 양보하는 것인지를 알아보면서 외국 문화 안에서 복음을 전하려는 자신의 시도를 재고해 보는데, 이것도 비평적 신학이다.[32] 어느 교파의 특별조사위원회는 사회적 성(gender)이나 성적 취향과 관련한 문제에 대한 그 교파의 입장을 평가해 볼 수 있으며, 이것 역시 비평적 신학이다.

비평적 신학책은 '신학'이라는 단어가 표지나 책등에 있을 수도 있고 없을 수도 있다. 책 속에서 저자는 어느 세대 그리스도인들과 마찬가지로 기독교 신앙을 현대적으로 재진술하여 자신의 시공간에 있는 오류나 실수를 수정한다. 『백인의 특권을 묻어버리기』(*Burying White Privilege*)를 쓴 미구엘 델 라 토레(Miguel De La Torre)나 『예언적 슬픔』(*Prophetic Lament*)을 쓴 나숭찬(Soong-Chan Rah) 같은 예언자적 신학자들이 떠오른다. 그러나 신학 저서가 그와 같은 직접적인 영향력을 행사하지 않을 때도, 여전히 비평적 신학일 수 있다. 윌리엄 플래처(William Placher)의 『다시 생각해 보는 초월성』(*The Domestication of Transcendence*)과 새라 코클리의 『하나님, 성, 자아』(*God, Sexuality, and the Self*)를 언급할 수도 있겠다.[33] 중요한 것은 비평 유형에서 신학자들은 자신이 보는 것처럼 독자도 보라고 권해서 교회의 증언과 예배를 **개혁하거나 새롭게 한다**는 것이다.

비평 유형에서 신학자들은 신학의 자료를 책임감 있게 설명하고자 노력한다. 신학자는 속도를 늦추고 사람들을 모으고 나서 신학의 원천 자료에 존재하는 하나님의 계시적 현존에 기도하는 마음으로 참여한다. 로완 윌리엄스는 이런 유형의 신학과 관련해 "근본적 의미에 대한 잔소리"라는 인상적인 표현을 사용한다.[34] 우리가 우리 자신과 자기가 축적한 신학에 대한 과한 자신감 때문에, 과거에서 받은 기본적이고 근본적인 신앙의 진리에 대해 '잔소리', 즉 그 진리를 신경 쓰고 떠올리게 하여 다시 깨달음으로 나아가게 하는 말을 듣기를 꺼리면 안 된다는 뜻이다.

신학이 '실패'하면 어떤 일이 일어나는가?

신학이 실패하면 어떤 일이 일어나는가? 즉, 예배의 언어가 무너지고 신앙의 내용을 표현할 수 없다면, 무슨 일이 일어나는가? 복음주의 안에서 우리가 마음대로 쓸 수 있는 문화 자산 때문에 복음이 이해하기 힘들어지는 것처럼 보일 때, 또는 비평 신학이 우리가 바라는 언어적·개념적·실천적 자원을 생성할 수 없을 때 무슨 일이 일어나는가? 신학이 **침묵**으로 이어지면 무슨 일이 발생하는가?

신학 초년생들은 흔히 "신학은 자신의 모든 질문에 답해야 한다"는 흔한 기대를 하는데, 이 기대를 다루기 위해 이러한 식으로 질문을 던져 봤다. 신학이 완전한 그림을 제공해 주지 않을 때, 심지어 모든 논증을 고려한 후에도 여전히 의문이 남을 때, 우리가 바라던 것보다 깔끔하게 맞지 않을 때 신학은 정말로 실패한 것인가?

어쩌면 다른 방식으로 접근해 볼 수도 있을 것 같다. 우리가 실패했다고 느끼는 것은 완전한 그림에 대한 기대가 애초부터 틀렸음을 드러내는 것은 아닐까?

진실은 다음과 같다. 신학은 우리가 바라는 **완전한** 그림을 결코 제공하지 않는다. 언젠가는 우리가 하나님에 대해 말하는 방식이 적절하지 못했음을 깨달아야만 한다. 우리의 예배 신학이 아무리 풍성해도, 하나님의 아름다움과 영광을 충만히 드러내지 못한다. 우리의 증언 신학이 아무리 현시대와 공명해도, 복음의 깊음과 인간 실존의 신비를 충분히 표현하지 못한다. 우리가 아무리 부지런히 비평 능력을 발휘해도, 비평 신학은 초상화가 아니라 밑그림을 언제나 제공한다. 왜 그러한가?

비평 신학이 정점에 도달하면, 우리는 결국 신학이 늘 지향하는 객체(object) 앞에 다시 던져진다. 그 객체는 바로 무한하시고 말로 표현할 수 없으시고 거룩하시고 살아 계신 하나님, 우리의 묘사나 개념이나 언어로는 충만히 포착할 수 없는 분이다. 4세기 신학자 푸아티에의 힐라리우스는 다음과 같이 썼다.

> 하나님의 극한이라 가정할 수 있는 곳까지 상상력을 넓혀 보라. 그러면 거기서 그분의 현존을 찾을 것이다. 당신이 원하는 대로 상상력을 늘려도, 더 늘릴 지평이 언제나 더 멀리 있다. 이같이 노력하는 능력이 당신의 소유이듯, 무한은 그분의 소유다. 언어는 당신을 실망시키기 마련이지만, 그분의 존재는 제한받지 않는다.…당신이 지성을 철저히 준비시켜서 하나님을 온전히 이해하려고 해 봤자, 그분을 이해할 수 없다. 하나님은 당신이 이해할 수 있도록 무언가를 남겨 두시지만, 그 무언가는 그분 전체에 속해 있을 수밖에 없다.…그러므로 이성은 그분을 감당할 수 없다. 어떤 사색도 그분 밖에서는 의미를 찾을 수 없기 때문이고 영원성은 영원히 그분의 것이기 때문이다.[35]

신학의 침묵 때문에 많은 이가 절망과 두려움을 느낀다. 당신도 그러한가? 이러한 경우를 자주 봤다. 신학 표현의 부족함 때문에 '어쩌면 나는 그동안 계속 속아 왔는지 몰라. 기독교 신앙은 거짓이야!'라며 자기가 속고 있다는 두려움이 생길 수도 있다. '나는 이 일에 어울리지 않나 봐. 신학은 나랑 맞지 않는 것 같아'라고, 자신의 부족한 점에 절망하는 사람이 있을지도 모른다.

우리는 신학을 가르치고 배우는 가운데 신학의 명백한 실패와 맞닥뜨리는 지점에 이를 수밖에 없다. 신학을 연구하다 보면 우리는 침묵하게 된다. 이런 일이 항상 일어난다. 하나님의 삼위일체적 본성에 조심스럽게 접근할 때 그런 순간이 찾아올지도 모른다. 우리가 이용할 수 있는 언어 표현과 개념을 담은 자료로는 삼위일체에 대해 우리가 말하고 싶은 것을 다 말하지 못하는 듯이 보인다. 그래서 '어떻게'로 시작하는 숱한 질문이 묵묵부답으로 남아 있다. 또는 예수님의 성육신에 주목하고, 또 초기 교회가 어떻게 예수님이 참되게 그리고 온전히 신이면서 동시에 인간이라고 모순 없이 완벽하게 고백할 수 있었는지 주의를 기울일 때도 이러한 순간을 만날 수 있다. 도대체 어떻게 그럴 수 있을까? 우리가 원하는 것을 말할 자료가 신학에 빠짐없이 있는 것 같지 않다. 아니면, 하나님의 선한 세상에 악이 창궐하는 것을 묵상하다 보면 우리는 침묵하게 된다. 우리는 이 질문의 중요성을 느끼고 답변과 해결책을 찾기를 바란다. 악은 계속되는데, 하나님은 어디에 계시는가?

그러한 순간에 나는 학생들에게 필요한 통찰을 주는 이야기를 발견했다.

1세기의 랍비 아키바(Akiva)가 시장의 소란스러움에서 멀리 떨어져 성경을 조용히 집중해서 연구하며 시간을 보내고 있었다. 그러다가 갑자기 놀랍게도 시장으로 뛰쳐 들어가 **춤추기** 시작했다. 얼마나 품위 없으며, 이상하기까지 한가? 왜 춤을 췄을까? 결국 어느 아이가 불편함을 무릅쓰고 용기를 내어, 춤추는 아키바에게 다가가 물었다. "랍비여, 왜 춤을 추십니까?" 아키바의 대답에 당신은 놀랄 것이다. 특히 신학이 당신이 원하는 대답을 언제나 제시해 주리라고 믿는다면 더욱 놀랄 것이다.

아키바는 "토라를 연구하던 중에 내가 이해하지 못하는 것을 발견했다네!"라고 대답했다. 잠깐, 뭐라고?

아키바는 자기가 이해하지 못하는 신비한 영역, 틈이 있는 영역이 있다는 사실을 발견했지만, 걱정하거나 의심하거나 절망하지 않았다. 대신 춤을 췄다. 자기 지식의 한계와 직면했지만, 신앙의 위기에 빠지지 않았다. 춤을 췄다. 아키바는 하나님을 이해하기 위해 성경에 몰두했지만 자기의 말문이 막힌 것을 알았다. 그러나 자신의 연약함을 드러내는 것을 두려워하지 않았으며, 침묵을 두려워하지 않았다.

아키바는 춤을 췄다.

신학은 때로 침묵으로 이어진다는 의미에서 '실패'한다. 이러한 침묵은 우리를 예배의 자리로 이끈다. 만약 춤추는 것을 좋아한다면 일어나서 춤추라! 하나님은 너무나 크셔서 우리가 이해할 수 없는 분이다. 어느 신이든 우리가 완전히 이해할 수 있다면 그 신은 결코 우리의 예배를 받을 만하지 않을 것이다. 우리의 크신 하나님은 우리의 지적 이해를 초월하신다. 그러니 춤추라!

그런데 나처럼 (어쩌면 당신처럼) 춤을 좋아하지 않는 사람은 어떻게 해야 할까? 감사하게도 그리고 다행히도 춤추는 것만 예배는 아니다(휴!). 신학의 침묵은 나를 조용하고 경이로운 경배로 이끈다. 나는 춤추기보다는 묵상하는 쪽으로 자연스럽게 끌린다. 묵상은 춤만큼이나 예배에 적합하다. 시편 시인의 말을 빌리면, "여호와여 내 마음이 교만하지 아니하고 내 눈이 오만하지 아니하오며 내가 큰 일과 감당하지 못할 놀라운 일을 하려고 힘쓰지 아니하나이다 실로 내가 내 영혼으로 고요하고 평온하게 하기를 젖 뗀 아이가 그의 어머니 품에 있음 같게 하였나니 내 영혼이 젖 뗀 아이와 같도다"(시 131:1-2). 춤을 추지 않아도 예배다.

신학은 때로 침묵으로 들어가고, 침묵은 우리를 다시 예배의 자리로 이끈다. 우리는 일어나서 신나게 춤출 수도 있고 경이로운 침묵 가운데 잠잠히 있을 수도 있다. **어쩌면 앞서 이야기한 두 반응에서는 아직 당신의 경험을 언급하지 않기 때문에 다음 이야기를 기다리고 있었을지도 모르겠는데,** 우리는 슬픔에 잠길 수도 있다. 현대 예배에서는 애가를 많이 부르지 않지만, 슬픔은 침묵을 마주할 때 나오는 예배의 가장 정직한 형태일 수 있다. 인간의 큰 고난에 직면했을 때 슬픔을 통해서가 아니라면 우리가 어떻게 하나님을 **향해** 솔직하고 정직하게 나아갈 수 있을까? "백성들아 시시로 그를 의지하고 그의 앞에 마음을 토하라 하나님은 우리의 피난처시로다"(시 62:8). 애가는 우리가 이해할 수 없는 고난이나 혼란 앞에 있을 때 우리의 고통을 하나님 앞에서 인정하는 예배다.

혼란이 어둡고 끈질기게 계속될 때, 애가는 하나님을 **끈질기게 잡고 늘어진다.** 애가는 사실상 "하나님, 저는 아주 깊고 어두운 구덩이에 빠졌습니다. 나갈 길이 보이지 않습니다. 하나님이 보이지 않습니다"라고 말하는 것이다. 우리에게 정답이 없다고, 우리가 기진맥진해지기 쉽다고 인정하는 것이다. "내가 탄식함으로 피곤하여 밤마다 눈물로 내 침상을 띄우며 내 요를 적시나이다"(시 6:6). 시편은 이와 같은 기도로 가득 차 있다.[36] 토드 빌링스(Todd Billings)는 불치의 암과 싸우는 중에 "애가에서 우리는 혼란스러워하고 분노하고 슬퍼하는 백성이다"라고 쓴다. 그러나 시편은 우리가 그렇지만은 않다고 가르쳐 준다.

> 우리는 이 드라마에서 우리가 맡은 배역을 연기하기 위해 시편이라는 대본을 받았다. 그 대본에서 우리는 혼란스러워하고 분노하고 슬퍼하는 백성, 주님의 언약 백성으로서 그분을 향해 소리칠 특권을 받은 백성이다. 사실상 우리는 하나님의 드라마 무대에서 성령에 의해 그리스도로 옷 입은 배우다. 그렇기 때문에 우리는 솔직하게 자신의 혼란, 분노, 슬픔을 인정하면서도 이것이 우리의 정체성에 대한 최종 진술이 될 것을 걱정하지 않을 수 있다.[37]

이제 좀 더 밀고 나가 질문을 던져 보자. 지금까지 이야기한 침묵과 신학의 명백한 '실패'가 우리를 두려움이나 절망이 아니라 우리의 필요와 상황에 맞는 예배로 이끌려면 우리는 어떤 모습이어야 하는가?

이렇게 말하고 싶다. 물론 완전한 설명은 아니겠지만, 우리가 믿는 것의 핵심에 가깝다. 우리는 **하나님에게 아주 익숙해져서** 통제할 수 없는 어느 것도 두려워하지 않는 그러한 독자가 돼야 한다. 우리가 기꺼이 인정하는 것처럼 우리는 연약한 존재다. 두려움이 후렴처럼 우리 귀에 반복적으로 울린다. 우리의 상황, 공동체, 내적 삶은 요란하고 질서가 없다. 우리의 능력은 바라는 만큼의 통제력이 없다. 이러한 불편한 진실이 우리의 신학에 침투해서 침묵을 야기하여 실망과 절망과 두려움을 일으킨다. 우리는 "명확하게 정의되어 있고 변증할 수 있는 그런 장소에 머물기를 원한다. **우리는 자신이 어디에 있는지 알 필요가 있다."[38]**

독자들에게 다시 한번 상기시키고 싶은 사실은, 우리 모습이 불완전하거나 우리가 바라는 만큼 단정하지 않아도 우리가 **어디에** 있는지 우리가 **누구의 것**인지 알아야 한다는 것이다. 삼위일체 하나님의 양자로서 우리는 성부와 성자의 서로를 향한 사랑을 성령을 통해 공유한다(요 17:20-26). 심지어 '본향에 있음'(at-home-ness)의 성취를 기다리고 있을 때도, 우리는 이미 본향에 있다(롬 8:22-25)! 이러한 진리 안에서 좀 더 진실하게 살아가기를 배울 때, 우리는 신학의 침묵이 예배를 위한 순간임을 알게 된다. 이 예배가 누군가에게는 기쁨에 넘쳐 요란하고 품위가 없어 보이는 춤을 추는 것과 같을 것이고, 누군가에게는 경배를 불러일으키는 경외감과 같을 것이다. 또 어떤 이들에게는 정직하고 고통에 찬 애가가 신학의 침묵에서 나오는 가장 진실한 예배일 것이다. 우리에게 이미 익숙한 살아 계신 하나님은 아주 크시기 때문에 각양각색의 예배가 적합한 반응이 될 수 있다.

기도

한계가 없으신 하나님,
당신은 항상 우리를 초월하십니다.
    우리를 위해
    계시지만,
    우리를 초월하시는 하나님.
당신이 하나님임을 잊은 우리를 용서하소서.
우리의 무지가 만들어 낸 침묵을 두려워한 우리를 용서하소서.
우리가 무지할 때도 당신은 여전히 하나님임을 믿지 못한 우리를 용서하소서.

우리를 위해

계시지만,

우리를 초월하시는 하나님.

두려워하지 않게 하소서. 하늘 아버지시여, 우리의 두려움을 잠잠케 하소서.

두려워하지 않게 하소서. 주 예수시여, 당신의 현존을 다시금 확신케 하소서.

두려워하지 않게 하소서. 성령이시여, 우리가 한계 너머에서 당신이 여전히 하나님임을 신뢰하게 하소서.

우리를 위해

계시지만,

우리를 초월하시는 하나님. 아멘.

요약

신학의 세계는 건축 양식을 포함한다. 건축 양식은 저자가 신학의 원천 자료를 모아 우리가 독자로서 머물 수 있는 공간을 세우는 방식이다. 건축가의 눈은 신학에 대한 다양한 종류의 접근법, 신학의 다양한 형식, 신학의 다양한 유형을 알아보는 법을 배우면서 점차 예리해진다. 신학의 세 유형은 예배, 증언, 비평이다. 신학은 항상 비평적 유형에서 실패하는 것처럼 보일 것이다. 우리가 살아 계신 하나님을 숙고할 때 언어와 개념의 한계를 마주하기 마련이기 때문이다. 신학의 객체를 고려한다면, 이에 대한 우리의 반응은 절망이 아니라 춤이나 경배나 애가가 되어야 하며, 이것이 예배다.

숙고와 논의를 위한 질문

1. 당신은 신학에 대한 어느 접근법에 가장 자연스럽게 끌리는가? 왜 그렇다

고 생각하는가?

2. 이번 장에서 보여 준 신학 형식 중 한 가지를 선택해야 한다면, 어느 형식을 선택해서 읽겠는가? 어느 형식을 가장 피하고 싶은가? 왜 그런가?

3. 아키바가 춤을 춘 이야기를 어떻게 생각하는가? 신적 신비에 대한 아키바의 반응은 당신을 고무시키는가, 불편하게 하는가, 아니면 다른 기분이 드는가? 신비에 대해 당신이 늘 하는 반응과 얼마나 비슷하거나 다른가?

신학 실험실: 본기도를 작성하라

> 그들이 듣고 한마음으로 하나님께 소리를 높여 이르되 대주재여 천지와 바다와 그 가운데 만물을 지은 이시오…손을 내밀어 병을 낫게 하시옵고 표적과 기사가 거룩한 종 예수의 이름으로 이루어지게 하옵소서 하더라.
>
> -사도행전 4:24, 30

> 신학 교육의 궁극적 목적[은] 학생들을 더 똑똑하게 만드는 것이 아니라 학생들이 기도하면서 하나님에게 더 잘 말하는 방법과 서로에게 더 잘 증언하는 방법을 배우게 하는 것이다.…이런 면에서 학문 훈련은 일종의 제자도가 되고 신학은 기도 훈련이 된다.
>
> -벤 마이어스[39]

본기도(collect, 성공회 예배 의식에서 전례 독서의 내용을 따라, 회중의 뜻을 모아 간구하는 기도로 공동체의 기도라는 의미가 있다-편집자) 작성은 그리스도인의 삶에서 근본이 되는 기도에 기반을 두고 신학 독서에 접근하게 한다. 기도는 그리스도인의 삶에서 가장 기본이므로, 어떠한 형태든지 신학 독서도 우리가 하나님과 적극적으로 하는 대화와 연결되어야 한다.

본기도를 작성하여 공동 예배에서 기도하는 것은 고대의 관습이다. 신학 독서에 기반을 두고 본기도를 작성하고 기도할 때, 우리는 독서와 그리스도인의 삶을 연결하는 훈련을 받는다.

예배에서 본기도는 경배, 기원, 고백, 조명, 봉헌에 사용된다. 본기도는 몇 부분으로 나뉜다[아래에서 본기도 각 부분 이름은 『하나님께 간구하는 기도』(IVP), pp. 71-74에 나오는 내용이다-편집자].

하나님 부르기: 하나님에게 말을 건넨다는 진술("전능하신 하나님")

인정: 하나님의 구체적 본성이나 행동에 대한 묘사("주님에게 온 마음을 엽니다. 주님은 우리의 모든 바람을 알고 계시며, 주님에게는 어떤 비밀도 숨길 수 없습니다.")

간구: 하나님이 행동하시기를 요청("성령님의 역사로 우리의 마음과 생각을 깨끗하게 하소서.")

열망: 바라는 일의 구체적 결과를 선언("주님을 온전히 사랑하게 하시며, 주님의 거룩한 이름을 합당하게 찬양하게 하소서.")

청원: 우리의 기도를 중재하는 분에 대한 인정("우리 주 예수 그리스도를 통하여 기도합니다. 아멘.")

본기도의 형식은 사도행전 4:23-40의 양식을 따르는데, 그 본문에서는 하나님의 천지 창조를 떠올리는 것으로 시작하여 하나님이 능력으로 **다시** 행하시기를 기대하는 기도로 이어진다. "손을 내밀어 병을 낫게 하시옵고 표적과 기사가 거룩한 종 예수의 이름으로 이루어지게 하옵소서 하더라"(행 4:30).

신학 독서를 기반으로 본기도를 작성할 때, 우리는 가장 먼저 하나님이 어떤 분인지, 혹은 어떤 일을 행하셨는지 인정할 방법을 찾는다. 그러고 나서 하나님이 오늘날 우리 삶에 현존하시고 일하시기를 청원한다. 내가 가르치는 학생들은 수업마다 본기도를 미리 작성해서 기도한다. 홀리라는 학생은 이렇게 기도하는 것의 유익을 다음과 같이 설명했다.

제 힘으로 이루었다고 생각하던 것을 하나님께 돌려드리는 일이 일어났어요. 제가 독서를 했어요. 제가 질문에 대답했어요. 제가 배웠어요. 그런데 저를 가르친 분은 바로 하나님이었습니다. 하나님이 제가 배울 수 있게 하셨습니다. 제 배움에 대해 하나님께 기도하면, 하나님을 찬양하고 인정할 수밖에 없어요. 은혜는 저에게 공부하는 동안 생겼던 자만을 깨우치고 변하라고 요청했어요. 공부를 포함한 제 삶의 모든 것에 대해 하나님을 인정하고 예배하게 되었습니다.

성공회의 『성공회 기도서』(*Book of Common Prayer*), 장로교의 『공동 예배서』(*Book of Common Worship*), 에큐메니컬의 『예배 자료집』(*Worship Sourcebook*)에는 좋은 사례가 가득 담겨 있다. 내가 가르친 학생들이 작성한 본기도가 당신이 기도문을 작성하는 데 도움이 될 것이다.

[하나님의 섭리에 대한 글을 읽고]
전능하시며 영원히 살아 계신 하나님, 하나님은 태초부터 종말까지 세상을 붙드십니다. 주님은 오래전 세계가 창조되기 훨씬 전에도 존재하셨고, 역사의 종말과 완성 때에도 존재하실 것입니다. 주님이 항상 지금 여기에 계시다는 사실을 잊지 않도록 도와주십시오. 주님이 세세토록 우리와 함께하겠다고 하신 약속을 저희가 잊지 않도록 해 주십시오. 지금부터 영원까지 계시는 한 분 하나님, 성부와 성령과 함께 살아 계시고 통치하시는 예수 그리스도의 이름으로 이 모든 기도를 아룁니다. 아멘.

[성자의 성육신에 대한 글을 읽고]
하늘에 계신 아버지, 천지의 창조주시여. 태초에 아버지로부터 나신 거룩한 아들을 우리에게 보내 주셔서 감사합니다. 성자께서는 인간의 모습을 취하여 인간과 똑같은 육체를 입고 살아가셨지만, 여전히 완전한 하나님이십니다. 우리가 성자와 같이 거룩하게 되기를 바라며 하루하루를 우리의 삶을 살아갈 수 있게 해 주십시오. 주님에게 우리 삶을 합

당하고 거룩한 산 제물로 드림으로써 성자의 죽음을 기억하게 해 주십시오. 우리가 세상 욕심을 버려 성자처럼 살게 해 주십시오. 영원토록 한 분이신 하나님, 성부와 성령과 함께 살아 계시고 통치하시는 우리 주 예수 그리스도의 이름으로 이 모든 기도를 아룁니다. 아멘.

[하나님의 자기 계시에 대한 글을 읽고]
은혜로우신 하나님, 주님은 우리의 상상력의 지평에서 우리를 만나시고 우리의 현실 한가운데 거하십니다. 우리를 주님의 길로 인도해 주십시오. 우리가 창문이라고 착각하는 우리의 거울을 산산조각 내 주십시오. 약한 정신과 두려움 마음에서 나온 우리의 주장을 부수어 주십시오. 이런 가운데 주님, 우리는 주님만, 오직 주님만 보기를 원합니다. 더 깊은 곳으로 나아가 주님의 사랑이 담긴, 땅을 뒤흔드는 속삭임을 듣고 싶습니다. 주님이 태초부터 계시하신 그 사랑의 속삭임을 듣고 싶습니다. 주님의 신실함 안에서 주님에게 드리는 우리의 찬송을 흠향해 주십시오. 아버지 하나님, 성자와 함께 계신 성령의 역사를 통해 하나님의 나라가 임하게 해 주십시오. 예수 그리스도의 이름으로 기도합니다. 아멘.

7장

신학의 초대: 책 앞에 있는 세계

> 그때에 천국은 마치 등을 들고 신랑을 맞으러 나간 열 처녀와 같다 하리니 그중의 다섯은 미련하고 다섯은 슬기 있는 자라.
>
> -마태복음 25:1-2

> 디자인이나 건축물이 말하고 있는 것은 일종의 삶이다. 이들 안에서 그리고 둘레에서 삶이 가장 적합한 방식으로 드러난다.
>
> -알랭 드 보통[1]

모든 것은 다음과 같은 결론으로 우리를 이끈다.

신학 저작은 하나의 세계를 **투사하고** 여기로 독자인 당신을 초대해서, 저자가 보는 것처럼 보고 그에 따라 **살아가라고** 권유한다. 이 세계가 진짜인 것처럼 살아보라고 초대한다.[2] 저자는 당신에게 "이것이 바로 세계를 하나님의 관점에서 바라보는 방식입니다"라고 말을 건넨다. 그리고 "이제 그러한 세계에 와서 살아가십시오. 그 세계의 진리를 따라, 그 세계가 지닌 리듬과 패턴과 조화롭게 살아가십시오"라고 말한다. 그 책의 모든 부분은 당신이 저자가 보는 것처럼 보고, 그러고 나서 거기에 가서 살게 하려고 거기에 존재한다.

이번 장은 세 부분으로 나뉜다. 가장 먼저 내가 일전에 가족들과 모래성을 쌓은 이야기, 바울의 편지, 안디옥의 이그나티오스의 편지를 사례로 들어서 책 앞에 있는 세계를 묘사해 보겠다. 그 다음으로, 우리는 실제에 대한 서로 다른 관점이 우리의 관심을 끌려고 경쟁하는 세계에서 살아가는 난제에 직면해 있다. 세계를 **있는 그대로** 보여 준다는 그들의 주장을 우리는 어떻게 이해해야 할까? 지금까지는 이러한 난제를 곁가지로만 다루었지만, 이제는 정면으로 부딪혀 보려고 한다. 저자가 보여 주는 세계에 지나치게 가까이 다가가는 위험을 어떻게 감수하는 것이 좋을까? 저자의 의미 세계에 있는 진리와 아름다움을 거기에 있는 오류나 실수와 분리해야 한다. 분별력을 발휘하면서 저자를 사랑으로 대할 수 있는 방법이 있을까? 마지막으로, 이러한 난제를 세 가지 지혜를 이용하여 다루는 방법을 보여 주고자 한다.

첫째 이야기: 모래성 도시

몇 년 전에 아이들과 함께 모래성을 만들었다. 막내딸이 나에게 "아빠, 어디에다 벽을 만들어야 할까요?"라고 물었다. 우리의 모래성이 도시가 되려는 참이었기 때문에 결정을 내려야 했다. 나는 벽을 세우는 문제를 잠시 고민하다가 "벽을 만들 필요가 있을까?"라고 말했다. 막내딸은 모래를 통에 모으다가 잠시 멈췄고 큰딸은 나를 쳐다보았다. 내가 계속해서 "그냥 하는 말인데, 이건 **우리가** 만드는 도시잖아. 우리가 원하는 대로 상상할 수 있다는 말이지. 우리가 바라는 도시를 만든다면 어떤 모습일까? 사람들이 함께 살아가는 도시가 어떨까? **그런 도시**에 벽이 있을까?"라고 말했다.

결국 우리가 만든 모래성 도시에는 벽이 없었다. 모든 도시에 벽이 없거나 없어야만 하기 때문이 아니라, 우리가 바라는 도시에는 벽이 없기 때문이다. 우리는 "누구나 들어오고 싶게 하자!"라고 결정했다. 딸들은 발전소를 언덕 뒤에 배치해서 발전소가 아무의 시야도 가리지 못하게도 했다. 평지에는 집들을 원형으로 배치해서 이웃과 더 자주 만날 수 있게 만들었다. 언덕 위에 있는 집들은 언덕 위에 세우기보다 경사를 따라 기울어지게 만들어 원래 형태를 보존하려고 노력했다. 이런 결정은 우리에게 무엇을 알려 주는가? 이 도시는 우리 가족의 배경과 경험, 우리 가운데 거하시는 하나님에 대한 요한계시록의 관점을 반영하는가?[3] 물론이다.

우리가 만든 모래성 도시에는 이 공간 뒤에 있는 세계, 이 공간의 세계, 이 공간 앞에 있는 세계가 있다. 우리가 만든 **도시 뒤에 있는 세계**에는 나와 내 아이들, 우리의 경험, 우리가 살아가는 시대, 하나님 나라에서 이루어질 하나님의 새창조에 대한 우리의 소망이 들어 있다. 우리가 가능하다고 상상한 것을 만들었기 때문에, 저러한 모든 것이 우리의 모래 도시를 만들 수 있게도 하고 한계를 정하기도 했다. 이 **도시의 세계**는 그 자체로 작은 모래 구조물이다. 공간을 배열하고 벽을 세우지 않는 것 등이 이와 관련돼 있다. 이런 모든 요소가 어우러져 누구나 지나다닐 수 있는 상상의 세계를 투사한다. 실제 도시나 성의 모습을 담은 것이 아니라 우리 가족이 소망하는 도시에 대한 **이상**을 담았다. 벽이 없는 도시는 포용성에 대한 우리의 바람을 이야기하고, 원형으로 배치한 이웃집은 공동체에 대한 우리의 염원을 이야기하고, 언덕 위에 있는 집들의 모양은 지형에 어울리는 건축에 대한 우리의 소망을 이야기한다(우리 가족은 건축학 괴짜들이다).

수영복 차림인 (각자 자기 앞에 있는 세계에 살고 있는) 구경꾼들은 이 모든 것을 포착할까? 아마도 한눈에는 알아차리지 못하겠지만, 우리 가족이 만든 모래 도시 앞에 멈춰 서서 찬찬히 둘러본다면, 그리고 자기가 그 모래 도시에 살고 있다고 상상해 보는 사람이라면, (슬기롭게 신학 독서를 하는 사람들이 그러하듯이) 있음 직한 세계와 있음 직한 삶의 방식을 이해하지 않을까?

우리의 모래성 도시 이야기는 머물기 위한 신학 독서에 대해 많은 것을 가르쳐 주는데, 이 이야기는 독해에서 이해로, 이해에서 전유(appropriation)로 넘어가는 움직임을 말하기 때문이다. 이것이 어떻게 되는지 3장 내용을 떠올려 보자.

독해는 순서상 항상 가장 먼저다. 우리는 익숙하지 않은 용어와 개념을 독해하거나 자기에게 낯선 논증 방식을 독해하고자 노력한다. 이와 같은 지적 성취는 모래성 도시에 벽이 있는지 없는지 알아보는 것과 같고, 혹은 우리 가족이 만든 집들의 배치에 담긴 의미를 생각해 보는 것과 같다. 벽이 없는 것과 집들(그리고 모래성 도시 나머지 전체)이 우리가 수영복 차림 구경꾼들을 위해 남겨 놓은 '화살표'다. 독서도 이와 상당히 흡사하다. 저자는 우리에게 화살표를 남겨 두는데, 우리가 이를 잘 따라가면 그 책의 실제 내용을 **이해**하는 출발점에 서게 된다(이는 내가 '만남'이라 일컬을 것이다). 독서를 할 때 "이해는 작품의 움직임을 따라가는 일, 즉 그 책이 말하는 내용에서 그 책이 어떤 것에 대해 말하는지로 옮겨 가는 일이다."[4]

신학책은 하나님과 세계에 **관한** 통찰을 다루고, 독자에게 그 세계를 보고 그 안에서 살아가라고 초대한다. 신학책은 그러한 세계를 투사하고, 독자는 신학 앞에 있는 그 투사된 세계를 만난다. 머물기 위한 독서는 우리를 저자의 어깨 위에 올려놓고, 우리는 저자가 투사한 세계를 바라본다. 그리고 그 세계에 들어가 살라는 저자의 초대를 진지하게 고민한다. 저자는 "나처럼 보라"고, "와서 살라"고 우리를 초대한다.[5]

나는 저자의 의미 세계를 **전유**할 것인가? 그 의미 세계를 사실로 받아들일 것인가? 모래성 도시에서는 위험 부담이 적지만 신학 독서에서는 위험 부담이 크다. 우리가 하나님을 바라보는 방식과 하나님의 관점에서 세상을 바라보는 방식은 우리가 살아가는 방식에 엄청나게 큰 영향을 미친다. 초기 그리스도인이었던 사도 바울과 안디옥의 이그나티오스, 이 두 사람의 글을 예로 들어서 이를 설명해 보고자 한다.

사도 바울

로마와 에베소에 있는 교회에 보내는 바울의 편지는 무엇이 그리스도 때문에 우리에게 **참된** 것이 되는지를 먼저 진술하고, 다음으로 이에 따라 **살아가는** 법을 펼쳐 놓는다. 바울은 그리스도와의 연합을 투사하는 세계(우리에게 참된 것)와 이러한 실존에 따라 살아가는 삶의 방식을 연결한다. 바울이 사용하는 동사의 법을 분석하는 것은 이를 알 수 있는 한 가지 방법이다. 로마서와 에베소서의 초반부에는 '직설법' 동사들, 즉 실존 상태를 가리키는 동사가 있다. 즉 "너희는…**이다**" 혹은 "우리는…**말한다**"라는 동사가 나온다. 반면 후반부에서는 특정 행동을 요구하는 '명령법' 동사가 보인다. 즉 "기억하라", "살라", "조심하라"와 같은 동사가 나온다. 바울의 직설법 동사와 명령법 동사 사용에 따라 로마서와 에베소서가 거의 반으로 나뉜다. 예를 들면, 바울은 로마서 12장 시작 부분에서 전환점을 만든다. "그러므로 형제들아 내가 하나님의 모든 자비하심으로[이것은 앞에서 이 부분까지 직설법으로 서술한 편지의 주요 주제다] 너희를 권하노니 너희 몸을 하나님이 기뻐하시는 거룩한 산 제물로 드리라[명령법!] 이는 너희가 드릴 영적 예배니라"(롬 12:1).

바울에 따르면, 우리가 그리스도 안에서 하나님의 자비하심이라는 실재를 마주하면 우리 앞에 투사된 세계를 발견하게 된다. 이 세계는 그저 어떤 하나의 세계가 아니라 **실재하는** 세계, **실제로** 존재하는 세계 자체다. 이 실재하는 세계에는 당신 전부를 하나님에게 드리는 것 외에 다른 방식의 삶은 존재하지 않는다. 이와 같은 삶이 잘되는 삶이다. 진정한 삶이다. 초기 로마교회 교인부터 시작해서 이후 모든 그리스도인은 이같이 투사된 세계를 보고서 그 안에서 살아가라는 초대를 똑같이 만난다.

에베소서에서도 바울이 비슷한 움직임을 만들어 내는 것이 보인다. 에베소서 4장을 시작하면서 바울은 "그러므로 주 안에서 갇힌 내가 너희를 권하노니 너희가 부르심을 받은 일에 합당하게 행하여[명령법!]"라고 말한다. 앞에서 이 구절에 이르기까지 에베소서는 그리스도와의 연합 안에 있는 사람들의 존재 상태에만 집중한다. 직설법 동사는 에베소서 첫 세 장 모든 곳에 있다. 바울은 하나의 세계를 투사하면서 독자가 그 세계를 자신의 **참된** 세계로 받아들이기를 바란다. 그러고 나서 그에 따라 살라는 권유가 담긴 명령법이 등장한다. 세계의 실제 모습에 우리를

"맞추라"고 말하는 것이다. "그러므로 사랑을 받는 자녀같이 너희는 하나님을 본받는 자가 되고[**명령법!**] 그리스도께서 너희를 사랑하신 것같이 너희도 사랑 가운데서 행하라[**명령법!**] 그는 우리를 위하여 자신을 버리사 향기로운 제물과 희생제물로 하나님께 드리셨느니라"(엡 5:1-2). 바울이 사용한 동사의 법과 편지의 구조는 그가 투사하기를 원하는 세계를 가리키는 동시에 그 안에서 적절하고 올바르게 살아가는 방식도 가리키는 화살표다. 그리스도와 연합했으니 (그것이 당신에게 실제 세계이니) 그 세계의 양식을 따르고 그 결을 따라 살라는 말이다. 사랑의 삶을 살아감으로써 그리스도를 본받으라는 말이다. 모든 그리스도인 독자는 지금 바울의 어깨 위에 올라타서 바울이 보는 것처럼 보면서 그에 따라 살라는 바울의 초대를 듣는다.

C. S. 루이스는 저자와 함께 보는 것이 모든 독서의 실제 목적이라고 말한다. "우리는 다른 사람의 눈으로 보기를 원한다. 그래서 우리의 상상력과 심장은 물론이고 다른 이들의 상상력으로도 상상하고, 다른 이들의 심장으로도 느끼고자 한다." 그렇게 하면서 "예배 안에서, 사랑 안에서, 도덕적 행동 안에서, 알아감 안에서 나는 자신을 초월한다. 이렇게 할 때 나는 가장 나다워진다."[6] 루이스는 신학에 대해 말하는 것이나 마찬가지였다. 왜냐하면 바울의 편지를 포함해 모든 신학 저작도 우리에게 저자의 눈으로 보라고 초대하기 때문이다.

분명히 우리는 바울의 편지를 성령의 감동으로 된 성경으로 읽고, 성령과 만나기를 열망한다. 바울이 투사하는 의미 세계는 그저 그런 세계 중 하나가 아니라 실재하는 그 세계다. 이런 면에서 바울의 편지는 내 딸들이 만든 모래성 도시와 다르고 성서 외에 우리가 읽는 다른 모든 신학책과도 다르다. 다만 어떤 면에서 보면, 바울의 편지는 원천 자료인 성경에 의존하는 신학책과 매우 흡사하다. 독자로서 신학책에 머물면서 독해에서 이해로 넘어갈 때 우리는 "내가 보는 것처럼 **보고**, 그렇게 **살라**"는 유사한 초대장을 받는다.

삼위일체에 대한 교회의 가르침은 하나님의 생명에 초점을 맞추지만, 이는 피조물과 하나님의 소통에 대한 비전, 이를 가능하게 하는 기도, 사랑, 함께함의 방식도 포함한다. 하나님의 형상(*imago Dei*) 교리는 단순히 우리가 하나님의 형상대로 만들어졌다는 사실만 말하지 않는다. 이 형상에 대해 말한다는 것은 하나님과 인간의 더 풍성한 관계와 하나님에 대한 통찰은 물론이고 인간의 능력, 한계, 목적이나 궁극적 운명을 이해하는 방법도 암시적으로 보여 주는 것이다.[7] 마찬가지로, 창조에 대한 기독교의 가르침은 결코 세상의 신적 기원만 다루지 않는다. 하나님이 지금과 같이 모든 것을 만드셨다면, 우리는 하나님이 만드신 세상을 어떻게 사랑하고 돌봐야 하는가? 창조 교리가 하나님의 성화와 구속 사역에서 어떤 역할을 하는가?[8]

신학 저작은 우리에게 무언가를 **보라**고 하는 그러고 나서 (때로는 명백하게 말하지 않더라도) 그에 따라 **살라**고 하는 초대장이다.

안디옥의 이그나티오스

이그나티오스와 같은 초기 그리스도인들은 예수님에 대한 우리의 관점이 삶에도 영향을 미친다고 이해했다. 이웃을 사랑하라는 것과 같은 예수님의 가르침에 복종하는 것만 말하는 것이 아니다. 오히려 우리의 삶은 우리가 믿는 예수님이 **어떤 분인지**에, 즉 그분의 인성에 영향을 받아 형성된다.

이그나티오스는 예수님이 십자가에 못 박힌 사건이 일어나고 10년 후에 태어났다. 자라서는 트라야누스 황제(Trajan) 치세하에 (현재 시리아에 위치한) 안디옥에 있는 교회의 제2대 주교가 되었다. 이유를 정확히 알 수는 없지만, 이그나티오스는 로마에서 사형을 선고받았다. 이그나티오스는 로마로 호송되면서 몇 교회에 편지를 썼다. 이 편지들에서 반복해서 말하는 공통 주제가 있다. 바로 **예수님은 진실로, 참되게 인간이시라는 사실**이다. 실제로 깊은 주제이지만, 순전히 추상적인 개념은 아니다. 평소 어떤 일을 시작하기 전에 마음속으로 정리할 수 있는 어떤 것이 아니다. 예수님의 진실하고 참된 인성은 기독교 신학이라는 건축 구조의 주요 특징 중 하나다. 이그나티오스에게 있어 그리스도의 인성에 대한 신학은 한 가지 세계를 투사하고 그러한 세계 안에서 살아가는 삶의 방식을 명료하게 보여 준다.

이그나티오스가 그리스도의 인성에 대한 독자들의 확고한 믿음을 어떻게 칭찬하는지, 이 믿음이 그들의 삶에 어떻게 영향을 미치는지 주목해서 보라.

저는 여러분이 흔들리지 않는 믿음 안에서 확고하다는 이야기를 들었습니다. 이를테면 여러분에게는 **육과 영**으로 십자가에 못 박히신 우리 주 예수 그리스도에 대한 믿음이 있습니다.…그리고 여러분은 우리 주님이 **육으로는 진실로 다윗의 자손**이시며, 하나님의 뜻과 권능을 따라 하나님의 아들이시며, **정말로 처녀에게서 태어나셨고** 요한에게 세례를 받으셨다고 확신합니다. 우리를 위해 **실제로 그 육으로 못 박혀서 달리신** 그분이 "모든 의를 이루었"(마 3:15)습니다.⁹

이그나티오스는 쉽게 말하면 다음과 같이 이야기하는 것이다. "스미르나 사람들이여, 잘했습니다! 여러분은 예수님이 실제로 하나님의 아들이시며 또 **사람의 아들**이시라는 사도들의 가르침을 꼭 붙들고 있습니다. 훌륭합니다!" 그렇지만 아그나티오스가 이러한 믿음을 저버리면 무슨 일이 일어나는지를 이어서 어떻게 설명하는지 주의 깊게 들여다보라. 이그나티오스의 편지에 따르면 예수님의 인성을 거부하는 자들은 "사랑을 대수롭지 않게 여겨서, 과부나 고아나 억압받는 사람들, 감옥에 갇힌 사람들이나 자유인들, 배고픈 사람들이나 목마른 사람들을 일절 돌보지 않는다. 이들은 성찬과 기도를 멀리하는데, 성찬의 빵이 우리의 죄를 위해 고난을 겪으시고 성부께서 선하심으로 다시 살리신 우리 구주 예수 그리스도의 몸임을 인정하지 않기 때문이다."¹⁰ 이그나티오스는 기독론(예수님에 대한 신학)을 잘 정돈된 개념의 단순한 합으로 생각하지 않았다. 그렇다. 기독론은 투사된 세계이고 **삶의 방식**이다.

예수님의 인성을 거부하면, 다른 사람의 인성을 거의 신경 쓰지도 않게 된다는 말이다. 고아와 과부에게 필요한 것, 배고프고 목마른 자들에게 필요한 것은 인간에게 현실적으로 필요한 것들이다. 이는 우리의 육체와 관련된 문제다. 이그나티오스의 주장에 의하면, 진실로 참된 인간이신 예수님이 당신의 기독론 건축 양식에 없다면, 당신의 사랑에는 결함이 있을 것이다. 그렇다. 당신의 **사랑** 말이다. 당신은 가난한 사람들 돌보기를 그만두고 배고픈 사람들이 굶주려 죽게 내버려둔다.

이그나티오스는 사랑에 대한 예수님의 많은 가르침 중에 하나라도 인용하는가? 아니다. 그는 누군가 예수님의 가르침을 잊어버렸다고 말하고 있는 것이 아니다. (만약 잊어버렸다면) "선한 그리스도인이 되라. 예수님의 가르침에 복종하라"고 말하면 되므로 너무나 쉽게 고칠 수 있는 문제일 것이다. 그러나 이그나티오스는 기독론 앞에 있는 세계를 다루는 중이다. 그는 예수님에 대한 신학이 우리가 만든 모래성 도시처럼 한 가지 세계를 투사하고 **살아가는** 방식을 투사한다는 것을 알았기 때문이다.

둘째 이야기: 서로 경쟁하는 세계들

우리는 수많은 '모래성 도시'에 둘러싸여 있다. 우리가 소비하는 텔레비전 쇼, 우리가 보는 영화, 우리가 즐기는 소설, 우리가 보는 광고판, 그리고 우리가 읽는 신학책이 '모래성 도시'다. 각 모래성 도시는 우리의 시선을 끌려고 경쟁한다. 각기 우리에게 하나의 세계를 투사하여 **실제** 세계로 보게 하고자 한다. 그리고 각기 우리에게 거기서 집처럼 편하게 지내면서 그 결을 따라 살아가고 그 세계의 양식을 따르라고 초대한다. 미셸 드 세르토(Michel de Certeaud)는 이렇게 투사된 세계를 '서사성'(narrativities)이라 부르면서, 각 서사성은 상황이 어떻게 돌아가는지에 대한 이야기를 압축한다는 것을 우리에게 상기시킨다. "청중이 종일 거니는 숲은 신문 기사와 광고와 텔레비전 프로그램이 만들어 낸 서사성의 숲이다. 이는 밤에 잠을 자기 직전에 우리에게 슬쩍 몇 가지 마지막 메시지를 남겨 놓고 가기도 한다. 하나님이 과거의 신학자들을 통해 섭리와 예정에 대해 반복해서 들려주신 것보다, 이러한 이야기들이 '섭리와 예정'의 기능을 더 행사해서 이들은 우리의 일, 축하 행사, 심지어 꿈도 사전에 직조한다."[11]

이러한 이야기들의 힘은 우리가 이들에 대해 자각하고 있지 못하고 있기 때문에 발휘되기도 한다. 이들이 투사하는 세계에서 집처럼 편하게 느끼라고 우리를 초대하고 있다는 사실을 우리는 깨닫지 못한다. 우리는 투사되는 세계 중에 어느 것을 실제 세계로 받아들이냐는 질문에 걸핏하면 직면하지만 그 질문을 좀처럼 하지 않는다. (받아들여야 하는 실제 세계는 존재하지 않는다고 말할 사람들도 있겠지만, 이들의 이야기를 믿지 말라. 그 이야기 역시 투사된 세계다!)

라이언 머피(Ryan Murphy)는 〈글리〉(Glee)와 같은 가장 성공적인 최신 텔레비전 드라마를 제작한 '창의적인 사람'이다.[12] 머피는 자기가 하는 일을 설명해 보라는 질문을 받자, "저는 세계를 창조합니다"라고 대답했다. 모래성 도시를 만드는 여느 사람이 그렇듯이 머피는 의도적으로 세계를 창조하여서 시청자들에게 살아감 직한 방법에 합류하라고 권한다. 머피는 이렇게 말한다.

> 현재 하는 일에서 제가 관심 있는 것은 들려지지 않았던 목소리를 공개적으로 사람들에게 들려주는 것입니다. 그저 당신이 싫어하거나 경멸할 수도 있는 사람의 집으로 사람들을 데려가는 일 같은 것 말입니다. 그런데 사건의 진상은, 만약 당신이 [그들과 함께] 그러한 집에 있는 방에 앉아 있기만 해도 이들을 감탄하며 바라보면서 당신과 공통점이 생각보다 많다고 여기리라는 것입니다.…**아마도 그러면 누군가의 마음이 변할 수도 있고, 이것이 제가 목표로 삼을 수 있는 전부입니다.**[13]

어느 텔레비전 프로그램이든 모든 신학책처럼 소통을 위한 공간을 연다. 이것은 있음 직한 한 가지 세계와 그 세계 안에서 살아가는 방식을 투사한다. 언젠가 큰딸이 소설을 읽고서는 "이거 정말 **진짜** 같아요, 아빠!"라고 말했을 때, 나는 딸에게 "잠깐만, 어떻게 소설이 진짜일 수 있지?"라고 되물었다. 몰라서 물은 것이 아니다. 딸은 주저 없이 "10대에게 삶이 어떠한지를 보여 주거든요"라고 대답했다. 정확하다. 이것이 바로 그 소설이 투사하는 세계의 힘이다. 그 소설은 **실제** 세계가 되고자 했다.

'나는 이 세계에서 살아갈 것인가?' 신학 독서는 선택과 함께 끝난다. 저자가 투사하는 세계(하나님과 하나님의 관점에서 보는 모든 것)를 만날 때, 독자는 이 세계에서 살아갈지를 결정해야 한다. 그 결을 따라 살아갈 것인가? 그 방식을 따라서 살아갈 것인가? 문학 이론에서 이런 선택을 '전유'(appropriation)라고 부른다. 리쾨르는 이를 악보를 보고 연주하는 일에 비유한다. 이러한 은유는 독서를 적극적 선택으로 마무리하는 활동으로 생각하게 한다. 악보를 보는 것과 그 악보를 연주하는 것은 완전히 별개다.

읽은 내용으로 무엇을 **할** 것인가? 순례라는 은유는 전인격의 행동, 방향성, 참여를 비슷하게 강조한다. 이 은유는 나에게 이렇게 질문하는 셈이다. 이 여정의 방향을 따라갈 것인가? 이 세계와 어울리는 목적지와 리듬으로 내 발걸음을 내디딜 것인가? 전유의 핵심은 내가 세상에 대한 저자의 관점을 받아들일지, 그리고 이에 따라 살아갈지를 머리가 아닌 행동으로 결정하는 것이다. 이 악보를 **연주**하겠는가? 이 순례에 **참여**하겠는가?

전유는 세 가지 방향으로 일어날 것이다. 첫째, 나는 내 앞에 투사된 세계를 사실상 진짜 세계로 받아들이고 내 삶을 여기에 순응시킬 수 있다. 악보를 연주하고, 순례에 동참하고, 이 세계의 방식에 따라 살아간다. 둘째, 이 세계를 철저히 거부할 수 있다. 이 세계는 거짓에 불과하다. 셋째, 내가 알고 있는 세계와 내 앞에 투사된 세계가 서로 수렴(convergence)하고 분기(divergence)하는 영역을 발견할 수 있다. 다시 말해, 내가 신학 독서에 가져간 하나님과 세상에 대한 관점과, 저자가 투사한 세계 사이에 겹치는 영역과 차이가 나는 영역들을 발견할 수 있다. 화음에 비유해서 말하면, 투사된 세계와 내 세계 사이에서 화음과 불협화음을 발견할 수 있다.

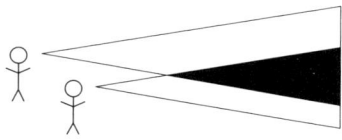

신학 독서를 하는 그리스도인들에게 셋째가 가장 있음 직하다. 화음과 불협화음, 교집합 부분과 차집합 부분이 다 있다. 저자가 그리스도 안에서 한 형제자매라면, 결국 그 저자는 우리가 공유하는 신학의 원천 자료를 사용해 담론 공간을 건설할 테니, 교집합 부분이 있어도 놀랄 필요가 없다. 이러한 셋째 선택지는 "수렴과 분기의 영역을 어떻게 **분별**하는가?"라는 중요한 질문을 제기한다. 어떻게 하면 화음과 불협화음을 들을 수 있게 '귀를 조율'할 수 있는가? 더 절실하게 말하자면, 오류와 **진리**를 어떻게 분별하느냐는 것이다.

우리에게는 지혜가 필요하다.

셋째 이야기: 슬기로운 신학 독서

지혜는 우리 앞에 놓인 것을 정확하게 **인지**하고, 이에 어떻게 반응할지 **분별**하고, 그러고 나서 이 상황이 요구하는 대로 실제로 **행동**하는 훈련된 능력이다.[14] 예수님은 열 처녀 비유에서 지혜를 이와 비슷하게 묘사하신다.

> 그 때에 천국은 마치 등을 들고 신랑을 맞으러 나간 열 처녀와 같다 하리니 그중의 다섯은 미련하고 다섯은 슬기 있는 자라. 미련한 자들은 등을 가지되 기름을 가지지 아니하고 슬기 있는 자들은 그릇에 기름을 담아 등과 함께 가져갔더니 신랑이 더디 오므로 다 졸며 잘새 밤중에 소리가 나되 보라 신랑이로다 맞으러 나오라 하매 이에 그 처녀들이 다 일어나 등을 준비할새 미련한 자들이 슬기 있는 자들에게 이르되 우리 등불이 꺼져가니 너희 기름을 좀 나눠 달라 하거늘 슬기 있는 자들이 대답하여 이르되 우리와 너희가 쓰기에 다 부족할까 하노니 차라리 파는 자들에게 가서 너희 쓸 것을 사라 하니 그들이 사러 간 사이에 신랑이 오므로 준비하였던 자들은 함께 혼인 잔치에 들어가고 문은 닫힌지라. (마 25:1-10)

예수님이 기름을 갖고 있던 처녀들을 슬기 있다고 하신 까닭은, 올바르게 상황을 **인지**하고 **분별**하고 그에 따라 **행동**했기 때문이다. 그들은 "어쩌면 신랑이 도착하려면 시간이 오래 걸릴지도 몰라"라며 상황을 분석했다. 이에 "우리의 등불을 밝히기 위한 여분의 기름을 준비해야지"라며 적합한 행동을 분별했다. 무엇보다도 그들은 그에 따라 행동하여 여분

의 기름을 준비했다.¹⁵

예수님은 이 비유를 말하면서, 우리가 살아가는 때에 맞게 슬기롭기를 바라신다. 지금은 하나님 나라가 이미 틈입한 때다. 우리는 재림의 때를 모르므로 준비하고 있어야 한다. 슬기로운 사람은 때를 정확하게 인지하고(지금은 하나님 나라의 때다), 이에 적합한 반응이 무엇인지 분별하고(왕의 오심을 준비하라), 이에 따라 요구되는 대로 실행한다. 준비하고 있으라. 예수님을 왕으로 믿고, 신앙을 통해 너의 가장 깊은 자아를 예수님에게 맞추고, 그의 가르침을 따르라! 슬기롭게 있으라.

우리가 읽는 많은 종류의 글에 대해서, 앨런 제이콥스는 "분별력은 선물이 우리 앞에 어떠한 종류의 선물이 있는지 이해하고 그 선물을 어떠한 정신으로 받아들일지를 결정할 때(만일 결정한다면) 필요하다"고 말한다.¹⁶ 저자가 투사한 세계가 주는 선물을 받기 위해 그 공간을 지나 저자의 어깨 위에 올라탄다고 해서, 반드시 그 세계를 있는 그대로 받아들일 필요는 없다.

저자가 마련한 선물을 **받아들일지 거절할지** 분별하려면 세 가지 종류의 지혜가 필요하다. 첫째 지혜는 역사가 보증하는 규범을 따르는 것이다. 둘째 지혜는 시의적절하고 얻기 까다롭고 성령이 제공하는 미덕을 함양하는 것이다. 셋째 지혜는 한 마디로 말하기 가장 어렵다. 이는 공감이 위험하다는 것을 아는 분별력과 적절하게 반응하는 요령이다.

첫째 지혜: 규범을 따르는 독서

(기독교의 긴 역사에 걸쳐) 오류와 진리를 분별하기 위해 사람들은 네 가지 평범해 보이는 지침, 즉 '규범'에 따라 신학 독서를 했다. 교회 밖 독자는 이 규범을 받아들이지 않겠지만, 그리스도인에게는 근본 규범이다. 모든 그리스도인이 이 네 규범을 모두 완전히 똑같은 방식으로 적용하고, 어느 경우든 우선순위를 똑같이 매겨서 적용한다는 말인가? 아니다. 다만 기독교의 오랜 역사와 오늘날 다른 여러 전통 전체에 오류와 진리를 분별하기 위해 성경의 규범, 신앙의 규범, 사랑의 규범, 기도의 규범이 존재한다.

*성경의 규범

신학자는 성경을 하나님의 자기 계시적 활동의 원천 자료로서 들여다본다(5장을 보라). 그래서 어느 한 신학자가 하나님과 하나님에 비추어 본 모든 것에 대해 자신의 관점을 세우기 위해 성경을 원천 자료로 사용하는지 여부만 독자가 판단하면 되는 일처럼 보일 것이다. 정말 그렇게 단순하면 좋겠다! 사람들은 성경을 다양한 주제와 관련지어 서로 다른 방식으로 해석해 왔다. 이것은 새로운 현상이 아니다. 심지어 예수님이 하신 성경 해석조차도 반대를 받았다. 예수님은 그 당시 유대인들이 그분을 메시아로 여기게 성경을 해석하셨지만, 많은 사람이 성경을 다르게 이해했다. 그래서 예수님이 눈물을 흘리셨다(눅 19장). 마찬가지로 사도 바울도 회당을 전전하며 성경으로 유대인들을 설득했다. 믿은 사람도 있고 믿지 않은 사람도 있었다. 이러한 사실이 성경의 규범에 대해 무엇을 이야기해 주는가?

성경의 규범(혹은 지침)에 따른 신학 독서는 우주에서 천체의 궤도를 추적하기와 같다. 가장 거대한 행성이 다른 물체를 자기 궤도 속으로 끌어온다. 자기 주변으로 다른 물체를 끌어당기고 궤도를 정해 준다. 성경의 규범을 이와 같은 방식으로 신학에 적용해야 한다. 이 신학의 '궤도'는 성경과 얼마나 가까운가? 이 질문은 우리가 독자로서 저자의 성경 사용에 집중하게 하고, 이러한 성경 사용이 저자의 주장에 어떤 영향을 미치는지 혹은 미치지 않는지에 집중하게 한다(이를 평가하는 다른 방식들이 있더라도 말이다).

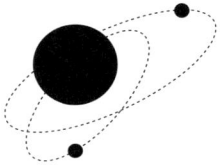

성경의 규범은 우리가 저자의 '성경 궤도'를 생각하지 않을 수 없게 한다. 의식하지 않더라도 모든 그리스도인의 신학적 상상력은 일정한 궤도를 따라 성경 주변을 돈다. 저자의 성경 궤도처럼 우리의 성경 궤도도 개인의 인생사, 시대와 장소, 신앙 공동체에서 영향을 받는다. 이러한 신앙 공동체는 지역 교회, 가족, 신앙 전통(개신교, 가톨릭, 침례교 등)을 포함한다.

독자와 저자의 성경 궤도가 서로 다를 때 분기(divergence)가 일어난다. 독자는 이러한 차이 때문에 저자가 투사하는 세계를 거부할 수밖에 없는지 분별할 것이다. 아니면 이러한 차이는 그저 독자가 성경 궤도를 바꾸어야 한다는 신호일 수도 있다. 이러한 선택의 갈림길에서 우리를 이끌 또 다른 규범이 필요하다.

***신앙의 규범**

가장 초기 그리스도인들은 신학에서 오류와 진리를 분별하는 데 성경만으로는 충분하지 않다는 사실을 간파했다. 성경이 중요하지 않다는 말이 아니라, 다양한 논쟁에서 서로 의견을 달리하던 신학자들도 다들 성경을 근거로 삼을 수 있었다는 말이다. 물론, 논쟁에 참여했던 사람들이 같은 본문을 근거로 서로 다른 주장을 했으니 각기 궤도는 달랐지만, 그들의 궤도는 성경 가까이에 있었다. 그들은 다음과 같은 질문에 답해야 했다. 성경에 대한 해석이 다를 때, 무엇이 우리의 지침이 될 수 있을까? 그들의 답은 신앙의 규범(*regula fidei*)이었다.

신앙의 규범은 예수님이 메시아라는 계시에 따라 성경 전체를 해석하는 방법에 대한 공통의 이해가 되었다. 2세기에 이레나이우스는 신앙의 규범을 모자이크 제작 시 사용하는 중심 조각에 비유했다. 각 조각을 올바르게 배열하려면 중심 조각이 필요하다. 이레나이우스는 다음과 같은 몇 개의 문장을 규범, 즉 중심 조각으로 제시한다. 그는 교회가 이 조각을 사도들에게 받았다고 말한다. 우리는 "한 분 하나님, 전능하신 아버지, 하늘과 땅과 바다를 만드신 분, 모든 것이 속해 있는 분을 [믿는다], 한 분 예수 그리스도, 하나님의 아들, 우리를 구원하시기 위해 성육신하신 분을 [믿는다], 성령님, 예언자들을 통해 하나님의 은혜를 선포하신 분을" 믿는다.[17] 익숙하게 들리지 않는가?

사도 신조(신경)와 니케아 신조는 이레나이우스와 그 외의 다른 이들이 신앙의 규범으로 지칭한 것과 놀라울 정도로 유사하다. 신학 독서를 위한 규범으로서 이러한 신조들은 우리의 시선을 기독교 신앙의 가장 중심적, 가장 근본적, 가장 보편적 공유 요소에 고정하는 역할을 한다.

성경의 규범 ←——→ 신앙의 규범

신앙의 규범이 성경의 규범을 대신해서 쓰일 수는 없다. 두 규범은 함께 사용되고, 함께 맞물리고, 각기 서로에게 우리를 이끌고 간다. 우리가 성경의 근간이 되는 이야기를 파악하고자 할 때, 성경의 규범은 우리를 신앙의 규범으로 인도한다. 거꾸로, 신앙의 규범은 우리를 성경의 규범으로 인도하는데, 거기서 우리가 하나님이 계속하여 성경 말씀을 통해서 하시는 계시를 찾을 수 있기 때문이다.

*사랑의 규범

예수님은 성경의 가장 큰 계명이 무엇이냐는 질문을 받으시자 두 가지로 대답하셨다. "너의 모든 것(마음, 영혼, 목숨, 힘)을 다해 하나님을 사랑하라"와 "너 자신을 사랑하는 것처럼 이웃을 사랑하라"는 것이다. 예수님은 계속해서 성경의 나머지 모든 구절이 이 계명에 '달려' 있다고 하신다(마 22:37-40). 우리는 이 계명에 따라 혹은 이 계명을 '통해' 성경 전체를 이해해야 한다. 이 계명이 성경을 구성하는 원리다. 하나님을 사랑하고 이웃을 사랑하라. 이 말씀이 신학과 무슨 상관이 있는가?

신학책 앞에 있는 세계에 무엇이 포함되든지, 독자가 하나님과 이웃을 **덜** 사랑하는 결과로 이어지면 절대로 안 된다. 사랑의 규범은 우리의 시선이 성경에 대한 예수님의 요약에서 떨어지지 않게 한다. 이것이 우리에게 상기시키는 것은, 우리가 관념과 교리와 관련해서 참과 거짓에 아무리 크게 관심을 기울인다고 해도(마땅히 기울여야 하지만), 관념과 교리가 행동에 영향을 미친다는 것을 절대 잊지 말아야 한다는 것이다. 사랑의 규범 때문에 우리는 이렇게 묻지 않을 수 없다. "이러한 신학 앞에 있는 세계에서, 나는 예수님의 가르침을 따라 모든 것을 다하여 하나님을 사랑하고 이웃을 나 자신과 같이 사랑하는가?"

아우구스티누스도 성경 해석에 사랑의 규범을 적용했다. 아우구스티누스는 원어에 대한 지식, 문법, 수사학 등 우리가 성경을 해석하는 데 재량껏 쓸 수 있는 본질적이고 유용한 도구가 많음을 인정했다. 또 이 모든 도구를 이용해야 한다고 조언했다. 그러나 아우구스티누스에 따르면, 우리가 **하나님과 다른 이들을 사랑하는** 결과로 이어지지 않는다면, 성경의 어느 한 부분이라도 이해한다고 말할 수 없다. "그래서 성경을 일부라도 이해하고 있다고 생각해도 이러한 이해를 통해 하나님 사랑과 이웃 사랑이라는 이중 계명을 세워 갈 수 없다면, 아직은 성경 이해에 성공했다고 보기 힘들다."[18] 아우구스티누스는 이어서 이렇게 말한다. "그래, 당신은 자기가 성경의 이런저런 구절을 이해한다고 말한다. 그러면 내게 당신의 삶을 보여 주라. 당신은 그 이해 덕분에 하나님과 다른 이들을 사랑하는가? 그렇지 않다면, 자신의 성경 읽기와 당신 자신을 다시 살펴보는 것이 나을 것이다. 문제는 해석이 아니라 당신 자신인지도 모른다." 사랑의 규범은 신학에도 적용된다.

사랑의 규범을 따라 신학 독서를 하면 저자와 함께 본문 앞에 서 있는 우리 자신을 상상하지 않을 수 없다. 내가 저자의 의미 세계를 따라 살아가면, 내가 사랑하는 결과가 나오는가? 만약 그렇지 않다면, 저자에게 문제가 있는가, 아니면 나에게 문제가 있는가? 어쩌면 나 자신이 무언가 바뀌어야 하는 것은 아닐까?

*기도의 규범

슬기로운 신학 독자는 기도한다. 자주 기도하고 진심으로 기도한다. 기도는 우리의 삶에서, 우리의 삶을 통해서 일하시는 성령에 우리의 마음을 맞춘다. 심지어 독서를 할 때도 똑같다. 기도는 우리가 저자를 향해 올바른 자세를 취하고 성령의 역사에 자신을 여는 데 중요한 역할을 한다. 기도의 규범은 독서를 하는 동안 우리의 마음이 성령에 맞춰 조정되어 있음과 우리가 하나님의 자녀임을 보증한다. "성령이 친히 우리의 영과 더불어 우리가 하나님의 자녀인 것을 증언하시나니"(롬 8:16). 우리는 자신이 누구의 것이며 어디에 있는지 안다.

그리스도인으로서 우리의 가장 깊은 정체성은 성령의 확증을 통해 온다. 그리스도 안에 있는 우리의 참된 자아에 대한 성령의 확증은 아무 수단 없이 우리에게 직접 다가올 수도 있고, 아니면 연구와 교리문답 교육과 훈련 등 우리가 마음껏 이용할 수 있는 수단을 통해 우리에게 '간접적으로' 다가올 수도 있다. 기도의 규범은 하나님에게 늘 기도하며 귀 기울이는 태도를 양성한다. 기도가 없으면, 그와 같은 수단은 모조리 건조한 지성주의, 이미지 관리, 오만으로 귀결될 수 있다. 그러나 우리는 기도의 규범을 통해 우리 대신 끊임없이 기도하시는 성자와 성령의 기도에 참여한다. 공감은 저자가 투사한 거짓된 세계에서 우리 자신을 잃을 수도 있는 위험에 우리를 놓아 두지만, 기도의 규범을 통해 독서를 하면 우리는 그리스도 안에서 발견할 수 있는 참된 자아로 계속해서 다시 돌아가게 된다.

기도의 규범 덕분에 저자를 사랑하는 마음도 자라고, 이 마음은 공감에 도움이 된다. 공감은 '열린 마음'과 같은 것을 의미하지만, 이 용어에서 지성주의가 너무나 쉽게 연상될 염려하여 나는 이 용어를 사용하지 않는다. 살아 있는 만남인 독서는 지적인 활동이기는 하지만, 그 이상을 훨씬 뛰어넘는 무언가다. 이는 우리의 전인과 관련된다. 우리는 항상 자신의 전부를 들고 (심지어 우리가 깨닫지 못할 때도) 독서를 실행하기 때문이다. 우리 자신이 육체를 지닌 사람이라는 사실을 대수롭지 않게 여기더라도 육체를 지닌 사람이기를 절대로 그만두지 못한다. 철학자 제이슨 베어(Jason Baehr)는 '열린 마음'이라는 단어를 사용하면서, 우리가 바로 공감이라고 말해 온 것과 매우 흡사한 것으로 묘사한다.

기독교적 사랑에서 흘러나오는 이 같은 열린 마음은 맹목이 아니며, 우리가 지적인 대적의 발 앞에 우리 자신 혹은 우리의 신앙을 이유도 없이 비이성적으로 내던져 버리는 것과 같지 않다. 그것은 오히려 하나님에 대한 깊은 지적 확신과 친밀함의 자리에서 나온다. 말하자면 자신의 기독교 신앙이 제대로 된 근거 위에 세워지지 못한 사람, 혹은 자신의 '마음 중심'에 신앙에 대한 (상당히 좋지 못한) 의심을 품고 있는 사람에게는 신앙과 관련해 이러한 열린 마음이 있기 힘들 것이다. 더 깊고 참된 기독교적 방식으로 열린 마음은 고사하더라도 말이다. 대신, 이런 사람은 자신의 신앙이 도전에 직면하면 불안해하고 안절부절못하고 방어적이고 오만해질 가능성이 크다. 마찬가지로 자신의 기독교 신앙에 대한 이해가 군건하고 지적 근거를 갖춘 사람은, 어쩌면 마음을 열 수 있는 자신감과 용기가 있을

지도 모르지만, 그렇게 **하지 않고 싶을지도** 모른다. 이런 사람은 이웃에게 그러한 관심 혹은 사랑이 없을 수도 있기 때문이다. 이런 관심과 사랑이 있어야 존경하는 마음과 열린 마음으로 이웃의 믿음에 귀 기울인다. 타당한 설명 한 가지에 따르면, 이와 같은 사랑의 가장 풍성한 원천은 **사랑이신** 하나님과 친밀하고 개인적인 관계다.[19]

베어는 기도의 규범에 있는 두 가지 차원을 포착했는데, 기도는 우리가 하나님 안에 뿌리내리게 한다는 것과 저자들을 사랑으로 대하게 한다는 것이다. 기도의 규범에 따라 우리는 하나님과 깊은 친밀함을 자각하면서 독서하고, 그러면서 동시에 하나님과의 친밀함을 적극적으로 추구한다. 기도의 규범은, 그리스도 안에서 하나님과 친밀하게 교제하면 우리가 저자가 투사한 세계와 공감하며 만날 **연료와 근거를 얻는다**고 보장한다.

이러한 규범들을 적용하기 위해 우리에게 필요한 태도가 있을까? 있다. 바로 부지런함이다. 우리는 저자에 대한 긍정적이거나 부정적인 첫인상이나 추정에만 의존해서, 저자가 투사하는 세계를 너무나 쉽게, 너무나 자주 수동적으로 받아들이거나 거부한다. 우리는 부지런해야 한다. 공동체에 이러한 규범을 적용하면, 이는 분별력 있는 신학 독서를 위한 지혜가 된다.

둘째 지혜: 신학 독서를 위한 미덕 양성

우리에게 **규범만** 있으면 되는가? 내 생각에는 그렇지 않다. 기독교 신앙

의 실천으로서 슬기로운 신학 독서에는 더 많은 것이 필요하다. 내가 전수받은 기독교의 지혜 대부분은 이에 동의할 것이다. 규범 이상의 것이 필요하다. 우리는 예수 그리스도의 모범에 따라 이들 규범을 적용할 수 있는 그런 독자가 되어야 한다. 제자로서 신학 독서에 적합한 **미덕**을 함양해야 한다.[20]

크리스의 그림을 주의 깊게 보라. **당신**은 저자와 함께 서 있다. 당신은 개인사, 신앙, 전통, 소망, 두려움을 모두 지닌 채 거기에 있다. 독자여, 당신은 자신이 머물고자 하는 신학책 앞에 있는 세계의 일부다. 여기서 자신을 새로운 방식으로 이해할 수 있고, 다른 사람들과 하나님을 새로운 방식으로 이해할 수 있다.[21]

신학 저작에서 당신이 보는 것 중에는 당신이 세상을 바라보는 방식과 한데 모이는 것도 있고, 그 방식에서 벗어나는 것도 있을 것이다. 그중에는 친밀하고 안전하고 안락하고 위로가 되고 현재 자신의 모습에 확신을 주어서 집처럼 느껴지는 것도 있을 것이다. 그러나 저자가 투사한 세계의 다른 측면은 낯설게 느껴질 수도 있고, 심지어 잘못되었거나 위험하다는 기분까지 드는 측면도 있을 수 있다. 위험하지 않을지도 모르지만, 자기에게 친숙하지 않아서 그런 기분이 들 수도 있다. 우리와 다른 사람들은 그 세계를 우리와 다르게 이해한다. 신학 독서를 할 때 이와 같은 차이에 직면하면 불안정하고 불안하고 심지어 무서

7장
신학의 초대: 책 앞에 있는 세계 265

운 기분이 들 수도 있다. 이 모든 반응 때문에 우리가 '그 방을 거닐며' 저자와 함께 보기기 힘들어진다.

그 방을 거닐려면 조언과 요령, 혹은 규칙 이상의 것이 필요하다. 굳은 의지 이상의 것 또한 필요하다. 슬기로운 교사들은 슬기롭게 행동하려면 의지력 이상의 것이 필요함을 오랫동안 인정해 왔다. 우리는 **특정 부류의 사람**이 될 필요가 있는데, 이 말은 우리가 제자로서 신학 독서를 하는 데 적합한 미덕이 필요하다는 의미다.

미덕은 **품성이 안정된 상태**인데, 우리가 저자가 보는 것처럼 보도록 돕는 품성에는 세 가지가 있다. 미덕을 이야기하는 것은 안정된 기질에 도달하는 한 가지 방식이며, 안정된 기질은 거의 제2의 본성처럼 우리가 올바르게 행동하도록 돕고, 옳은 것을 당연하게 실천하게 돕는다. 이를 마음의 상태라고 부르면서 예수님이 말한 열매 맺는 나무에 대한 은유를 다시 그대로 말해도 될 것이다. "나무도 좋고 열매도 좋다 하든지 나무도 좋지 않고 열매도 좋지 않다 하든지 하라 그 열매로 나무를 아느니라…선한 사람은 그 쌓은 선에서 선한 것을 내고 악한 사람은 그 쌓은 악에서 악한 것을 내느니라"(마 12:33, 35). 마음 상태에 따라 행동이 나온다. 내가 이야기하려는 미덕도 똑같은 원리를 따른다. 예수님의 방식에 순종하려는 우리의 노력을 통해 성령이 역사하심에 따라, 시간이 흐르면서 **수용성, 환대, 공감**이라는 세 기질이 우리 안에 형성된다.

이 같은 기질이 단번에 형성될 수 있는가? 아니다. 내 경험에 비추어 보면 그렇지 않고, 다른 이들이 공유하는 지혜도 다르게 말하지 않는다. (최근 과학적 연구가 증명하듯이) 미덕 형성에는 시간과 의지가 필요하다.[22] 이러한 기질을 의지적으로 실천하는 학생들이 스스로 놀라는 것을 나는 자주 보았다. 이들은 신학 독서를 할 때 자기가 저자의 어깨 위에 올라타 저자가 투사하는 세계를 보고 있음을 좀 더 쉽게 발견한다.

***수용성의 미덕**

수용성은 저자를 한 사람의 인간으로 대면하는 기질이다. 내가 저자를 향해 몸을 돌리면, 저자는 얼굴을 맞대고 내게 이야기할 수 있다. 저자를 사람으로 여기고 마주하지 않으면, 결코 그 방에 들어가서 저자가 투사한 세계를 보고서 내가 머물 수 있는 세계인지 여부를 고려해 보지 못할 것이다.

수용성은 이 책에서 독서를 위해 제시한 기독교적 상상력에 뿌리를 둔다. 이전에 언급한 내용을 기억해 보면 좋겠다. "신학 독서는 **그리스도의 형상을 닮아 가는 중인 교회의 동료 지체로서** 저자의 의미 세계와 살아 있는 만남을 갖는 것이다." 우리가 읽는 모든 신학 문서의 저자는 하나님의 형상으로 지음 받은 사람일 뿐 아니라 그리스도 안에서 우리의 형제자매이기도 하다.

우리는 그리스도의 몸에 참여하는 평범한 일원이다. 저자는 잠재적으로 성령의 도구인데, 성령은 저자를 통해 우리를 가르치시고 그리스도와의 더 친밀한 교제로 들어가게 인도하시고 그리스도의 형상을 본받게 하실 수 있다. 우리가 성화의 수단으로 신학 독서를 하면, 그리스도 안에서 형제와 자매인 사람들을 향한 수용성은 그야말로 **그리스도처럼** 되는 것이다. 확실히 해 둘 것이 있다. 수용적 독서는 반드시 저자가 투사하는 세계 안에서 살기로 결정한다는 의미가 아니다. 내가 그것을 밀어내도 되지만, 내 안에 수용성이라는 기질이 형성되면 나는 그 방에 들어가 저자가 보는 것처럼 볼 수 있다.

수용성에는 **소망이 가득**하다. 그리스도인이기에 우리는 그리스도께서 일하시는 중임을 기대하고 또 그분이 마침내 우리의 모든 바람을 성취하시리라고 기대하며 모든 상황 가운데 그분을 바라본다. 우리는 **이생**에서도 **소망**하고 심지어 기대하며 하나님 나라가 틈입한 흔적을 찾아본다. 이와 똑같은 소망으로 우리는 신학책을 수용적으로 읽고, 거기서 우리를 만나 주시는 하나님을 기다린다.

*환대의 미덕

환대는 수용성을 기반으로 한다. 만약 수용성이 우리 안에 형성되고 있지 않다면, 그리고 우리가 수용성을 의지적으로 실천하지 않고 성령의 역사하심에 대해 수용적이지 않다면, 환대는 거짓이다. 즉, 나는 저자의 의미 세계에 관한 생각을 사전에 결정한 것이다. 저자가 보는 것처럼 보기도 전에 내 마음을 굳힌 것이다. 이것은 환대가 아니다. 환대는 양면적이다. 환대에는 **상호 교환**과 **상호 작용**이 들어 있다. 20세기에 활동한 사제이자 작가 헨리 나우웬(Henri Nouwen)은 이를 여느 사람처럼 다음과 같이 표현한다.

> 적대가 환대로 바뀌면, 두렵게 느껴지던 낯선 이들이 자기들이 소지하고 다니는 약속을 집주인에게 드러내 보이는 손님이 될 수 있다. 그러면 새로이 발견된 연대에 대한 인식 속에서, 사실상 주인과 손님 사이의 차이가 인위적이라는 것이 분명해져서 사라져 버린다.…그러므로 환대는 낯선 이들이 들어와서 적이 아닌 친구가 될 수 있는 자유로운 공간의 창조라는

기본 의미를 지닌다.[23]

환대하는 독자는 저자가 제공하고 있는 것을 **받고** 동시에 관심과 질문을 저자에게 **준다**.

아프리카에는 콜라 열매 선물이라고 알려진 훌륭한 전통이 있다. 서구는 손님이 초대한 사람에게 선물을 가져가는 전통이 있지만, 아프리카 전통에서는 방향을 바꾸어 손님이 선물을 받는다. 아프리카의 아름다운 예전(liturgy) 기도문에서, 콜라 열매는 우리의 손님이신 그리스도에게 기꺼이 받는 것을 상징한다. 이 기도는 예수님의 **독특한 환대 방식**을 정확히 담아 낸다. 예수님은 때로는 초대하시고, 때로는 초대받으신다. 우물가에서 사마리아 여자에게 예수님은 손님 역할을 하신다(요 4:1-26). 예수님은 그 여자의 환대를 받으시며 그 여자가 주는 물을 드신다. 그런데 예수님이 여자를 가르치기 시작하시면서, 상황이 급격하게 바뀐다. 예수님이 초대한 사람이 되셔서 여자에게 여자 자신과 하나님을 새로운 방식으로 바라보라고 권하신다. 삭개오 이야기에서도, 예수님은 손님에서 주인이 되신다(눅 19:1-10). 이와 비슷하게 어느 바리새인의 집에서도 예수님은 주인으로 바뀐 손님이시다(눅 7:36-50). 아프리카의 기도문은 손님이자 주인이 되시는 예수님의 신비한 습관을 그대로 반영한다. "우리의 손님이신 그리스도시여, 우정과 친교와 우리 가족의 환영 표시로 콜라 열매를 드립니다. 이 선물을 받아 주시고 우리 공동체를 당신의 집으로 삼으시기를 기도합니다. 우리의 손님 그리스도시여, 우리가 주님 앞에서 고백하는 기쁨과 슬픔을 저희와 함께해 주십시오."[24] 콜라 열매는 **상호성**과 **교환**의 상징이다. 이 공동체는 자기들과 함께, 자기들 가운데 계시라는 초대에 예수님이 응하기를 기도한다.

우리는 예수님의 모범을 따라 **손님**이자 **집주인**으로서 독서를 할 수 있을까?

착각하지 말자. 지적 환대는 어떤 면에서도 미덕이 아니다. 독점과 소유라는 면에서 지식에 접근하는 사람들에게 독서는 책 내용을 정복하는 과정이다. 이들에게는 주도권을 잃어버리는 것은 엄청난 두려움이고, 그래서 손님이 되겠다고 동의하는 것은 가당치도 않다. 초대하고 초대받는 은유보다는 무장 강도나 성곽 포위 작전 같은 것이 이런 독서를 더 잘 설명해 준다.

그러나 내 설명에서는 이와는 완전히 다른 관점으로, 즉 지배를 기초로 하지 않은 관점으로 독서를 보라고 제안한다. 내가 그리스도 안에서 내 형제나 자매로 저자를 **사랑**하고자 노력하기 시작하면, 저자를 향해 수용성 있는 태도를 구현하려고 하면서 손님의 역할을 맡아 저자들이 주는 것을 받기 마련이다. 여기서 독서의 목표는 지배에서 **친밀함**으로 옮겨 간다.

독서가 이러한 면에서 변하면, 신학자 폴 그리피스가 설명하는 것처럼 "지식의 대상을…사랑하고 묵상할 수 있지만, 강제로 압류하여 지배할 수는 없다."[25] 지식을 내가 비축하고 통제하는 소유물로 여길 수 없다는 말이다. 나는 결코 지식의 궁극적 소유자가 아니다. 소유권은 하나님에게만 있다. 우리가 무언가를 안다면 그 무언가가 하나님에게 속해 있기 때문이고, 이들에 대해서는 하나님만 완벽하고 완전하게 아신다.[26] 피조물인 우리의 지식은 **하나님으로서** 하나님만 가지신 저 영원하고 넓은 지식에 발을 담근 정도밖에 되지 않는다. 내가 무엇을 알든, 독서를 통해 무엇을 더 많이 알게 되든, 하나님이 인간 저자를 통해 내게 전해 주신 선물일 뿐이다.

환대의 미덕 덕분에 우리는 **손님**인 동시에 **집주인**으로서 독서할 수 있다. 우리는 관심과 선의를 준다. 그리고 지배가 아니라 친밀함을 기대하면서 저자가 주는 것을 받는다.

*공감의 미덕

수용성은 환대를 가능하게 한다. 환대는 공감을 장려한다. 각기 우리를 저자가 투사하고 있는 세계에 더 가까이 데려가서, 결국 저자의 어깨에 올라타게 한다. 그런데 가까이 갈 때 **위험**도 따라온다.

수용성에는 관심이 필요하고, 이와 같은 관심 때문에 우리는 저자에게 취약해진다. 저자와 마주함으로써 우리는 자기 얼굴을 드러낸다. 20세기의 철학자 시몬 베유(Simone Weil)는 "관심은 관대함의 가장 순수하고 드문 형태다"라고 말했다.[27] 다른 사람과 마주하는 일은 관대한 일이다. 나는 어깨너머로 그들을 힐끗 쳐다보지도 않고 빠르게 달려서 나 자신을 보호하지도 않는다. 속도를 늦추고 잠시 멈춰 서서, 그들을 하나님의 형상으로 지음 받은 사람으로 여기고 마주한다. 내 얼굴을 드러내면서도, 나는 수용할 수 있다.

환대는 좀 더 친밀하게 가까워지는 것이다. 저자와 얼굴을 맞대고 섰으니, 이제 저자를 생각해 보고 저자의 이야기를 듣고 저자에게 질문을 던진다. 나는 저자의 **손님**이 되며, 환대는 상호 교류를 권한다. 저술가이자 교육자 데이비드 스미스(David Smith)는 다음과 같이 썼다. "좋은 질문은 자기가 모른다는 사실을 기꺼이 인정하고 다른 이들에게 배우고자 하는 의지를 드러낸다. 진실한 질문은 정말 그에 대한 대답을 듣기 원하는 것이지 내 지식을 뽐낼 방법을 찾는 것이 아니다."[28] 솔직한 질문이 있다면 환대하는 독서라고 믿을 수 있다. 우리는 다음과 같은 질문을 던지게 된다. "어떻게 해서 저자는 이러한 방식으로 세상을 볼 수 있는가? 내 시각에서 보면 알아차리지 못하는 것을 저자의 시각에서 보면 무엇을 알아차릴 수 있는가? 저자의 세계에 살려면 내게 무엇이 필요한가? 그렇게 살아갈 의향이 내게 있는가?" 약간 위험하게 느껴지지 않는가? 저자의 선물은 예기치 못한 면에서 나를 바꿀 수도 있고, 나는 저자가 투사하는 세계에서 발을 뺄 수도 있다.

공감이 세 가지 미덕 중 가장 어렵고 가장 위험한 것은 너무나 당연하다. 공감은 **저자처럼** 생각하거나 느끼라고, **저자에게** 동의하라고 요구한다. 심리학자 자밀 자키(Jamil Zaki)는 공감을 오랫동안 연구한 후에, 공감에는 서로에게 반응하는 세 가지 방식이 있다고 설명한다. 그 세 가지가 감정적 공감, 의지적 공감(motivational empathy), 인지적 공감이다.[29] 인지적 공감은 슬기로운 신학 독서에 필요하다. 이러한 종류의 공감은 "다른 누군가의 견해를 직접적으로 고려해 보는 것이다."[30] 이렇게 하기가 쉽지 않음을 알 테지만, 절망할 필요는 없다. 자키의 연구에 따르면, 공감하면서 행동하는 사람은 공감이 단단해지고 성장한다는 것을 알게 된다. 그의 연구는 공감의 세 가지 측면이 서로 얽히고설켜 있다고도 말한다. 그래서 인지적 공감이 감정과 의지에도 영향을 준다고 해도 놀랄 필요가 없다. "누군가의 감정을 공유하면 그들이 느끼는 것에 우리가 집중하게 된다. 그리고 그들과 함께 생각하면 그들의 행복에 대한 우리의 관심이 확실히 커진다."[31] 따라서 저자의 시점을 받아들일 때, 저자의 어깨에 올라탈 때, 저자가 보는 것처럼 보게 될 때, 우리는 저자에게 **마음을 쏟고 있는** 것이다.

셋째 지혜: 공감의 미덕이 야기할 수 있는 위험성 분별

머물기 위한 신학 독서는 접근에 관한 것이다. 우리가 (저자가 보는 것처럼 세계를 바라볼 정도로) **가까이** 가게 한다. 지금 기술 중인, 수용하고 환대하고 공감하는 접근은 단순히 자기를 드러내는 것 이상을 의미한다. 단순히 저자의 세계를 관찰하는 것을 넘어, 그 방으로 들어가 저자가 보는 것**처럼** 보려고 하는 것이다. C. S. 루이스가 글로 썼듯이, 나는 내 "상상력과 심장은 물론이고 다른 이들의 상상력으로도 상상하고 다른 이들의 심장으로도 느끼고자 한다."³² 이같이 근접하면 내가 취약해진다. 나는 저자의 손님이 되는 모험을 하고, 자신의 결핍을 인정하고, 저자가 제공하는 선물을 받는다. 저자의 선물은 내가 감추고 싶었던 것을 드러낼 수도 있다. 그 선물이 내 무지나 안일함, 혹은 더 고통스럽게도 거짓에 대한 고집을 폭로할 수도 있다. 그 선물이 신학을 공부할 때 매우 흔하게 일어나는 불안과 두려움도 드러낼 수 있다. 신학이 내 우상을 위협할 때, 혹은 잘 정돈된 하나님에 대한 우리의 체계를 무너뜨릴 때, 두려움이 일어난다.

요약하면, 내가 공감하면서 가까이 다가가면 **변화**라는 위험에 놓인다. 최선의 경우에는, 내가 신학적 공간에 머물면 더 좋은 방향으로 변해서 하나님에 대한 내 지식이 하나님에 대한 하나님의 지식과 좀 더 진실하게 조화를 이루며, 내 삶이 그리스도 안에 있는 나의 참된 자아와 더 진실하게 조화를 이룬다. 최악의 경우에는, 거짓과 증오를 투사하는 신학적 공간을 만난다.

우리는 공감하는 독서가 제공하는 연대감이나 인류애가 너무 즐거워서, 그와 같은 세계가 우리에게 미치는 영향력과 지배력을 간과할 수도 있다. 저자의 어깨에 올라타고서는 '이것이 실제 세계인가?'라는 질문을 숙고하지 않을 수도 있다. 공감의 감정적 힘 때문에 폴 블룸(Paul Bloom)은 우리가 정의롭게 행동하고 연민을 가지고 행동하는 능력에 공감이 사실상 해를 입힌다고 주장하기에 이르렀다. 다른 사람들에게 지나치게 공감하면, 우리의 능력 중 하나인 **이성적 연민**이 줄어든다.[33] 공감하는 신학 독서에는 지혜가 필요하다. 이 지혜가 있으면 우리는 저자의 세계에 머물면서도 저자가 투사한 세계가 진리인지 아닌지를 분별하는 능력이 줄어들지 않는다.

영화 〈오퍼레이션 피날레〉(Operation Finale, 2018)를 생각해 보자. 영화제에서 각종 상을 수상한 영화배우 벤 킹슬리가 아돌프 아이히만 역을 맡았다. 아이히만은 유대인을 학살하려는 히틀러의 계획을 뒤에서 실행하고 선전한 악명 높은 나치 지지자였다. 킹슬리는 유대인이었기 때문에, 아이히만 역에 감정적으로 몰입해 연기하면 정체성이 위태로워질 수 있었다. 킹슬리가 한 번은 어느 기자에게 아이히만의 '내면세계에 들어갔던 일'에 대한 질문을 받고서 다음과 같이 대답했다.

> 비밀이지만 그렇지 않았어요. 제가 초상화 화가라고 생각해 보세요. 아이히만이 제 작업실에 있었습니다. 저는 그를 한쪽 구석에 두었고, 제 앞에는 도화지가 있었어요. 그리고 도화지에 그를 그대로 그려 넣었죠. 저는

아이히만의 대변인이 아니었어요. 제 연기를 이끄는 원동력은 그의 이념이 아니었어요. 희생자들이 제 연기를 이끄는 원동력이었고, 아이히만의 영화상 모습은 희생자들의 고발, 기억, 엄청난 슬픔으로 주조되었죠. 그 남자에게서 저는 아무런 감동도 감정 이입도 느끼지 않았어요. 저는 그저 그의 모습을 도화지에, 그러니까 영화에 그려 넣었을 뿐입니다. 아이히만은 전혀 저에게 가까이 오지 못했어요. 전혀 그렇지 못했어요. 저는 전혀 그에게 물들지 않았어요.[34]

가까이 있을 때 받을 수 있는 영향 때문에, 킹슬리는 아이히만에게 가까이 가기를 거부했다. 공감의 위험성 때문에 공감을 거부한 것이다. 공감은 킹슬리를 자기가 의도한 것보다 더 가까이 아이히만에게 다가가게 했을 것이다.

슬기롭게도 킹슬리는 공감하면서 아이히만 역을 연기한다면 아이히만의 세계에 머무는 것과 같으리라고 이해했다. 킹슬리의 거부는 실제로 머무는 데 공감이 필요하지만 공감 때문에 우리가 위험에 노출될 수도 있음을 상기시킨다. 우리는 저자에게 가까이 다가가, 다시 말하면 저자의 어깨 위에 올라타, **저자와 함께** 본다. 저자의 세계가 진리라면 우리는 더 진실하게 하나님의 진리 안에서 살지만, 저자의 세계가 거짓이면, 공감은 우리를 위험한 길에 둔다.

킹슬리의 경우에는 연기력이 있어서 그러한 위험 없이, 그리고 공감하지 않고서도 아이히만 역을 연기했다. 신학 독서를 하는 많은 독자는 자기 앞에 투사된 세계가 있음을 알아채지 못한다. 우리는 텔레비전 프로그램이나 영화가 사실이나 확신 이상의 것을 투사한다는 것을 알 정도로 노련하다. 그런데 신학 저작과 관련해서는 그러한 기본적 사실에 실수를 한다. 신학책은 사실과 확신을 담고 있는가? 당연히 그렇다. 이러한 것은 그와 같은 **책의** 세계 일부다. 만약 우리가 어떤 신학책이 무엇에 **관한** 것인지 알고 싶다면, 이러한 것을 이해하는 일은 필수적이다. 신학책은 하나님의 관점에서 세계를 바라보는 하나의 가능성 있는 방식을 제시한다. 건축가 유하니 팔라스마는 건축에 대해 다음과 같이 말한다. "건축은 세상에 대한 우리의 경험에 틀, 구조, 관점을 부여하고 이를 변형하고 조정하고 느리게 만든다. 그리고 이를 우리 자신의 존재에 대한 구체화된 감각의 재료로 사용한다. 이것은 항상 그 존재 자체가 목적이 아니라 중재하는 역할을 한다."[35] 신학책은 행동을 직조한다. 신학책은 저자가 **진짜 세계**라고 믿는 세계를 투사하기 때문이다. "이것이 **실제로 존재하는** 하나님이고 세상이다." 저자가 틀렸다면 어떻게 해야 하나? 저자가 투사하고 있는 세계, 즉 우리가 공감하는 독자로서 마주하게 되는 세계가 **실제로 존재하는 세계가 아니라**면 어떻게 해야 할까?

킹슬리처럼, C. S. 루이스도 공감의 위험성을 인지했다. 루이스에게 독서는 **공감**이고 "[자신의] 상상력과 심장은 물론이고 다른 이들의 상상력으로도 상상하고 다른 이들의 심장으로도 느끼고자 하는 것"이다.[36] 루이스는 직접 체험했기에 공감의 대가(cost)도 잘 알고 있었다.

C. S. 루이스는 베스트셀러인 『스크루테이프의 편지』(*The Screwtape Letters*, 홍성사)에서 스크루테이프라는 인물을 묘사하면서, 공감의 대가를 설명한다. 스크루테이프는 악마가 되기 위한 훈련을 받고 있는 조카 웜우드에게 자기가 그리스도인을 유혹하고 괴롭힌 경험담을 들려주는 악마다. 이러한 대화를 쓰려면 루이스는 악마에게 공감하여 악마처럼 생

각해 보아야 했다. 루이스는 악마에게 진짜 세계일 수 있는 것을 투사하는 세계 **안에** 어느 정도 살아 봐야 했다. 이것이 루이스에게 상당히 깊게 영향을 미쳤기에, 루이스는 스크루테이프의 목소리를 담은 말은 다시는 쓰지 않으려 했다.

> 이렇게 쉽게 글을 써 본 적이 없기는 하지만, 이처럼 즐겁지 않았던 적도 없었습니다. 이런 쉬움은, 이에 대해 생각하기 시작하면 악마의 편지라는 장치가 자연스럽게 스스로 이야기를 만들어 낸다는 사실 때문입니다.… 만일 당신이 그냥 내버려두면, 이것은 당신을 사로잡아 수천 페이지를 써 내려가게 할 거예요. 누군가의 마음을 비틀어 악마의 태도를 갖게 하기는 쉽지만 즐겁지 않고 오래 하고 싶지도 않습니다. 이러한 심리적 압박은 일종의 영적 경련을 만들어 냅니다. 스크루테이프라는 인물을 통해 말하면서 나 자신이 뛰어들어야만 했던 세계에는 온통 먼지와 모래와 갈증과 욕구뿐이었습니다. 아름다움과 신선함과 따뜻함은 흔적도 보이면 안 됐어요. 책을 마무리하기도 전에 이 일이 나를 거의 질식시켰습니다. 만약 내가 이 이야기를 더 이어 나갔다면, 그 글이 독자들도 질식시켰을지 모를 일이에요.[37]

루이스는 공감의 위험성을 잘 알고 있었는데, 자기가 직접 경험했기 때문이다. 이 경험이 안 좋은 영향을 미치면서 루이스는 거의 질식할 뻔했다.

신학에 머물면 독자는 굳이 질식할 정도의 위험은 아니더라도 독서에 몰입하면서 그 만남이 자기를 변화시킬 수 있는 위험에 노출된다. 어쩌면 좋은 쪽으로 변화가 일어날 수도 있다. 어쩌면 일어나지 않을 수도 있다. 내가 생각하기에 신학 독서는 좋은 쪽으로 변하게 하는 경우가 더 많다. 신학 독서는 하나님에 대한 우리의 지식이 하나님 자신에 대한 그분의 지식과 더욱더 조화하게 한다. 우리는 자신이 참된 자아를 향해 이끌려 가는 것을 발견하게 된다. 우리가 읽는 신학책, 즉 그리스도 안에서 우리의 형제자매인 사람들이 만든 의미 세계에서 성령이 역사하시기 때문이다.

우리가 머무를 신학 공간을 **사람**이 만들었음을 절대로 잊으면 안 된다. 저자도 우리처럼 세상을 불완전하고 왜곡되게 이해하는 사람이다. 우리처럼 거룩함을 향해 나아가고 있는 사람이기도 한다. 때로 우리 앞에 제시된 세계는 **불완전하다**. 저자가 잘못된 정보를 가지고 있거나 무언가에 대해 무지할 수도 있기 때문이다. 또 어떤 세계는 **왜곡**되어 있다. 저자가 자신의 상황에서 직면한 도전에 과하게 반응했기 때문일 수도 있고, 관련 정보나 견해를 의도적으로 배재했기 때문일 수도 있다. 완전하거나 완벽한 신학 저작은 하나도 없다. 우리가 친한 친구나 가족에게 완전함을 기대하지 않는 것처럼, 신학 저작에도 완전함을 기대하면 안 된다. 공감의 위험성은 매우 크고 흔하다. 요약하면, 신학 저작에서 우리에게 투사된 세계는 불완전하며 또 왜곡될 가능성이 있어서, 공감하는 독서를 하다 보면 그러한 불완전하고 왜곡된 세계를 수용할 위험이 따른다.

그러나(아주 강조된 '그러나'), 공감하는 독서를 거부한다면 그 자체로 위험하다. 낯선 이들을 모두 배제해 버린 세계를 만들고, 우리가 통제하고 있다고 착각하고 있는 이 작은 세계에 점점 더 우리 자신을 가둘 위험이 있다. 이를 자세히 설명해 보자.

첫째, 공감하는 독서를 거부하면 낯선 이들을 완전히 배제해 버린 세계를 만들 위험이 있다. 우리는 그리스도인으로서 한 몸 안에 있는 형제자매이고, 성령에 의해 서로 연합한다. 그래서 우리는 가장 깊고 중요한 면에서 서로에게 낯선 사람이 **아니다**. 그렇다, 신학 독서를 할 때 놀라울 정도로 서로를 **낯설게** 느낄 수도 있지만, 어느 한 저자가 낯선 것이 반드시 그 저자 잘못은 아니다. 우리는 아무도 다른 이들이 나를 이렇게 생각하기를 결코 바라지 않을 것이다. 그렇지 않은가? 어떤 그리스도인 형제자매가 우리를 낯설게 느끼면서 우리가 잘못되었으니 우리를 배제해야 하겠다고 생각하기를 우리 중에 누가 바랄까? 공감하는 독서를 거부한다면, 그리스도 안에서 형제자매인 사람을 서로 다르다고 해서 멀리하고 낯선 이들이 완전히 배제된 세계를 만들 위험이 있다.

둘째, 공감을 거부하면 우리가 통제한다고 착각하는 작은 세계에 점점 더 우리를 가둘 위험이 생긴다. 우리 앞에 투사된 모든 세계가 우리가 머물기를 바랄 장소라고 가정하면 안 된다. 특정 저자가 보는 것처럼 보고 나서, 그들에게 "저와는 맞지 않네요"라고 말할 수도 있다. 다른 저자에게는 "아니에요. 당신이 그리스도 안에서 나의 형제자매라 해도, **이것은** 살아 계신 하나님의 세계가 아니라고 생각해요!"라고 말할 수도 있다. 저자의 세계가 만든 경계에서 발을 빼는 것이 완전히 부정적인 경험만은 아니다. 불편하겠지만 그 덕분에 우리의 세계가 넓어지고, 통제하려는 우리의 욕망이 드러난다. 로완 윌리엄스가 설명하듯이 "다른 이들을 나와 똑같게 하려는 즉각적인 충동에서 벗어나서 다른 이들이 나와 다름을 인정하면, 나는 통제할 수 있다고 생각하는 세계의 불완전함을 인정하여, 내가 그리 잘 통제할 수 없을 세계이지만 더 깊은 실재를 담아내는 세계로 옮겨 간다. 그리고 그렇게 하면 틀림없이 하나님에게 더 가까이 나아갈 수 있다."[38]

우리는 때때로, 어쩌면 자주 낯선 이들을 밀어낸다. 다름과 타자성 때문에 불안정해지기 때문이다. 우리에게 정말로 **필요한** 것이 바로 이와 같은 불안정함이다. 이러한 경험을 통해 우리는 마음을 열고 세상에 대한 우리의 불완전한 이해를 인정하게 된다. 세상은 우리 생각만큼 질서정연하지 않다. 그리고 딱 우리는 자신의 이해 안에서만 세상을 체계화하기 때문에, 신학을 사용하여 통제하고 조종하려는 충동이 있는데, 이는 누구에게나 무척 강한 충동이다. 이 세계는 실제 세계가 아니다. 우리가 통제하고 있다고 착각하는 이러한 작은 세계에서 벗어나야 하나님에게 더 가까이 나아갈 수 있다. 세계에 대한 하나님의 관점만 완벽하다. 세상에 대한 하나님의 이해만 완전하다.

낯선 이들을 **낯선 이**로 만나면 우리는 다시 첫째 종류의 지혜, 즉 규범을 따르는 독서로 나아가게 된다. 저자의 세계에 머무를지 말지를 결정하는 동안, 저자가 우리의 세계를 어떻게 확장하게 할 것인가? 저자와 함께 경계를 넘어가 볼까? 누군가가 우리 앞에 펼쳐 놓은 세계에 뛰어들지 혹은 다른 누군가의 세계에서 뒤로 물러날지, 그리고 언제 그렇게 할지 어떻게 알 수 있을까? 그래서 우리는 공감하면서, **슬기롭게** 독서해야 한다.

기도

지혜로우신 하나님,

우리는 가진 것이 너무 많아서 우리에게 무엇이 부족한지 잘 모릅니다.

자아로 충만해서, 하나님에게 고백할 겸손함이 없습니다.

먹을거리가 너무 많아서, 탐식을 자제할 능력이 없습니다.

약속을 너무 많이 해서, 이 모두를 지킬 부지런함이 없습니다.

즐길 거리가 너무 많아서, 진리와 선함과 아름다움에 대한 열망이 없습니다.

자유가 너무 많아서, 다른 사람이 자유를 누리도록 도울 관대함이 없습니다.

권력이 너무 많아서, 평화를 추구할 용기가 없습니다.

지식이 너무 많아서, 하나님에게 의지할 신앙이 없습니다.

읽을 신학책이 너무 많아서, 지혜가 없습니다.

지혜로우신 하나님,

우리가 신학 독서를 할 때,

    우리를 가르쳐 주시고 우리를 빚어 주십시오.

    그래서 그리스도인의 삶의 한 부분으로서 슬기롭게 신학 독서를 하게 하시고,

    날마다 더 예수님을 닮아가게 하시고,

    더 참된 자아를 발견하게 하시고,

    이웃 사랑에 더 헌신하게 하소서.

요약

신학책의 세계에서, 우리는 저자가 투사하는 세계와 삶의 방식을 발견한다. 이곳에서 저자가 말하는 바와 그 전체 저작이 무엇에 관한 것인지를 알게 된다. 신학책 **앞에 있는** 세계에서, 독자는 육체를 가진 인간으로서 저자의 세계와 만난다. 책 **뒤에 있는** 세계와 책의 세계는 바뀌지 않지만, 책 **앞에 있는** 세계는 독

자마다 다르다. 독자인 당신이 자기가 읽는 신학책 **앞에 있는** 특별한 세계를 구성한다. 독자 앞에 던져진 거대한 질문은 다음과 같다. "당신은 이 세계를 따라 **살아갈 것인가?**" 이 질문에 제대로 답하려면 세 가지 지혜가 필요하다. (1) 성경의 규범, 신앙의 규범, 사랑의 규범, 기도의 규범 등 규범을 따라 독서하는 지혜가 필요하다. (2) 수용성, 환대, 공감과 같은 적합한 미덕을 함양하는 지혜가 필요하다. (3) 공감의 위험성을 감지할 수 있는 지혜가 필요하다.

숙고와 논의를 위한 질문

1. 책 **앞에 있는** 세계에는 여러 특징이 있다. 그중 당신의 신학 독서 방식에 가장 큰 영향을 미치는 특징은 무엇인가?
2. 어떻게 하면 네 가지 규범을 함께 붙들고서 신학 독서를 할 수 있을까(첫째 지혜)?
3. 슬기로운 독서를 위한 세 가지 미덕을 키우고자 의도적으로 노력한다면(둘째 지혜), 이는 당신의 삶에 어떤 결과를 가지고 올까?

신학 실험실: 자신의 신조를 작성하라

> 내가 그리스도와 함께 십자가에 못 박혔나니 그런즉 이제는 내가 사는 것이 아니오.
>
> -갈라디아서 2:20

> 신조(*Credo* – 라틴어 명사): 특정 사람이나 공동체의 삶을 인도하는 믿음 체계나 신념.

신학자들은 끈기 있게 수용적으로 부지런히 듣기만 하지 않고, 말도 한다. 사실, 신학자들은 말해야만 한다. 칼 바르트의 말처럼 우리가 "불타는 덤불숲을 조심스럽게 걷는 방법"을 모른다면, 신학 연구는 우리를 위험에 빠뜨릴 수 있다. 신학은 우리에게 하나님에 대해 무언가를 말하라고 요구하기 때문이다.[39]

당신의 신조는 하나님에 대한 당신의 신앙을 표현한다. 즉 신앙의 핵심 사항이다. 당신은 하나님에 대해 믿는 것이 많겠지만, 당신의 신조는 타협할 수 없는 가장 근본적인 것을 진술한다. 다음의 은유가 도움이 될 것이다.

당신의 신조는 당신의 **초석**이다. 이 초석 위에 모든 것에 대한 당신의 믿음이 세워지고, 이 초석에 따라 당신이 살아가고, 그 초석에 당신의 소망이 기반을 둔다.

당신의 신조는 당신이 믿는 모든 다른 것이 회전하는 **궤도의 중심**이다.

다른 것보다 중심에 더 가까운 믿음이 있지만, 중심은 계속 중심으로 남아 있다.

당신의 신조는 당신의 믿음이라는 거대한 **거미줄의 중심점**이다. 이 중심점에서 수많은 줄이 나가고, 이 중심점이 각 줄을 단단하게 잡아 준다. 어느 줄을 잡아당기든지 다시 그 중심점에 이르게 된다.

1단계: 당신은 무엇을 믿는가?

600자 내외로 자신의 신조를 작성하고 설명해 보라. "나는 하나님을 믿습니다"라고 말할 때, 당신이 마음에 품고 있는 가장 기본적이고 중심적인 요소를 자신의 말로 요약해 보라. 이것이 당신의 신조다.

2단계: 당신이 믿는 것을 왜 믿는가?

자신이 믿는 것을 명확히 밝힐 때, 당신이 근거로 하는 원천 자료를 명확하게 말해 보라. 그 원천 자료에는 최소한 (1) 성경, (2) 경험(당신의 삶과 가족), (3) 전통(세대를 거쳐 전수된 기독교 전통이나 당신이 출석하는 교회의 전통)이 들어갈 것이다.

3단계: 이 믿음 때문에 어떤 차이가 생기는가?

이러한 믿음이 어떻게 당신의 삶을 인도하는가? 다르게 말하면, 일상에서 당신이 다른 이들 앞에서 한 걸음 한 걸음 걸어가는 삶에 이러한 신앙이 어떻게 영향을 주는가? 어떻게 이러한 삶을 만들고 인도하는가?

4단계: 이를 선포하라

자신의 신조를 작성한 후에 세 명 앞에서 말로 표현하고 질문을 받아 보라.

당신이 공유하는 내용은 당신의 신조가 품고 있는 것에 집중해야 하지만, 그렇게 믿는 이유(원천 자료)나 이러한 신조가 당신의 삶에 미치는 방식('방향') 과 같은 것도 들어 있어야 한다. 이러한 신조가 당신이 구체적으로 어떻게 예배하고(송영) 살아가게(방향) 하는지도 반드시 넣어야 한다.

파송

빌립이 이르되 와서 보라 하니라.

-요한복음 1:46

빌립과 같이 신학적인 글을 쓰는 저술가는
부분적으로나마 하나님을 목격한 것을 당신에게 보여 주기를 원한다.
그리스도 안에서 형제자매인 저자가 주는 선물을 읽으라.
자주 그리고 항상 기도하고 진심으로 기도하라.
당신의 이웃과 같이 저자를 사랑하고
크게 놀랄 준비를 하라.
지혜를 함양하고
주의 평화를
누리길!

감사의 글

많은 사람들이 보여 준 우정에 대해 감사를 표현하고 싶습니다.

제임스와 어드만 출판사 팀은 이 작업을 믿어 주고 이를 책으로 만들어 주었습니다. 오스틴, 로건, 에밀리, 홀리에게 감사의 말을 전합니다. 그들은 수많은 커피를 함께 마시며, 이 책에 필요한 말과 어조를 찾도록 도와주었습니다. 크리스 코엘에게 전하는 감사의 말을 어떻게 시작해야 할지 모르겠습니다. 그는 지난 몇 년 동안 멋진 그림을 그려 주며 저와 동역해 주었습니다. 어떤 말로도 충분치 않을 것입니다(내 마음속의 감사를 크리스는 알고 있을 것이라 생각합니다). 수잰, 카일, 프레드, 로리, 마이크, 댄, 데이비드에게 감사합니다. 그들은 내가 학생의 눈으로 이 책을 바라볼 수 있도록 도와주었습니다. 에밀리, 닉, 마크, 캐틀린, 소이어, 벤, 메건, 한

나, 에어리, 재크리, 테리사, 존, 맷, 유스터스, 로라, 맘은 수업이 끝나고도 이야기를 함께 나누거나 식사 자리에 함께하게 해 주었고, 때로 이 책에 대해 논의하면서 커피를 함께 마시기도 했습니다. 이들의 통찰력 있고 솔직하고 슬기로운 피드백은 큰 도움이 되었습니다! 저의 소중한 친구인 보 헬미히는 같은 신학자로서 나를 놀라게 하는 신학적 지혜를 친절하게 나누어 주는 동료애를 보여 주었으니, 감사하지 않을 수 없습니다. 태미, 해나, 애비, 새뮤얼에게 무슨 말이 필요할까요? 이들은 제 심장입니다. 나를 사랑해 주고 내 소명을 응원해 주어 감사할 따름입니다.

헌팅턴 대학교는 제가 안식년을 누릴 수 있게 해 주었고, 대학교 후원자들은 저와 크리스의 공동 작업을 후원해 주었습니다(빈스는 이 프로젝트를 매력적으로 이들에게 소개해 주었습니다). 대학교 관계자들에게 모두 정말 감사합니다. 마지막으로 진부하게 느껴질지도 모르지만, 이 책을 쓰면서 그리스도의 수많은 증인에게 감사할 수밖에 없습니다. 정말로 진심입니다. 저는 그들의 어깨에 올라타서 이 책을 썼습니다. 이 책에서도 그들 중 몇 명을 소개해 드렸습니다. 저는 여러분이 그들의 책으로 가서 슬기롭게 읽기를 소망합니다!

부록

카라바조, "도마의 의심"(1601-1602년)

루카스 크라나흐 2세, "바이마르 제단화"(1555년)

라울 뒤피, "창이 열린 실내"(1928년)

주

1장

1. Louis I. Kahn, *Louis I. Kahn: Writings, Lectures, Interviews*, ed. Alessandra Latour (New York: Rizzoli, 1991), p. 75.
2. 이 용례는 지난 수백 년 동안 인간의 인지 능력에 대해 논의했던 다른 이들의 관점과 일맥상통한다. Gaston Bachelard, Maurice Merleau-Ponty, Pierre Bourdieu, Michel de Certeau, Michael Polanyi, Étienne Wenger, Charles Taylor를 예로 들 수 있겠다. 나도 상상력과 신학의 관계에 대해서 몇 편의 글을 썼다. Kent Eilers, "Embodying Faithfulness: New Monastic Retrieval and the Christian Imagination," in *Marking the Church: Essays in Ecclesiology*, ed. Gregory Scott Peters and Matt Jenson (Eugene, OR: Wipf & Stock, 2016), pp. 92-110; Kent Eilers, "Jonathan Edwards and Wolfhart Pannenberg toward Trinitarian Prayer," in *The Ecumenical Edwards*, ed. Kyle Strobel (Surrey: Ashgate, 2015), pp. 213-233를 보라.
3. David I. Smith and Susan M. Felch, *Teaching and Christian Imagination* (Grand Rapids: Eerdmans, 2016), p. 3.
4. Hans-Georg Gadamer는 이를 '지평융합'(fusing horizons)의 순간이라고 표현할 것이다. 베드로의 의미 '지평'은 박해받는 그리스도인들이 시대와 장소를 불문하고 경험하는 의

미 지평과 겹친다. Hans-Georg Gadamer, *Truth and Method* (New York: Continuum, 2004)를 보라. 『진리와 방법』(문학동네).
5. John H. Elliot, *1 Peter: A New Translation with Introduction and Commentary* (New York: Doubleday, 2001)의 번역을 따랐다(한글 번역은 개역개정을 따랐고, Elliot는 이 부분을 "아버지 하나님의 미리 아심을 따라, 성령의 거룩하게 하심을 통해, 그리스도의 순종함과 피뿌림으로 말미암아 선택을 받은···하나님의 택자들에게"라고 번역했다—편집자).
6. Étienne Wenger, *Communities of Practice: Learning, Meaning, and Identity* (Cambridge: Cambridge University Press, 1998), p. 176.
7. 나는 독서를 위한 독특한 신학적 상상력을 제공하므로 내 접근법이 Paul Griffiths가 말하는 종교적 독서라는 접근법과 대조된다는 사실을 알고 있다. Paul Griffiths, *The Place of Reading in the Practice of Religion* (Oxford: Oxford University Press, 1999), pp. 4-6를 참고하라.
8. 이 점에 있어서 나는 Paul Ricoeur와 의견을 달리한다. 나는 독자가 글로 쓰인 텍스트의 의미를 해석할 때 저자가 상당한 지분을 갖고 영향을 미친다고 생각한다. Ricoeur는 텍스트가 일단 글로 기록되면 자율성을 갖게 된다고 주장하지만 나는 동의하지 않는다. 저자의 힘은 텍스트를 통해 독자에게 여전히 영향을 미친다. 독자가 저자의 본래 의도에 따라 텍스트를 해석하는지 여부와 관계없이 그렇다. 이 논증을 더 자세히 다루고 있는 Kevin J. Vanhoozer, *Is There a Meaning in This Text? The Bible, the Reader, and the Morality of Literary Knowledge* (Grand Rapids: Zondervan, 1980), pp. 107-110, 『이 텍스트에 의미가 있는가?』(IVP), Nicholas Wolterstorff, *Divine Discourse: Philosophical Reflections on the Claim That God Speaks* (Cambridge: Cambridge University Press, 1995)를 보라.
9. Paul Ricoeur, *Interpretation Theory: Discourse and the Surplus of Meaning* (Fort-Worth: Texas Christian University Press, 1976), pp. 37, 88. 『해석이론』(서광사).
10. Roy Anker, *Catching Light: Looking for God in the Movies* (Grand Rapids: Eerdmans, 2004), p. 4.
11. Marilynne Robinson, *The Givenness of Things: Essays* (New York: Picador, 2015), p. 15. 강조를 추가함.
12. Ricoeur, *Interpretation Theory*, p. 87.
13. 칼 바르트가 하나님의 말씀(로고스)인 **예수**, 하나님의 말씀인 **성경**, 하나님의 말씀인 **설교자의 선포** 사이의 관계를 설명하면서 이와 비슷한 이야기를 했다. Karl Barth, *The Göttingen Dogmatics: Instruction in the Christian Religion*, ed. Hannelotte Reiffen, trans. Geoffrey W. Bromiley (Grand Rapids: Eerdmans, 1991), 1: pp. 14-41를 보라.
14. Murali Balaji, "The Theology of White Nationalism, the Inevitability of Charlottesville, and the Imagined America," *Huffington Post*, August 17, 2017, https://www.huffpost.com/entry/the-theology-of-white-nationalism-the-inevitability_b_5995dac1e4b02eb2fda31df3.
15. Aelred of Rievaulx, *Spiritual Friendship: The Classic Text with a Spiritual Commentary by Dennis Billy*, trans. M. Eugenia Laker (Notre Dame: Ave Maria, 2008), p. 61.
16. Alan Jacobs, *A Theology of Reading: The Hermeneutics of Love* (Boulder, CO: Westview, 2001)를 보라.
17. Helmut Thielicke, *A Little Exercise for Young Theologians* (Grand Rapids: Eerdmans, 1962), p. 34. 『신학을 공부하는 이들에게』(IVP).

18. Thielicke, *Little Exercise*, p. 34. 강조를 추가함.
19. James H. Cone, *The Cross and the Lynching Tree* (Maryknoll, NY: Orbis, 2011), p. 166.
20. Miguel A. De La Torre, *Burying White Privilege: Resurrecting a Badass Christianity* (Grand Rapids: Eerdmans, 2018), pp. 25-26.
21. 4장의 마지막 논평과 7장에 나오는 신학책을 읽기 위한 네 가지 규범(이단 서적을 읽을 때도 모두 적용되는 규범)을 보라.
22. Karl Barth, *Evangelical Theology: An Introduction* (Grand Rapids: Eerdmans, 1963), p. 64. 『복음주의 신학입문』(CH북스).
23. St. Francis of Assisi, "A Letter to Brother Anthony of Padua," in *Francis of Assisi: Early Documents*, ed. Regis J. Armstrong, J. A. Wayne Hellmann, and William J. Short (New York: New City Press, 1999), 1:107.
24. Timothy Gallagher, *The Examen Prayer: Ignatian Wisdom for Our Lives Today* (New York: Crossroad, 2006), p. 36. 이그나티우스는 자신의 책 『영적 연습』 43번(*Spiritual Exercises*, No. 43)에서 자신의 성찰(examen) 수행을 간략하게 설명한다. "하나님의 현존을 발견하려는 노력"이라는 표현은 Dennis Hamm, SJ에게서 빌려왔다. Dennis Hamm, SJ, "Rummaging for God: Praying Backwards through Your Day," *America*, May 14, 1994, http://www.ignatianspirituality.com/ignatian-prayer/the-examen/rummaging-for-god-praying-backward-through-your-day/.

2장

1. Juhani Pallasmaa, *The Eyes of the Skin: Architecture and the Senses*, 3rd ed. (London: John Wiley & Sons, 2012), p. 76.
2. 여기서는 실천과 과정으로서 신학에 주로 초점을 맞추지만, '신학'이라는 단어는 그 과정을 통해 얻는 하나님에 대한 지식도 일컫는다. 이런 면에서 신학은 기교인 **동시에** 내용이며 과정인 **동시에** 소유다. 이는 아주 고대의 논평이다. 초기 기독교 신학자들은 하나님에 대한 지식을 단순하게 신학(*theologia*)이라 부르는 경우가 많았으며, 이 지식은 살아 계신 삼위일체 하나님에게 관심을 두기 때문에, 여느 종류의 지식과는 근본적으로, 상당히 달랐다.
3. Evagrius Ponticus, *Chapters on Prayer*, in *The Philokalia: The Complete Text; Compiled by St. Nikodimos of the Holy Mountain and St. Makarios of Corinth*, ed. and trans. G. E. H. Palmer, Philip Sherrard, and Kallistos Ware, rev. ed. (New York: Farrar, Straus and Giroux, 1983), 1,61.
4. 당신이 신학을 연구하고 논하는 사람들과 어울려서 시간을 보낼 때, 신학의 대상은 하나님이 아니라 신앙 공동체의 의사 표현, 즉 그들의 실천과 신앙이라고 생각하는 사람들도 있음을 알게 될 것이다. 그 정도 수준의 명료함도 주장하기 어렵다고 생각해서, 하나님에 대한 인간의 경험을 신학의 대상으로 삼는 사람들도 있다. 그러나 나는 신학의 적합한 대상은 살아 계신 하나님이라고 완곡히 말하겠다. 그러기에 신학의 대상은 우리의 관심 대상인 다른 어느 것과도 철저하게 다르다. 이런 차이의 중요성은 이 글에서 점점 더 명백해질 것이다.
5. Karl Barth, *Evangelical Theology: An Introduction* (Grand Rapids: Eerdmans, 1963), p. 7.

6. C. S. Lewis, *Prince Caspian* (New York: HarperCollins, 2001), p. 380. 『캐스피언 왕자』(시공주니어).
7. A. W. Tozer, *The Knowledge of the Holy* (New York: HarperCollins, 1961), p. 6. 『하나님을 바로 알자』(생명의말씀사).
8. 하나님의 '은혜'의 본질에 관한 기독교의 2000년 걸친 사고가 이 문장 뒤에 있지만, 여기서 분석하기는 불가능하다. Kent Eilers, "The Grammar of Grace," Forrester Lecture Series, Huntington University (April 21, 2021), https://www.youtube.com/watch?v=nA2PE05NGyo; Kent Eilers, "Introduction," in *The Grammar of Grace: Readings from the Christian Tradition*, ed. Kent Eilers, Ashley Cocksworth, and Anna Silvas (Eugene, OR: Cascade, 2019), xxvii-xxxix; John M. G. Barclay, *Paul and the Power of Grace* (Grand Rapids: Eerdmans, 2019), 『바울과 은혜의 능력』(감은사); John M. G. Barclay, *Paul and the Gift* (Grand Rapids: Eerdmans, 2015), 『바울과 선물』(새물결플러스)을 보라.
9. Mark McIntosh, *Divine Teaching: An Introduction to Christian Theology* (Hoboken, NJ: Wiley-Blackwell, 2007), p. 3.
10. '자아에 갇힌 세계'는 Miroslav Volf와 Maurice Lee가 "The Spirit and the Church," in *Advents of the Spirit: An Introduction to the Current Study of Pneumatology*, ed. Bradford E. Hinze and D. Lyle Dabney (Milwaukee: Marquette University Press, 2001), p. 394에서 사용한 표현이다.
11. John Calvin, *Institutes of the Christian Religion*, trans. Henry Beveridge (Grand Rapids: Eerdmans, 1989), p. 37. 『기독교강요』(CH북스).
12. Catherine of Siena, *The Dialogue*, trans. Suzanne Noffke, OP (Mahwah, NJ: Paulist, 1980), p. 48.
13. '신비'라는 용어를 신학에서 별 뜻 없이 툭 던지는 경우가 많다. 내 말의 의미를 더 자세히 설명해 보겠다. 신학적 신비는 하나님과 관련이 있으므로, 우리의 이해를 초월하는 모든 것이 이 신비에 들어간다. 우리가 하나님을 정말로, 참되게 알게 되더라도, 하나님의 생명이 영향을 미치는 거대한 영역은 여전히 우리의 신학으로는 완전히 측량하지 못하는 상태로 남아 있을 것이다. 이것이 바로 신학적 신비다. 2차원 세계에 사는 사람이 원기둥과 같은 3차원 물체를 마주하게 되었다고 생각해 보자. 자기 앞에 원기둥이 있어도 2차원의 사람은 누구나 이를 원이라고 파악한다. 그 원을 정말로 잘 이해해도, 원기둥의 더 많은 부분은 이해하지 못한 채로 남아 있다. 이것을 Steven Boyer와 Christopher Hall은 신학적 신비의 '차원적' 감각이라고 칭한다. Steven D. Boyer and Christopher A. Hall, *The Mystery of God: Theology for Knowing the Unknowable* (Grand Rapids: Baker Academic, 2012)을 보라. 신학 교육에서 이것이 무슨 의미가 있을 수 있는지 알고 싶다면, Kent Eilers, "Encountering Mystery in the Classroom," *Didaktikos* 4, no. 1 (September 2020), pp. 27-28를 보라. 마지막으로 꼭 말하고 싶은 것이 있는데, 신학에 신비가 있다는 사실을 반드시 받아들여야 한다는 것이다. 만약 받아들이지 않는다면, 신학은 살아 계신 하나님에 대해서 실제로는 관심을 두지 않는 연구로 은밀하면서도 파괴적으로 미끄러져 들어갈 것이다. 당신이 무엇을 신학적으로 온전히 이해했다고 생각하더라도, 그것은 하나님이 아니다. 아우구스티누스가 설교에서 몇 번을 이같이 말했다. "만약 당신이 이해했다면, 그것은 하나님이 아니다"(설교 117). "당신이 말하고 싶은 것을 완전히 이해했다면, 그것은 하나님이 아니다. 당신이 하나님을 이해할 수 있었다면, 하나님이 아닌 다른 것을 이해한 것이다. 당신이 이해할

수 있었다고 생각한다면, 자기 생각에 속은 것이다"(설교 52). [이 두 설교는 E. Hill이 번역한 *The Works of Saint Augustine: A Translation for the 21st Century* (New York: New City Press, 1991 and 1992), Sermons, III/3, pp. 209-223; III/4, pp. 50-65에 있다.] 많은 뉘앙스가 이러한 언급과 함께 독자에게 표현되었으며, 이는 Jean Grondin, "Augustine's 'Si comprehendis, non est Deus': To What Extent Is God Incomprehensible?," *Analecta Hermeneutica* 9 (2017): pp. 1-13에서 잘 탐구되었다.

14. Anselm of Canterbury, *Proslogion, in Proslogium; Monologium; An Appendix in behalf of the Fool by Gaunilon; and "Cur Deus Homo,"* trans. Sidney Norton Deane (Chicago: Open Court, 1926), p. 2. 『모놀로기온 & 프로슬로기온』(아카넷). 아우구스티누스도 이와 비슷한 말을 했다(설교 43). R. G. MacMullen, in *St. Augustin: "Sermon on the Mount," "Harmony of the Gospels," "Homilies on the Gospels,"* in vol. 6 of *Nicene and Post-Nicene Fathers of the Christian Church*, ed. Philip Schaff (Buffalo, NY: Christian Literature Co., 1888), par. 7, 9를 보라.

15. 이것을 안셀무스에게서 보도록 도와준 Bo Helmich에게 감사한다. 전인격은 또한 예수의 관심사였다. 예수님은 결코 단순히 정신만 추구하지 않으셨다. 복음서는 종종 '봄'(sight)을 시력이라는 의미로 사용하는 동시에 은유로도 사용해서 이러한 연결 관계를 표현한다. 복음서는 예수님을 바라보는 것만으로는 그분을 충분히 이해하지 못하고 그분을 충분히 보지 못한다는 것을 거듭 보여 준다. 고백하고 순종하면서 마음과 충성이 예수님을 향해 돌아서는 일이 봄(sight)에 따라올 때 예수님을 주목하여 보는 것이 비로소 진정한 이해로 이어진다. 이와 같이 돌아서는 것은 그냥 보는 것보다는 진정으로 자각한 것을 시사한다. Ola Sigurdson, *Heavenly Bodies: Incarnation, the Gaze, and Embodiment in Christian Theology* (Grand Rapids: Eerdmans, 2016), 5장을 보라.

16. Walter Brueggemann, *Awed to Heaven, Rooted to Earth: Prayers of Walter Brueggemann* (Minneapolis: Fortress, 2002), p. 3. 『예언자의 기도』(비아).

17. Thomas Aquinas, *The Summa Theologica of St. Thomas Aquinas*, trans. Fathers of the English Dominican Province, rev. ed. (London: Burns, Oates, & Washbourne, 1920), I.1.7. 『신학대전』(바오로딸).

18. 나는 Sam Wells와 Abby Kocher가 이를 다음과 같은 식으로 설명하는 것이 마음에 든다. "중보기도(intercession)를 인도하는 사람들은 하나님의 이야기를 배경으로 사람들의 필요를 하나님에게 아뢰는데,…이들은 하나님의 섭리가 다스리는 장대한 이야기를 배경으로 우리의 고통과 걱정을 서정적으로 고한다. 그들은 세상(심지어 우주)의 안녕이라는 서사시 같은 맥락에서 가까이 또는 멀리 있는 사람들이 당하는 곤경을 서정적으로 말한다. 중보기도는 심각하고 개인적이고 급박한 필요와 더 크고 넓은 시민 사회의 이러한 상호 작용이므로 준비하기가 매우 어렵지만, 교회 공동체가 하나님의 목적과 세상에서 어떤 위치에 있는지를 감지하는 데 상당히 중요하다. Samuel Wells and Abigail Kocher, *Shaping the Prayers of the People: The Art of Intercession* (Grand Rapids: Eerdmans, 2014), p. 12.

19. Anselm, *Proslogion* 2; Augustine, Sermon 43, par. 7, 9.

20. John Webster, *God without Measure: Working Papers in Christian Theology*, vol. 1 (London: T&T Clark, 2015), p. 3.

21. William C. Placher, *The Domestication of Transcendence: How Modern Thinking about God Went Wrong* (Louisville: Westminster John Knox, 1996)을 보라.

22. Kate Sonderegger가 이를 심오하게 말했다. "우리는 피조물의 말과 지성과 능력을 받아

서 가지고 있고 그 주신 분에게 이어지는[돌진하는] 닮음(likeness, 하나님의 모양 혹은 모습을 뜻한다—옮긴이)을 소유하는데, 이는 부정하고 부인하는 말을 통해, 그리고 그 자체의 열쇠로 일시적인 것을 영원한 것을 가리키는 기호로 확증하는 말을 통해 저 숨겨진 것(Hiddenness) 안으로 들어간다"[*Systematic Theology*, vol. 1 (Minneapolis: Fortress, 2015), pp. 105-106]. 나와 마찬가지로 Kate도, 하나님에 대한 지식이 우리의 언어(Kate가 말하는 '닮음')를 통해 표현될 수 있는 방식과 같이, 하나님이 자신을 우리에게까지 낮추셨다고 확신한다. 그러나 동시에 우리의 말이 하나님이 누구신지 혹은 하나님이 무슨 일을 하시는지를 다 표현한다는 의미로는, 이와 같은 닮음을 생각할 수는 없다. '숨겨진 것'은 여전히 남아 있다. Kate는 기독교 신학에 내재된 가장 오래된 긴장 중 하나를 활용한다.

23. Ephrem the Syrian, "On Human Language about God" (Of Faith 31), in *Ephrem the Syrian: Select Poems*, trans. Sebastian P. Brock and George A. Kiraz (Provo, UT: Brigham Young University Press, 2006), p. 19.

24. St. Gregory the Great, *Morals on the Book of Job*, trans. Members of the English Church (Oxford: John Henry Parker, 1844), vol. 1, epistle, part 4. 히포의 아우구스티누스는 다음과 같이 말한다. "성경이 얼마나 놀라운지요! 얼마나 깊은지요! 우리는 그저 성경의 표면만 보는데도, 어린아이처럼 매료됩니다. 오 나의 하나님이시여, 그런데 성경은 깊이를 헤아릴 수 없을 만큼 깊습니다. 우리는 전율하며 성경을 깊이 들여다봅니다. 성경이 우리 안에 경외와 동시에 사랑의 전율을 불러일으키기 때문입니다." [*Confessions*, trans. R. S. Pine-Coffin (New York: Penguin Classics), pp. 442-443.『고백록』(대한기독교서회)].

25. 이를 표현하는 방식은 다양하다. 어떤 이들은 모든 것이 하나님에게 '참여'하기 때문에 신학은 모든 것과 관련이 있다고 말한다. 모든 것을 하나님이 '지탱'하고 다스리시므로 신학은 모든 것과 관련이 있다고 말하는 이들도 있다. 첫째 부류의 사람들은 모든 것이 바로 하나님의 존재를 공유한다는 심오한 형이상학적 관계를 말하는 것이고, 둘째 부류의 사람들은 모든 것을 하나님이 섭리적으로 돌보시고 베푸심을 더 강조하는 것이다. 이런 미묘한 차이는 하나님과 나머지 모든 것의 관계의 본질을 서로 다르게 받아들이기 때문에 생긴다. 이 책에서 나는 이 둘에 모두 공명하기를 바라면서 중간에 있는 길을 취한다.

26. 에임스의 *The Marrow of Sacred Divinity* 첫 부분에 등장하는 라틴어 문장("*Theologia est scientia vivendo Deo*")은 Timothy George가 번역한 것이다. George, foreword to *The Pastor Theologian: Resurrecting an Ancient Vision*, by Gerald Heistand and Todd Wilson (Grand Rapids: Zondervan, 2015), p. xv를 보라. 이 라틴어 문장을 "신학은 하나님을 향해 살아가는 교의 또는 가르침이다"라고 번역할 수도 있지만, 나는 George의 번역이 더 마음에 든다[William Ames, *The Marrow of Theology*, trans. John Dykstra Eusden (Grand Rapids: Baker, 1997), pp. 77.『신학의 정수』(CH북스)]. Karl Barth의 직관도 똑같다. Barth의 말에 따르면 당신은 "한 손에는 성경을 잡고 다른 한 손에는 신문을 잡고서 둘 다 읽어야 한다. 그러나 성경을 통해 신문을 해석해야 한다"("Barth in Retirement," *Time*, May 31, 1963에서 인용). 무엇이든 당신의 세계에서 일어나는 일은 하나님과 관련 있으며 하나님의 말씀에 비추어 이해돼야 한다고 말하는 것이다.

27. Perry L. Glanzer, Nathan F. Alleman, and Todd C. Ream, *Restoring the Soul of the University: Unifying Christian Higher Education in a Fragmented Age* (Downers Grove, IL: InterVarsity Press, 2017), pp. 31-38를 보라. 이들이 지적하듯이 신학을 여왕의 자리에 앉히자 피해야 하는 문제가 의도치 않게 생겼다. 신학을 모든 학문의 기초로 (모든 연구 분야를 해석하고 안내하는 규범으로) 설정하는 것이 아니라 다른 학문들과 동떨어지

28. McIntosh는 이를 다음과 같이 설명한다. 어떤 사람은 "삶의 다양한 차원들을 탐구하기 위한 하나의 특정한 도구나 적절한 개념성을 갖기 위해 신학을 연구한다"(McIntosh, *Divine Teaching*, 14).
29. 누군가는 이를 하나님의 **선행 은혜**(prevenient grace)라 부르고, 누군가는 이를 **일반 은혜**라는 용어를 사용해서 말한다. 어느 용어를 사용하는지는 선택과 자유 의지의 관계를 어떻게 해석하는 전통에 속했는지에 좌우된다. 어떤 이들은 하나님의 선행 은혜가 모든 사람들에게서 죄의 장벽을 제거하여 은혜를 가능케 하는 반응이 일어날 수 있다고 말한다. 다른 이들은 이 같은 선행 은혜가 선택받은 사람들에게만 임한다고 말한다. 그러나 두 전통은 죄인인 인간이 하나님과 화해하려면 은혜가 선행해야 한다는 동일한 신학적 확신을 공유한다.
30. Hans Urs von Balthasar, *Prayer*, trans. Graham Harrison (San Francisco: Ignatius, 1986), p. 76.
31. N. T. Wright, "The Prayer of the Trinity," http://ntwrightpage.com/2016/04/05/the-prayer-of-the-trinity/.
32. Faith Alive Christian Resources, *The Worship Sourcebook* (Grand Rapids: Baker, 2004), p. 719에 나오는 대답 형식을 수정했다.

3장

1. Steen Eiler Rasmussen, *Experiencing Architecture* (Cambridge, MA: MIT Press, 1962), p. 33. 『건축예술의 체득』(야정문화사).
2. Paul J. Griffiths, *Intellectual Appetite: A Theological Grammar* (Washington, DC: Catholic University of America Press, 2009), p. 21.
3. Alan Jacobs, *A Theology of Reading: The Hermeneutics of Love* (Boulder, CO: Westview, 2001), p. 12.
4. Jacobs, *Theology of Reading*, p. 13.
5. 내가 여기서 말하는 내용에 대한 더 자세한 설명은 Paul Ricoeur, Hans-Georg Gadamer, Kevin Vanhoozer의 저작 어디에서든 찾을 수 있겠지만 나는 아우구스티누스의 *On Christian Teaching*[『기독교 교양』(CH북스)], 그중에서도 특히 4장을 읽기를 추천한다.
6. Alain de Botton, *The Architecture of Happiness* (London: Hamish Hamilton, 2006), pp. 71-72. 『행복의 건축』(청미래). 마지막 강조는 내가 덧붙인 것이다.
7. Marilyn McEntyre, *Caring for Words in a Culture of Lies*, 2nd ed. (Grand Rapids: Eerdmans, 2021), pp. 72, 78. 강조를 추가함.
8. Juhani Pallasmaa, *The Eyes of the Skin: Architecture and the Senses*, 3rd ed. (London: John Wiley & Sons, 2012), p. 48.
9. Ricoeur는 이 과정을 저작의 '화살표'를 따라가는 것으로 묘사한다. "어느 한 텍스트를 이해하려면 표면적 의미(sense)에서 지시체(reference)로 이동하는 텍스트의 움직임을 따라가야 한다. 텍스트가 무엇을 말하는지에서 텍스트가 무엇에 대해 말하는지로 이동하는 움직임을 따라가는 것이다.…텍스트의 명령을 따르는 해석, 의미의 화살표를 따라가는 해석, 그에 따라 생각하려고 노력하는 해석만 새로운 자기 이해를 시작한다"[Ricoeur, *Interpretation Theory: Discourse and the Surplus of Meaning* (Fort Worth: Texas Christian

University Press, 1976), pp. 87, 94.].
10. Ricoeur는 이를 텍스트의 '의미'라고 부른다. Ricoeur, *Interpretation Theory*, p. 87.
11. De Botton, *Architecture of Happiness*, p. 72.
12. Flannery O'Connor, *The Habit of Being: Letters of Flannery O'Connor*, ed. Sally Fitzgerald (New York: Farrar, Straus & Giroux, 1979), p. 458.
13. De Botton, *Architecture of Happiness*, pp. 71-72.
14. Ricoeur, *Interpretation Theory*, p. 88.
15. Roy Anker, *Catching Light: Looking for God in the Movies* (Grand Rapids: Eerdmans, 2004), p. 5.
16. 중세 자료가 있는 다음의 인터넷 사이트에서 볼 수 있는 히에리아 공의회(the Synod of Hieria) 문건을 보라. https://sourcebooks.fordham.edu/source/icono-cncl754.asp.
17. St. John Damascene, *On Holy Images*, trans. Mary H. Allies (London: Thomas Baker, 1898; Internet Medieval Source Book, 1998), part 1, https://sourcebooks.fordham.edu/basis/johndamascus-images.asp. 『하나님의 성상에 대하여』(키아츠).
18. 이는 교부 시대의 동방(헬라) 신학과 서방(라틴) 신학의 기본 차이 중 하나다. 우리는 이런 차이를 상당히 다양한 자료에서 찾을 수 있다. Kent Eilers, Ashley Cocksworth, and Anna Silvas, eds., *The Grammar of Grace: Readings from the Christian Tradition* (Eugene, OR: Cascade, 2019), 1장을 보라.
19. William Dyrness, *Visual Faith: Art, Theology, and Worship in Dialogue* (Grand Rapids: Baker Academic, 2001); Jim Forest, *Praying with Icons* (Maryknoll, NY: Orbis, 1997); Rowan Williams, *The Dwelling of the Light: Praying with the Icons of Christ* (Grand Rapids: Eerdmans, 2003)를 보라.
20. Rowan Williams, *Christ on Trial: How the Gospel Unsettles Our Judgement* (Grand Rapids: Eerdmans, 2003), p. 50. 『심판대에 선 그리스도』(비아).
21. 20세기 철학자 Hans-Georg Gadamer라면 다음과 같은 방식으로 물었을 것이다. "어떻게 누가복음의 '지평'이 독자의 '지평'과 만나는가?" 모든 해석 행위는 각자의 역사적·문화적·경험적 배경의 관점을 기초로 해서 일어난다는 의미다. 당신 삶의 이러한 특징들이 당신의 지평을 구성한다. 책에서 잠시 눈을 떼고, 이러한 지평을 찾아보라. 이 책을 읽는 이 순간에 당신이 처한 위치 때문에, 당신에게는 그러한 특정 지평이 보인다. Gadamer는 이러한 것을 해석에 대한 은유로 취해서, 당신이 자신의 지평에 집중하게 하고 읽고 있는 텍스트의 지평에 집중하게 한다. 이 텍스트의 지평은 저자의 특정한 역사적·문화적·경험적 배경으로 구성된다. Gadamer는 해석에는 텍스트와 독자 사이에서 일어나는 '지평융합'이 따라온다고 생각한다. Hans-Georg Gadamer, *Truth and Method* (New York: Continuum, 2004), 특히 pp. 302-307, 576-577를 보라.
22. Joel B. Green, *The Gospel of Luke*, The New International Commentary on the New Testament (Grand Rapids: Eerdmans, 1997), p. 9. 『NICNT 누가복음』(부흥과개혁사).
23. Williams, *Christ on Trial*, p. 53.
24. Williams, *Christ on Trial*, p. 54.
25. Kevin J. Vanhoozer, "What Is Everyday Theology? How and Why Christians Should Read Culture," in *Everyday Theology: How to Read Cultural Texts and Interpret Trends*, ed. Kevin J. Vanhoozer, Charles A. Anderson, and Michael J. Sleasman (Grand Rapids: Baker Academic, 2007), p. 35. 『문화신학』(부흥과개혁사).

26. 다음에서 다루는 내용은 밴후저가 취한 전략을 수정한 것이다. Vanhoozer, "What Is Everyday Theology?," pp. 15-62를 보라.
27. Roy Anker, *Catching Light*, p. 5.

4장

1. Juhani Pallasmaa, *The Eyes of the Skin: Architecture and the Senses*, 3rd ed. (London: John Wiley & Sons, 2012), p. 71.
2. Paul Ricoeur, *Hermeneutics and the Human Sciences: Essays on Language, Action and Interpretation*, ed. and trans. John B. Thompson (Cambridge: Cambridge University Press, 2016), p. 145.
3. Mary Louise Kelly가 인터뷰한 내용이다. "Yo-Yo Ma, A Life Led with Bach," NPR Music Tiny Desk Concert, August 17, 2018, in *All Things Considered*, MP3 audio, 7:58, https://www.npr.org/2018/08/17/639571356/yo-yo-ma-a-life-led-with-bach를 보라.
4. 이러한 틀은 Charles Taylor가 제안한 틀과 비슷하다. Charles Taylor, *Sources of the Self: The Making of the Modern Identity* (Cambridge: Cambridge University Press, 1989)를 보라. 『자아의 원천들』(새물결).
5. Hugo Ball, *Schriften zum Theater, zur Kunst und Philosophie*, http://www.textlog.de/39027.html. Philipp Blom, *Fracture: Life and Culture in the West, 1918-1938* (New York: Basic Books, 2015), p. vii에 인용되었다.
6. Robert Henryson, *Fables, 7: The Preaching of the Swallow*. C. S. Lewis가 *The Discarded Image: An Introduction to Medieval and Renaissance Literature* (Cambridge: Cambridge University Press, 1964), p. 112에서 일부 인용했다. 『폐기된 이미지』(비아토르). 시 전체는 www.arts.gla.ac.uk/STELLA/STARN/poetry/HENRYSON/fables/swallow.htm을 보라. 중세 사상에 대한 루이스의 놀라운 소개(특별히 7장)를 내게 알려 준 Bo Helmich에게 감사한다.
7. John Milbank, *Theology and Social Theory: Beyond Secular Reason*, 2nd ed. (Hoboken, NJ: Wiley-Blackwell, 2006), 『신학과 사회이론』(새물결플러스); Charles Taylor, *A Secular Age* (Harvard: Belknap, 2007)를 보라.
8. W. David Buschart and Kent Eilers, *Theology as Retrieval: Receiving the Past, Renewing the Church* (Downers Grove, IL: InterVarsity Press, 2015), chap. 6을 보라.
9. James K. A. Smith, *Desiring the Kingdom: Worship, Worldview, and Cultural Formation* (Grand Rapids: Baker Academic, 2009)을 보라. 『하나님 나라를 욕망하라』(IVP).
10. Mahlon Smith는 계몽주의 이전에는 신학의 주된 역할이 교회의 공동 예배를 명확하게 하는 것이었다고 주장한다. Herman J. Selderhuis, ed., *Psalms 1-72*, Reformation Commentary on Scripture 7 (Downers Grove, IL: InterVarsity Press, 2015), p. lii n. 57에 인용된 Mahlon H. Smith III, *And Taking Bread...: Cerularius and the Azyme Controversy of 1054* (Paris: Beauchesne, 1978), p. 29를 보라.
11. 지면상 제약으로, 이야기를 대폭 축약했다. 더 자세한 내용과 의미를 알고 싶다면, Perry L. Glanzer, Nathan F. Alleman, and Todd C. Ream, *Restoring the Soul of the University: Unifying Christian Higher Education in a Fragmented Age* (Downers Grove, IL: In-

terVarsity Press, 2017), 1장을 보라.
12. Thomas Aquinas, *The Summa Theologica of St. Thomas Aquinas*, trans. Fathers of the English Dominican Province, rev. ed. (London: Burns, Oates, & Washbourne, 1920), I.1.2을 보라.
13. Thomas Albert Howard, *Protestant Theology and the Making of the Modern German University* (Oxford: Oxford University Press, 2006); Edward Farley, *Theologia: The Fragmentation and Unity of Theological Education* (Minneapolis: Fortress, 1994)을 보라. 『신학 교육의 개혁』(부흥과개혁사).
14. Brian E. Daley, foreword to *Saving Wisdom: Theology in the Christian University*, by Brian W. Hughes (Eugene, OR: Wipf & Stock, 2011), p. x.
15. 아우구스티누스는 하나님에 대한 두려움과 그리스도인들의 거룩함이 지식을 추구하는 행위보다 선행해야 한다고 생각했다(*On Christian Teaching* 2.16).
16. Howard, *Protestant Theology*, p. 17에 인용.
17. 후자의 접근법을 취하는 사람으로는 John Webster와 Stanley Hauerwas 같은 학자가 있다. Webster, *God without Measure: Working Papers in Christian Theology*, vols. 1 and 2 (London: T&T Clark, 2018); Hauerwas, *The State of the University: Academic Knowledges and the Knowledge of God* (Hoboken, NJ: Wiley-Blackwell, 2007)을 보라.
18. Rowan Williams, prologue to *On Christian Theology* (Hoboken, NJ: Wiley-Blackwell, 2000), pp. xii-xvi를 보라.
19. Ola Sigurdson, *Heavenly Bodies: Incarnation, the Gaze, and Embodiment in Christian Theology* (Grand Rapids: Eerdmans, 2016), pp. 31-37.
20. Eberhard Jüngel, *Theological Essays II*, trans. Arnold Neufeldt-Fast and J. B. Webster (London: T&T Clark, 2014), p. 121.
21. Gordon L. Heath, *Doing Church History: A User-Friendly Introduction to Researching the History of Christianity* (Toronto: Clements, 2008), p. 42에 인용된 C. S. Lewis, "Historicism," in *God, History and Historians*, ed. C. T. McIntyre (New York: Oxford University Press, 1977), p. 229를 보라.
22. Rowan Williams, *Why Study the Past? The Quest for the Historical Church* (Grand Rapids: Eerdmans, 2005), p. 27. 『과거의 의미』(비아).
23. Ian McFarland, "Heresy," in *The Cambridge Dictionary of Christian Theology* (Cambridge: Cambridge University Press, 2014), p. 209.
24. Ben Quash and Michael Ward, eds., *Heresies and How to Avoid Them: Why It Matters What Christians Believe* (Grand Rapids: Baker Academic, 2007), p. 1. 로마 가톨릭 그리스도인들은 이단을 더 넓게 규정하기도 한다. 그들에게는 로마교회가 공식적인 교황의 교령에 따라 '교의'로 규정한 가르침을 거부하는 사람은 누구나 이단이다.
25. Christian Reformed Church(기독교 개혁교회)는 2020년 교회 회의에서 신학적으로 조심스럽게, 그리고 목회적인 방식으로 이단을 규정하는 일이 상당히 복잡하다는 사실을 고백했다. "What Is Heresy? Synod 2019 Asked: Report Tried to Answer," *The Banner*, June 2021, https://www.crcna.org/sites/default/files/2020_agenda.pdf, pp. 68-77를 보라.
26. Douglas Farrow, *Theological Negotiations: Proposals in Soteriology and Anthropology* (Grand Rapids: Baker Academic, 2018), p. 172에 인용된 Anselm, *De incarnatione*.

27. 주가 길어서 미안하지만 아주 중요한 질문이 있다. 거짓 신앙이 참된 신앙을 파괴하는 때는 언제인가? 이단자의 글을 읽을 때 사실상 그리스도인의 글을 읽는 것은 아니라고 할 수 있는가? 그렇다. 맞는 말이다. 그렇다고 해도 내 생각에는 **마치** 우리가 그리스도 안에서 형제자매인 것처럼 그들의 글을 읽어야 한다. 여기에는 세 가지 이유가 있다. 첫째, 하나님만 우리의 내적 자아 가장 깊은 곳에 있는 신앙의 내용을 아신다. 어떤 이들은 그리스도를 인정했지만 그리스도인은 아니었는데(마 10장과 막 9장을 보라), 진리를 한 마디도 믿지 않으면서 진리를 말한 것이다. 그러므로 누군가의 신앙의 진정성을 판단하기 조심스럽다. 둘째, 예수님은 제자 공동체에 항상 '곡식'과 '가라지'가 들어 있을 것이라고 말씀하신다(마 13:24-30). '곡식'은 참 제자를 의미하고, '가라지'는 거짓 제자를 의미한다. 요점은 그 차이를 하나님이 아시며, 마지막에 **하나님**이 그들을 구분하신다는 것이다. 예수님이 누군가의 신앙이 진짜인지는 장차 하나님이 판단하시리라고 말씀하셨기 때문에, 나는 기독교의 가르침의 참과 거짓을 분별하는 데 참여하겠지만 지금 여기서 판단을 내리기는 매우 조심스럽다. 셋째, 나는 하나님에 대한 우리의 지식이 진리일지라도 이러한 지식이 항상 부분적이라는 사실을 점점 더 많이 깨닫고 있다. 우리는 하나님이 계시하신 진리에 순응하며 올바르게 믿고 살고자 해야 하지만, 우리의 신학은 여전히 '모형적'이다. 즉, 하나님이 자신을 아시는 것처럼 우리가 하나님을 알 수는 없는 노릇이다(2장을 보라). 그러므로 잘못된 것을 믿고 가르치는 사람들에게, 즉 잘못된 것을 진심으로 진리라고 믿는 사람들에게 나는 관대하고자 한다. 기독교 공동체가 바로잡아 주려고 하는데 그들이 고집을 부린다면 그들을 축복할 생각은 없지만, 나는 그리스도 안에서 형제자매로서, 즉 하나님을 알아가고 하나님의 관점에서 모든 것을 이해하고자 하는 형제자매로서 그들의 글을 읽을 것이다. 언제 거짓 믿음이 참 믿음을 파괴하는가? 나는 잘 모르겠다. 그러나 나는 하나님이 그분이 택한 때에 곡식에서 가라지를 구별해 내실 것을 믿는다.
28. Irenaeus, *Against Heresies*, trans. Alexander Roberts and William Rambaut, in vol. 1 of *Ante-Nicene Fathers*, ed. Alexander Roberts, James Donaldson, and A. Cleveland Coxe (Buffalo, NY: Christian Literature Publishing Co., 1885), 3.6.4.
29. David I. Smith, *Learning from the Stranger: Christian Faith and Cultural Diversity* (Grand Rapids: Eerdmans, 2009), pp. 118, 120.

5장

1. Steen Eiler Rasmussen, *Experiencing Architecture* (Cambridge, MA: MIT Press, 1962), p. 10.
2. John Behr, "A Feast of Theology," in *Holy Week: A Series of Meditations* (Yonkers, NY: St. Vladimir's Seminary Press, 2018), p. 171.
3. Timothy Gorringe, *Discerning Spirit: A Theology of Revelation* (Philadelphia: Trinity Press International, 1990), p. 6.
4. Karl Barth, *Church Dogmatics*, 1/2, *The Doctrine of the Word of God*, trans. G. T. Thomson and Harold Knight, ed. G. W. Bromiley and T. F. Torrance (New York: T&T Clark, 2009), p. 1.『교회 교의학』(대한기독교서회).
5. Thomas Oden, *Systematic Theology*, vol. 1 (Peabody, MA: Hendrickson, 2006), p. 342.

6. Karl Barth, *Deliverance to the Captives* (Eugene, OR: Wipf & Stock, 2010), p. 44. 강조를 추가함. Barth는 미완성작인 열네 권짜리 『교회 교의학』(*Church Dogmatics*), III/3, p. 424에서 이에 대해 더 자세히 말한다. 로버트 젠슨도 거의 비슷하게 말했다. "그래서 공간적으로 하늘이 어디에 있느냐고 묻는다면, 나는 이렇게 대답할 것이다. 하나님이 계신 곳은 어디든지 하늘이다.…하나님이 우리에게 다가오실 때, 우리를 데려가고 싶은 곳에서 오신다. 바로 그 장소가 하늘이다." Robert Jenson, *A Theology in Outline: Can These Bones Live?*, ed. Adam Eitel (Oxford: Oxford University Press, 2016), pp. 37-38.
7. 어쩌면 당신은 지금 예수님의 승천을 생각하고 있을지도 모르겠다. 승천은 '위'를 생각하게 하기 때문이며, 특히 사도들이 예수님이 '위로' 올라가 구름 속으로 들어가시는 모습을 보았다고 기록하기 때문이다. 이에 대해 두 가지를 이야기하고 싶다. 첫째, '승천'이라는 언어 표현의 핵심은 예수님이 왕권으로 들어가신다는 것이다. 왕들은 왕좌에 오른다. 예수님이 위로 올라가신 것은 아버지 하나님의 오른편에 즉위한 것을 시각적으로 묘사한다. 이는 위로 올라가신 것이라기보다는 권좌에 **들어가신** 것이다. 사도행전 1:9-11을 보라. 기도에 대한 예수님의 가르침에는 하늘의 공간성에 대한 실마리가 있다. 예수님은 우리에게 기도하는 법을 가르치실 때, 하나님 나라가 **여기에**, 하늘에서와 같이 우리 가운데 임할 것이라 말씀하신다. "나라가 임하시오며 뜻이 하늘에서 이루어진 것같이 땅에서도 이루어지이다"(마 6:10). 하늘에서 하나님의 통치는 완전하게 수립되었기에, 예수님은 *그와 같은* 일이 여기 우리 가운데서도 이루어지기를 우리가 기도해야 한다고 가르치신다. "하나님이 하늘에서처럼 여기 우리 가운데서도 통치하소서. 하나님의 뜻이 하늘에서처럼 여기서도 완벽하게 성취되게 하소서." 우리가 온전함과 치유함을 간절히 바라는 모든 곳에 하나님 나라가 임하기를 간구해야 한다. 하늘에서 진리인 것이, 우리가 그렇기를 기도하는 곳에서도 진리이기 때문이다. 둘째, 코페르니쿠스 이전 시대에는 지구가 일곱 개의 천구 중심에 있다고 여겼다. 그리고 '가장 위에 있는' 천구가 하나님이 머무시는 천구이고 하늘이라 불렸다. 그래서 구름 위로 올라감은 중세 그리스도인들을 혼란스럽게 하지 않았다. 그들의 우주론에 들어맞았기 때문이다.
8. 이어지는 여러 문장에서, 나는 하나님과 세상의 관계에 대한 설명을 극도로 압축해 놓았다. 이 설명에서는 신적 행위자와 신이 아닌 행위자 사이의 극단적 대조나 대립적 관계를 단호하게 거부한다. 물론, 나는 하나님과 피조물 사이의 존재론적 구별을 폐기하지 않는다. 나는 이를 신학의 기본 가정으로 삼고서, 이 가정이 기독교 전통에 두루 엮여 있다고 생각한다. 다만 모든 독자가 그렇게 생각하는 것은 아닐 수도 있다. 내가 추천하는 책은 다음과 같다. Robert Barron, *The Priority of Christ: Toward a Postliberal Catholicism* (Grand Rapids: Baker Academic, 2007), 11-14장; Kent Eilers, *Faithful to Save: Pannenberg on God's Reconciling Action* (London: T&T Clark, 2011), 1장; William C. Placher, *The Domestication of Transcendence: How Modern Thinking about God Went Wrong* (Louisville: Westminster John Knox, 1996); Kathryn Tanner, *God and Creation in Christian Theology: Tyranny or Empowerment?* (Minneapolis: Fortress, 1988), 2장; John Webster, *God without Measure: Working Papers in Christian Theology*, vol. 1 (London: T&T Clark, 2016), 8-9장; Rowan Williams, *Christ the Heart of Creation* (London: Bloomsbury, 2018), pp. 1-35, 169-218.
9. 때로 '웨슬리의 사각형'(Wesleyan Quadrilateral)이라 불리지만, 웨슬리가 원천 자료를 이렇게 넷으로 처음 분류한 것은 아니다. Ted Campbell, "The 'Wesleyan Quadrilateral': The Story of a Modern Methodist Myth," *Methodist History* 29, no. 2 (January 1991): pp. 87-95. 오히려 기독교 사상사에서 이러한 네 가지 원천 자료의 상호 관계는 알렉산드리

아의 오리게네스까지 거슬러 올라간다(*On First Principles*, 3세기). 신약이 담고 있는 예수님과 바울의 가르침에도 이러한 것이 있다고 말한다고 해서 그리 과장은 아니다.

10. "믿고 가르치고 고백하라"는 Jaroslav Pelikan의 말이다. Pelikan, *The Christian Tradition: A History of the Development of Doctrine*, vol. 1, *The Emergence of the Catholic Tradition (100-600)* (Chicago: University of Chicago Press, 1975), p. 1. 다음에 나오는 "기억된 말씀"과 같은 소제목은 Thomas Oden, *Systematic Theology*, 3: pp. 330-351에서 가져와 수정한 것이다.

11. 히브리서 저자가 "살아 있고 활력이 있[다]"고 말하는 "하나님의 말씀"이 이 경우에는 성경이 아니라 복음의 메시지다. 그 메시지를 **통해서** 그리스도 **자신이** 살아 있고 활동하신다는 뜻이다. Herman Bavinck, *Reformed Dogmatics*, vol. 1 (Grand Rapids: Baker Academic, 2003), pp. 253-255, 380-381, 402.『개혁교의학』(부흥과개혁사). 그렇기 때문에 편지 마지막 부분에서 히브리서 저자는 "너희는 삼가 말씀하신 이를 거역하지 말라"고 경고한다(히 12:25). 하나님의 살아 있고 활력 있는 말씀은 **그리스도 자신**이다. 그리스도는 자신을 드러내기 위해서 복음의 메시지를 사용하시고, 더 나아가 복음에 대한 증언이 담긴 성경을 사용하신다. 바울은 자주 그리스도 자체를 복음이라고 말한다(롬 5:15-17; 고전 4:7; 골 1:25-28; 3:16; 갈 1:16). 그리고 복음을 선포하는 것과 '그리스도를 가르치는 것'이 동의어로 보이는 경우도 있다(고전 1:17, 23; 15:1, 11-12; 고후 4:3, 4). 요약하면, "하나님의 틈입하시고 분별하시는 현존은 그분의 백성에게 그분의 말씀을 통해 온다." J. Scott Duvall and J. Daniel Hays, *God's Relational Presence: The Cohesive Center of Biblical Theology* (Grand Rapids: Baker Academic, 2019), p. 263 (또한 pp. 223-224).『하나님의 임재 신학』(새물결플러스). 또 Timothy Ward, *Words of Life: Scripture as the Living and Active Word of God* (Downers Grove, IL: InterVarsity Press, 2009), pp. 65-73도 보라. 성경은 **활력이 없는** 것도 아니고 **그 자체**가 살아 있거나 활동적인 것도 아니며, 그 자체의 작인이 없다. 오히려 성경은 그리스도가 사도들에게 전해 준 복음의 메시지가 담긴 기록이고, 이를 통해 하나님의 계시적 현존이 우리에게 가까이 온다. 성경이 품고 있는 복음 메시지의 작인은 성령으로 말씀하시는, 살아 있고 활동하는 그리스도에게 있다(그렇지 않으면 우리에게는 아무 소망이 없으니 하나님을 찬양하라).

12. 이러한 정의는 Donald K. McKim, *The Westminster Dictionary of Theological Terms*, 2nd ed. (Louisville: Westminster John Knox, 2014)에서 가져와 수정한 것이다.

13. 이러한 정의는 Ellen Charry, "Experience," in John B. Webster, Kathryn Tanner, and Iain Torrance, eds., *Oxford Handbook of Systematic Theology* (Oxford: Oxford University Press, 2009), pp. 413-431에서 영감을 받은 것이다.

14. Eugene Peterson, *A Long Obedience in the Same Direction: Discipleship in an Instant Society* (Downers Grove, IL: InterVarsity Press, 2000).『한 길 가는 순례자』(IVP).

15. 서로 다른 많은 기독교 전통 전체에 걸쳐 신학자들은 현재의 영적 감각이라는 전통이 만들어 낸 자료로 돌아간다. Paul L. Gavrilyuk, "Discerning God's Mysterious Presence: Towards a Retrieval of the Spiritual Senses Tradition" (paper, Annual Meeting of the American Academy of Religion, San Diego, CA, November 22, 2014); Sarah Coakley and Paul L. Gavrilyuk, eds., *The Spiritual Senses: Perceiving God in Western Christianity* (Cambridge: Cambridge University Press, 2012); Sarah Coakley, *God, Sexuality, and the Self: An Essay "On the Trinity"* (Cambridge: Cambridge University Press, 2013), 특히 pp. 88-89. 이러한 전통으로 거슬러 올라가는 작업을 하는 신학자들과의 인터

뷰는 Paul L. Gavrilyuk가 만든 The Spiritual Perception Project 웹사이트에서 볼 수 있다. https://spiritualperceptionproject.wordpress.com/.
16. John Wesley, "An Earnest Appeal to Men of Reason and Religion," in *The Works of John Wesley*, ed. Gerald Cragg, vol. 11 (Nashville: Abingdon, 1987), p. 57.
17. A. W. Tozer, *The Pursuit of God: The Human Thirst for the Divine* (CampHill, PA: Christian Publications, 1993), p. 90. 『하나님을 추구하다』(두란노).
18. Mark McInroy가 인터뷰한 영상인 "Spiritual Perception & Contemporary Theology with Sarah Coakley", Spiritual Perception Program, video, 24:41, https://paulgavrilyuk.wordpress.com/projects/spiritual-perception/. Coakley, *God, Sexuality, and the Self*, p. 43도 보라.
19. A. N. Williams는 모든 신학이 '체계적'이라고 주장하는데, 신학이 기독교 사상의 내적 연결성을 밝혀 내고자 하기 때문이다. A. N. Williams, *The Architecture of Theology: Structure, System, and Ratio* (Oxford: Oxford University Press, 2011).
20. Oden, *Systematic Theology*, 1:339. 강조를 추가함.
21. Kevin J. Vanhoozer, Charles A. Anderson, and Michael J. Sleasman, eds., *Everyday Theology: How to Read Cultural Texts and Interpret Trends* (Grand Rapids: Baker Academic, 2007); Clifford Geertz, *The Interpretation of Cultures* (New York: Basic Books, 1973), p. 89. 『문화의 해석』(까치글방).
22. Robert K. Johnston, *God's Wider Presence: Reconsidering General Revelation* (Grand Rapids: Eerdmans, 2014), p. 199.
23. Kutter Callaway, Fuller Studio, https://fullerstudio.fuller.edu/contributor/kutter-callaway/. Kutter Callaway and Dean Batali, *Watching TV Religiously: Television and Theology in Dialogue* (Grand Rapids: Baker Academic, 2016)도 보라.
24. 나는 다음과 같은 소논문에서 이를 길게 숙고해 봤다. Kent Eilers, "Rowan Williams and Christian Language: Mystery, Disruption, and Rebirth," *Christianity and Literature* 61, no. 1 (가을 2011): pp. 19-31.
25. Michael F. Bird, *Evangelical Theology: A Biblical and Systematic Introduction* (Grand Rapids: Zondervan, 2013), p. 76.
26. Richard J. Mouw, *He Shines in All That's Fair: Culture and Common Grace* (Grand Rapids: Eerdmans, 2002)를 보라. 『문화와 일반 은총』(새물결플러스).
27. John Calvin, *Institutes of the Christian Religion* (Philadelphia: Westminster, 1960), p. 43. 그는 계속해서 다음과 같이 말한다. "건전한 판단을 내리는 사람들은, 사라질 수 없는 신에 대한 감각이 사람들의 마음에 새겨져 있다고 항상 확신할 것이다. 실제로 불경건한 자들은 아무리 노력해도 하나님에 대한 두려움에서 자신을 건져낼 수 없는데, 이들의 왜곡된 마음은 신이 있다는 확신이 모두에게 자연스럽게 내재해 있고 근본적으로 고정되어 있음을 충분히 입증한다. 이것이 뼛속까지 새겨져 있기 때문이다"(pp. 45-46).
28. Rowan Williams, *Headwaters* (Santa Barbara, CA: Perpetua, 2008), p. 21.
29. Charry, "Experience," p. 429.
30. Oden, *Systematic Theology*, 1: p. 336.
31. 이런 원리에 대한 더 자세한 설명은 W. David Buschart and Kent D. Eilers, *Theology as Retrieval: Receiving the Past, Renewing the Church* (Downers Grove, IL: InterVarsity Press, 2015)를 보라.

32. Oden, *Systematic Theology*, 1: p. 330.

6장

1. Juhani Pallasmaa, *The Eyes of the Skin: Architecture and the Senses*, 3rd ed. (London: John Wiley & Sons, 2012), p. 54.
2. 이와 같은 분리를 Edward Farley, *Theologia: The Fragmentation and Unity of Theological Education* (Minneapolis: Fortress, 1994)에서 연대기적으로 훌륭하게 묘사했다.
3. 이와 같은 다양한 접근법을 이해하고자 한다면, Edward W. Klink III and Darian R. Lockett, *Understanding Biblical Theology: A Comparison of Theory and Practice* (Grand Rapids: Zondervan, 2012), 『성경신학의 5가지 유형』(부흥과개혁사); Richard N. Soulen and R. Kendall Soulen, "Biblical Theology," in *Handbook of Biblical Criticism*, ed. Richard N. Soulen and R. Kendall Soulen, 4th ed. (Louisville: Westminster John Knox, 2011), pp. 26-27를 보라.
4. Michael Horton, "Historical Theology," in *Dictionary for Theological Interpretation of the Bible*, ed. Kevin J. Vanhoozer, Craig G. Bartholomew, Daniel J. Treier, and N. T. Wright (Grand Rapids: Baker Academic, 2005), p. 293.
5. 예를 들어, 각각의 주제에 대해 Lewis Ayres, *Nicaea and Its Legacy: An Approach to Fourth-Century Trinitarian Theology* (Oxford: Oxford University Press, 2004); Carl Beckwith, *Hilary of Poitiers on the Trinity: From "De Fide" to "De Trinitate"* (Oxford: Oxford University Press, 2009); Karl Barth, *Protestant Theology in the Nineteenth Century* (Grand Rapids: Eerdmans, 2002)를 참고하라.
6. Geerhardus Vos, *Biblical Theology: Old and New Testaments* (Grand Rapids: Eerdmans, 1948), 16. 『성경신학』(CH북스).
7. John Swinton, *From Bedlam to Shalom: Towards a Practical Theology of Human Nature, Interpersonal Relationships, and Mental Health Care* (Bern: Peter Lang, 2000), p. 7.
8. 하나님의 선교는 특별히 실천신학에 대한 Ray Anderson의 묘사에 분명하게 설명되어 있다. Ray Anderson, *The Shape of Practical Theology: Empowering Ministry with Theological Praxis* (Downers Grove, IL: IVP Academic, 2001), 특히 1-3장을 보라.
9. Daniel Hill and Daniel J. Treier, "Philosophy," in Vanhoozer, Bartholomew, Treier, and Wright, *Dictionary for Theological Interpretation of the Bible*, pp. 591-594를 보라.
10. Gerald Heistand and Todd Wilson, *The Pastor Theologian: Resurrecting an Ancient Vision* (Grand Rapids: Zondervan, 2015), 1-3장을 보라. 『목사 신학자』(부흥과개혁사).
11. David F. Ford and Rachel Muers, eds., *The Modern Theologians: An Introduction to Christian Theology since 1918*, 3rd ed. (Hoboken, NJ: Wiley-Blackwell, 2005), p. 429. 『현대신학자 연구』(기독교문서선교회).
12. Peter Gilbert, introduction to *On God and Man: The Theological Poetry of St. Gregory of Nazianzus*, by Gregory of Nazianzus (Yonkers, NY: St. Vladimir's Seminary Press, 2001).
13. Ben Myers, "Theological Education: What Is It For?," *Faith and Theology* (blog),

February 4, 2010, https://www.faith-theology.com/2010/02/theological-education-what-is-it-for.html.
14. Friedrich Schleiermacher, *The Christian Faith*, ed. and trans. H. R. Mackintosh and J. S. Stewart (Edinburgh: T&T Clark, 1960), p. 739. 『기독교신앙』(한길사).
15. Michael Horton, *The Christian Faith: A Systematic Theology for Pilgrims on the Way* (Grand Rapids: Zondervan, 2011), p. 17. 『언약적 관점에서 본 개혁주의 조직신학』(부흥과개혁사).
16. Horton, *Christian Faith*, p. 273.
17. David W. Congdon, "The Comforter: Bulgakov on the Holy Spirit," *The Fire and the Rose* (blog), October 11, 2008, https://fireandrose.blogspot.com/2008/10/comforter-bulgakov-on-holy-spirit.html.
18. Avi Friedman, *A View from the Porch: Rethinking Home and Community Design* (Montreal: Véhicule, 2015), p. 116.
19. Pallasmaa, *The Eyes of the Skin*, p. 54.
20. 어쩌면 당신은 이메일이 신학의 형식 중 하나일 수 있다는 데 회의적일 수도 있으며 당신이 완전히 틀린 것은 아니지만 다만 이를 완전히 무시하기 전에, 이메일을 통해 영적 우정을 보여 준 심리학자이자 영적 안내자인 David G. Benner의 예를 생각해 보면 좋겠다. 그의 글은 상당히 괜찮다. David G. Benner, *Sacred Companions: The Gift of Spiritual Friendship and Direction* (Downers Grove, IL: InterVarsity Press, 2002)을 보라.
21. Vincent of Lérins, *Commonitorium*, in Roland Demeulenaere, ed., *Corpus Christianorum: Series Latina*, vol. 64 (1985), pp. 127-195. 영어 번역은 *Nicene and Post-Nicene Fathers*, Series 2, ed. Philip Schaff and Henry Wace, trans. C. A. Heurtley (Grand Rapids: Eerdmans, 1978), 제2권, pp. 131-156에서 이용 가능하다(이용 가능한 온라인 웹사이트: http://www.ccel.org/ccel/schaff/npnf211.iii.html).
22. Philip Reinders, *Seeking God's Face: Praying with the Bible Through the Year* (Grand Rapids: Faith Alive Christian Resources, 2013), p. 21.
23. Hildegard of Bingen, "Who Is the Trinity?," in Gabriele Uhlein, ed., *Meditations with Hildegard of Bingen* (Rochester, VT: Bear and Company, 1983), p. 28.
24. Anne Lamott, *Traveling Mercies: Some Thoughts on Faith* (New York: Anchor Books, 1999), p. 3. 『마음 가는 대로 산다는 것』(청림출판).
25. Thomas Oden, *A Change of Heart: A Personal and Theological Memoir* (Downers Grove, IL: InterVarsity Press, 2014), pp. 138-139.
26. 나는 이렇게 만들어 낸 세계의 신학적 의미를 Kent Eilers, "The Beauty and Strangeness of Being: Imagining God in Marilynne Robinson's *Lila*," *Crux: A Journal of Christian Thought and Opinion* 52, nos. 3-4 (Fall/Winter 2016): pp. 60-68에서 자세히 다루었다.
27. Richard Viladesau, *The Beauty of the Cross: The Passion of Christ in Theology and the Arts from the Catacombs to the Eve of the Renaissance* (Oxford: OxfordUniversity Press, 2006); Richard Viladesau, *The Triumph of the Cross: The Passion of Christ in Theology and the Arts from the Renaissance to the Counter-Reformation* (Oxford: Oxford University Press, 2008); Richard Viladesau, *The Folly of the Cross: The Passion of the Christ in Theology and the Arts-Early Modernity* (Oxford: Oxford University Press, 2018)를 보라.

28. Rowan Williams, prologue to *On Christian Theology* (Hoboken, NJ: Wiley-Blackwell, 2000), pp. xii-xvi를 보라. 나도 여러 곳에서 이에 대해 길게 다루었다. Kent Eilers, "Rowan Williams and Christian Language: Mystery, Disruption, and Rebirth," *Christianity and Literature* 61, no. 1 (Autumn 2011): pp. 19-32를 보라.
29. Horton, *Christian Faith*, p. 22.
30. Horton, *Christian Faith*, p. xiv.
31. 현대적 예를 보고 싶다면, Miguel A. De La Torre, *Liberating Jonah: Forming an Ethics of Reconciliation* (Maryknoll, NY: Orbis, 2007)이나 De La Torre, *Burying White Privilege: Resurrecting a Badass Christianity* (Grand Rapids: Eerdmans, 2018)를 보라.
32. Andrew F. Walls, "The Gospel as Prisoner and Liberator of Culture," in *The Missionary Movement in Christian History: Studies in the Transmission of Faith*, ed. Andrew F. Walls (Maryknoll, NY: Orbis, 1996), pp. 3-15를 보라.
33. De La Torre, *Burying White Privilege*; Soong-Chan Rah, *Prophetic Lament: A Call of Justice in Troubled Times* (Downers Grove: IVP Books, 2015); William Placher, *Domesticating Transcendence: How Modern Thinking about God Went Wrong* (Louisville: Westminster John Knox, 1996); Sarah Coakley, *God, Sexuality, and the Self: An Essay "On the Trinity"* (Cambridge: Cambridge University Press, 2013).
34. Williams, prologue to *On Christian Theology*, p. xv.
35. Hilary of Poitiers, On the Trinity, in *St. Hilary of Poitiers: Select Works*, ed. W. Sanday, trans. E. W. Watson and L. Pullan, vol. 2 of *Nicene and Post-Nicene Fathers of the Christian Church*, ed. Philip Schaff and Henry Wace (Grand Rapids: Eerdmans, 1898), pp. 53-54.
36. 공동체를 위한 애가에는 시편 12, 44, 58, 60, 74, 79, 80, 83, 85, 89, 90, 94, 123, 126, 129편이 들어간다. 개인적 애가는 시편 3, 4, 5, 7, 9-10, 13, 14, 17, 22, 25, 26, 27, 28, 31, 36, 39, 40:12-17, 41, 42-43, 52, 53, 54, 55, 56, 57, 59, 61, 64, 70, 71, 77, 86, 89, 120, 139, 141, 142편에 있다.
37. J. Todd Billings, *Rejoicing in Lament: Wrestling with Incurable Cancer and Life in Christ* (Grand Rapids: Baker Academic, 2015), p. 43. 『슬픔 중에 기뻐하다』(복있는사람).
38. Rowan Williams, *Christ on Trial: How the Gospel Unsettles Our Judgement* (Grand Rapids: Eerdmans, 2003), p. 70. 강조를 추가함.
39. Myers, "Theological Education: What Is It For?"

7장

1. Alain de Botton, *The Architecture of Happiness* (London: Hamish Hamilton, 2006), p. 71.
2. Paul Ricoeur, *Interpretation Theory: Discourse and the Surplus of Meaning* (Fort Worth: Texas Christian University Press, 1976), p. 88.
3. 어쩌면 요한이 환상에서 본 도성에는 왜 벽이 있느냐는 의문이 생길지도 모르겠다(계 21장). 요한계시록이 상징으로 가득하다는 사실을 감안하면, 이러한 벽의 의미는 다양하게 해석된다. 나는 요한이 환상에서 본 벽은 타자에 대한 배제가 아니라 하나님 백성에 대한 완

전한 포용을 상징한다고 말하겠다. 바로 이러한 이유로 이 도성의 문이 **결코 닫히지 않는 것**이 아닐까?

4. Paul Ricoeur, *Hermeneutics and the Human Sciences: Essays on Language, Action and Interpretation*, ed. and trans. John B. Thompson (Cambridge: Cambridge University Press, 2016), p. 177. 지금 나는 Ricoeur가 설명한 '의미'와 '지시체' 사이의 차이를 가지고 이야기하는 중이다.
5. 이 지점에서 나는 Ricoeur의 의견에 동의하지 않고 Vanhoozer와 Wolterstorff를 따라간다. Kevin J. Vanhoozer, *Is There Meaning in the Text? The Bible, the Reader, and the Morality of Literary Knowledge* (Grand Rapids: Zondervan, 1980), pp. 108-109, Nicholas Wolterstorff, *Divine Discourse: Philosophical Reflections on the Claim That God Speaks* (Cambridge: Cambridge University Press, 1995)를 보라.
6. C. S. Lewis, *An Experiment in Criticism* (Cambridge: Cambridge University Press, 2012), pp. 137, 14. 『오독』(홍성사).
7. 이를 상당히 분명하게 보여 주는 글이 있다. John Swinton, "Who Is the God We Worship? Theologies of Disability; Challenges and New Possibilities," *International Journal of Practical Theology* 14, no. 2 (2011): pp. 273-307를 보라.
8. Norman Wirzba, *From Nature to Creation: A Christian Vision for Understanding and Loving Our World* (Grand Rapids: Baker Academic, 2015).
9. St. Ignatius of Antioch, "The Epistle of Ignatius to the Smyrnaeans," trans. Henry Bettenson, in *The Early Christian Fathers*, ed. and trans. Henry Bettenson (New York: Oxford University Press, 1956), p. 41.
10. Ignatius, "To the Smyrnaeans," 6-7장. 가독성을 위해 일부 수정.
11. Michel de Certeau, "Believing and Making People Believe," in *The Certeau Reader*, ed. Graham Ward (Oxford: Blackwell Publishers, 2000), p. 125, William T. Cavanaugh의 *Theopolitical Imagination* (London: T&T Clark, 2002), p. 79에 인용.
12. Ryan Murphy의 IMDB page를 보라. https://www.imdb.com/name/nm0614682/.
13. 2017년 3월 3일에 Eric Deggans가 인터뷰한 "'I Create Worlds': 'Feud' Showrunner Ryan Murphy on Making TV," *NPR Morning Edition*, MP3 audio, 5:06, www.npr.org/2017/03/03/518128765/i-create-worlds-feud-showrunner-ryan-murphy-on-making-tv.
14. 토마스 아퀴나스에 따르면, 실천적 지혜에는 옳은 인지, 옳은 판단, 옳은 결단이 필요하고, 이것이 본문에서 다시 이야기할 예수의 열 처녀 비유에서 발견되는 요소들이다. Thomas Aquinas, *The Summa Theologica of St. Thomas Aquinas*, trans. Fathers of the English Dominican Province, rev. ed. (London: Burns, Oates, & Washbourne, 1920), II-II.47.8.
15. 마태복음 본문에서 "슬기 있는"으로 옮긴 단어는 헬라어 프로니모스(*phronimos*)로, 이를 후대 그리스도인들은 라틴어 프루덴스(*prūdēns*, 영어 prudent의 어원)로 번역했다. 프로네시스(*phronēsis*)나 프루덴티아(*prudentia*)라고 일컫는 지혜는 머리로 아는 지혜가 아니라 행동으로 옮기는 지혜로, 흔히 '실천적 지혜'로 불린다. Alan Jacobs, *A Theology of Reading: The Hermeneutics of Love* (Boulder, CO: Westview, 2001), p. 24.
16. Alan Jacobs, *A Theology of Reading: The Hermeneutics of Love* (Boulder, CO: Westview, 2001), p. 24.

17. Irenaeus, *Against Heresies*, trans. Alexander Roberts and William Rambaut, in vol. 1 of *Ante-Nicene Fathers*, ed. Alexander Roberts, James Donaldson, and A. Cleveland Coxe (Buffalo, NY: Christian Literature Publishing Co., 1885), 1.10.
18. St. Augustine, *On Christian Teaching*, trans. R. P. H. Green (Oxford: Oxford University Press, 1997), 1.36.40.
19. Jason Baehr, "Open-mindedness," in *Being Good: Christian Virtues for Everyday Life*, ed. Michael W. Austin and R. Douglas Geivett (Grand Rapids: Eerdmans, 2011), pp. 50-51.
20. 이 책을 마무리 짓고 있을 때, 최근에 출판된 책을 우연히 접했다. 그 책의 저자들도 신학자에게는 특정한 지적 기질이 있어야 한다고 주장한다. 기질에 대한 이들의 훌륭한 개요는 내가 본문에서 보여 줄 기질에 대한 내용과 공명한다. 내가 7장 후반부에서 논의할 규범에 대한 설명도 마찬가지다. Volf와 Croasmun이 제안하는 기질은 (1) 지식과 하나님과 세상에 대한 사랑, (2) 대화 상대자에 대한 사랑, (3) 용기, (4) 감사와 겸손, (5) 확고함과 동시에 부드러움, (6) 신실함이다. Miroslav Volf and Matthew Croasmun, *For the Life of the World: Theology That Makes a Difference* (Grand Rapids: Brazos Press, 2019), pp. 140-147. 『세상에 생명을 주는 신학』(IVP).
21. Ricoeur, *Interpretation Theory*, p. 94.
22. Paul Lewis, "In Defence of Aristotle on Character: Toward a Synthesis of Recent Psychology, Neuroscience and the Thought of Michael Polanyi," *Journal of Moral Education* 41, no. 2 (2012): pp. 155-170; Timothy S. Reilly and Darcia Narvaez, "Character, Virtue, and Science: Linking Psychological and Philosophical Views," *Philosophy, Theology and the Sciences* 5, no. 1 (2018): pp. 51-79를 보라.
23. Henri J. M. Nouwen, *Reaching Out: The Three Movements of the Spiritual Life* (New York: Image Books, 1966), pp. 67, 71. 『영적 발돋움』(두란노).
24. Agbonkhianmeghe E. Orabator, *Theology Brewed in an African Pot* (Maryknoll, NY: Orbis, 2008), p. 79.
25. Paul J. Griffiths, *Intellectual Appetite: A Theological Grammar* (Washington, DC: Catholic University of America Press, 2009), p. 21.
26. Griffiths, *Intellectual Appetite*, p. 22.
27. Simone Weil, "Letter to Joë Bousquet, 13 April 1942," in Simone Pétrement, *Simone Weil: A Life*, trans. Raymond Rosenthal (New York: Pantheon, 1976). *Oxford Essential Quotations*, ed. Susan Ratcliffe, 4th ed. (Oxford: Oxford University Press, Online Version 2016)에 인용.
28. David I. Smith, *Learning from the Stranger: Christian Faith and Cultural Diversity* (Grand Rapids: Eerdmans, 2009), pp. 119-120.
29. Jamil Zaki, *The War for Kindness: Building Empathy in a Fractured World* (New York: Crown, 2019), pp. 178-182. 『공감은 지능이다』(심심).
30. Zaki, *War for Kindness*, p. 180.
31. Zaki, *War for Kindness*, p. 181.
32. Lewis, *Experiment in Criticism*, p. 137.
33. Paul Bloom, *Against Empathy: The Case for Rational Compassion* (New York: Ecco, 2018). 『공감의 배신』(시공사).

34. "In 'Operation Finale,' Ben Kingsley Summons the Evil of a Holocaust Architect," interview by Rachel Martin, August 29, 2018, in *NPR Morning Edition*, MP3 audio, 7:18, www.npr.org/2018/08/29/642645179/in-operation-finale-ben-kingsley-summons-the-evil-of-a-holocaust-architect.
35. Juhani Pallasmaa, *The Embodied Image: Imagination and Imagery in Architecture* (Hoboken, NJ: Wiley, 2011), p. 100.
36. Lewis, *Experiment in Criticism*, p. 137.
37. C. S. Lewis, *The Screwtape Letters, with Screwtape Proposes a Toast* (New York: Macmillan, 1961), p. 183. 『스크루테이프의 편지』(홍성사).
38. Rowan Williams, *Christ on Trial: How the Gospel Unsettles Our Judgement* (Grand Rapids: Eerdmans, 2003), p. 62.
39. Karl Barth, *The Göttingen Dogmatics: Instruction in the Christian Religion*, trans. G. W. Bromiley (Grand Rapids: Eerdmans, 1991), p. 5.

옮긴이 정은찬은 장로회신학대학교 신학과와 신학대학원에서 공부하고, 영국 더럼 대학교에서 존 바클레이(John M. G. Barclay) 교수의 지도 아래 신학을 공부하여 석사(M.A.)와 박사 학위(Ph.D.)를 받았다. 현재 1세기 평범한 그리스도인들의 삶과 신앙을 연구하며, 장로회신학대학교에서 신약학을 가르치고 있다. 『바울, 마케도니아에 가다』(IVP)를 썼고, 『성서학자가 신학자에게 바라는 다섯 가지』(IVP), 『하나님 나라』(터치북스)를 우리말로 옮겼다.

슬기로운 신학 독서

초판 발행_ 2024년 4월 5일

지은이_ 켄트 아일러스
그림_ 크리스 코엘
옮긴이_ 정은찬
펴낸이_ 정모세

펴낸곳_ 한국기독학생회출판부
등록번호_ 제2001-000198호(1978.6.1)
주소_ 04031 서울시 마포구 동교로 156-10
대표 전화_ (02)337-2257 팩스_ (02)337-2258
영업 전화_ (02)338-2282 팩스_ 080-915-1515
홈페이지_ http://www.ivp.co.kr 이메일_ ivp@ivp.co.kr
ISBN 978-89-328-2243-3

ⓒ 한국기독학생회출판부 2024

책값은 뒤표지에 있습니다.
무단 전재와 복제를 금합니다.